U0680865

区块链驱动的供应链金融信用演化机理与中小企业融资效率提升研究

林永民　周思彤　崔小杰◎著

经济日报出版社
北京

图书在版编目 (CIP) 数据

区块链驱动的供应链金融信用演化机理与中小企业融资效率提升研究 / 林永民，周思彤，崔小杰著 . — 北京：经济日报出版社，2024.3

ISBN 978-7-5196-1468-3

Ⅰ . ①区 … Ⅱ . ①林 … ②周 … ③崔 … Ⅲ . ①供应链管理—金融业务—研究②中小企业—企业融资—研究 Ⅳ . ① F252.2 ② F276.3

中国版本图书馆 CIP 数据核字（2024）第 019130 号

区块链驱动的供应链金融信用演化机理与中小企业融资效率提升研究

QUKUAILIAN QUDONG DE GONGYINGLIAN JINRONG XINYONG YANHUA JILI YU ZHONGXIAOQIYE RONGZI XIAOLü TISHENG YANJIU

林永民　周思彤　崔小杰　著

出　版： 经济日报出版社

地　址： 北京市西城区白纸坊东街 2 号院 6 号楼 710（邮编 100054）

经　销： 全国新华书店

印　刷： 廊坊市海涛印刷有限公司

开　本： 710mm × 1000mm　1/16

印　张： 17.75

字　数： 302 千字

版　次： 2024 年 3 月第 1 版

印　次： 2024 年 3 月第 1 次印刷

定　价： 68.00 元

本社网址：edpbook.com.cn　　微信公众号：经济日报出版社

本社法律顾问：北京天驰君泰律师事务所，张杰律师　举报信箱：zhangjie@ tiantailaw. com

举报电话：010-63567684

本书如有印装质量问题，请与本社总编室联系，联系电话：010-63567684

基金资助

本书的出版受到河北省自然科学基金项目“区块链驱动的供应链金融信用演化机理与中小企业融资效率提升研究（项目编码：G2021209002）”基金资助。

摘 要

中小企业在我国经济发展中具有重要的地位，对创造就业、驱动创新、促进区域发展、完善产业链、形成多元化经济结构起着重要的作用。“专精特新”企业是我国中小企业高质量发展的生力军，对提升中小企业创新能力和专业化水平、促进中小企业高质量发展、助力实现产业基础高级化和产业链现代化起着重要作用。然而，融资贵、融资难一直是制约中小企业发展的主要障碍。供应链金融是指通过金融手段对供应链上的各个环节进行融资支持，以解决供应链中的资金流动问题，是中小企业摆脱融资困境的重要方式。但是，由于核心企业信用难以沿供应链进行有效传递，信息流、资金流、商流、物流四流难合一等问题，供应链金融对提升中小企业融资效率的作用有限。

当前，作为多种集成技术创新的区块链日益成为世界各国关注的热点前沿技术，全球主要国家都在加快布局区块链技术发展。如何通过区块链技术的赋能作用构建可信供应链金融生态圈、提升中小企业融资效率是重要的研究课题。

全书针对区块链技术如何赋能供应链金融的理论展开分析，对实践经验进行总结，分为发展篇、技术赋能篇、实践篇和政策建议篇。在发展篇，首先，分析我国中小企业、“专精特新”中小企业的发展现状与趋势；其次，梳理供应链数字化转型的必要性与发展现状；最后，梳理供应链金融的发展、重要性和供应链金融数字化发展的历程和趋势，为数字经济背景下应用区块链技术赋能供应链金融破解中小企业融资难问题奠定现实基础。

在技术赋能篇，重点展开五方面的理论分析。一是解析区块链技术特性、应用价值和主要应用领域；二是厘清区块链技术与物联网技术组合解决动产质押困境的内在机理；三是沿着“痛点分析—破解机制—解决方案—应用场景—价值提升”的思路剖析区块链赋能供应链金融的内在机理；四是界定韧性供应链的概念，重点分析在数字经济背景下打造韧性供应链的新思维与新模式；五是基于博弈论理论，探究罚款、物质奖励和信用收益三种激励机制的效果差异，研究发现，罚款能促进企业诚信融资，但会降低金融机构的尽职调查概率，物质奖励在提高企业诚信的同时会降低金融机构的期望收益，而基于区块链技术的信用收益在促进中小企业诚信融资的同时也提高双方的期望收益。

在实践篇，第一，基于数据赋能视角，通过对数据共享平台在实践中所形成的"'三农'政务数据＋金融""结算数据＋金融""能源消耗数据＋金融"三种典型模式的比较分析，研究发现基于区块链构建的数据共享平台能够重构信息共享模式、构建数据可信网络、优化可信协作流程，赋能金融机构探索新型金融产品进程。第二，基于数字技术赋能理论，探究区块链赋能医疗收费电子票据管理的机理，通过浙江省区块链医疗收费电子票据实践进行系统分析。研究发现，区块链技术通过塑造票据流通生态链、构建业务可信网络、更新监管治理模式三个方面，可破除医疗收费电子票据应用中业务闭塞、监管僵化等现实难题。第三，系统剖析现阶段我国数字版权管理模式中的现实困境，设计基于区块链的数字版权管理平台架构，提出区块链数字版权管理体系的运行流程，并通过典型案例分析法探究我国应用区块链赋能数字版权管理的现实水平。研究发现，运用区块链技术可打造确权共信服务机制、交易履约服务机制、维权存证服务机制三大机制，有效解决传统数字版权管理体系中登记确权成本高、交易流转不畅、维权取证乏力的现实困境。但从实际应用水平来看，区块链技术尚未覆盖版权产业全链条，应用区块链所带来的负面影响仍未有效破解。第四，针对工程建设资金支付场景，以雄安新区为例，厘清区块链支付信息服务可实现事前业务数据、事中划拨资金、事后审查监督等资金管理闭环，消除信息不对称，可有效提升资金支付管理的数字化水平，是现有支付模式的有益补充，是一种支持复杂场景支付的新模式。第五，深度剖析区块链去中心化、防篡改、可溯源等技术特征与电子处方单流转的耦合机制，提出基于区块链的医疗电子处方单流转模式。研究发现，区块链赋能电子处方单流转模式可以实现高层次信任机制，高效率传递，高水平安全以及高质量监管，为医疗电子处方单流转模式提供创新理念。第六，对云趣数科坚持产业数字金融新基建"四景四链"系列解决方案持续创新与实践进行分析，为实现"场景驱动，解决真问题，科技赋能，创造真价值"提供经验借鉴。

在政策建议篇，从产学研合作加强技术创新、供应链金融服务深度融入产业链、培育开源生态和完善监管合规机制四个维度给出建议。

数字经济背景下，区块链与实体经济的融合发展成为共识。因此，本书从理论上厘清区块链技术赋能供应链金融的机理，将为具体场景的应用提供依据；从应用的视角研究融合的方式，将为大规模地开发应用提供范式。未来，我国供应链金融领域必将产生更多的发展模式和创新服务类型，成为我国产业结构调整和国民经济发展转型的重要力量。本书以区块链供应链金融创新与实践为研究对象，全力推动供应链金融数字化应用纵深发展，为摆脱中小企业融资困境、释放数字经济发展新动能提供理论依据与实践借鉴。

Contents
目　录

第一篇　发展篇

第二篇　技术赋能篇

第三篇 实践篇

第四篇　政策建议篇

第一篇

发展篇

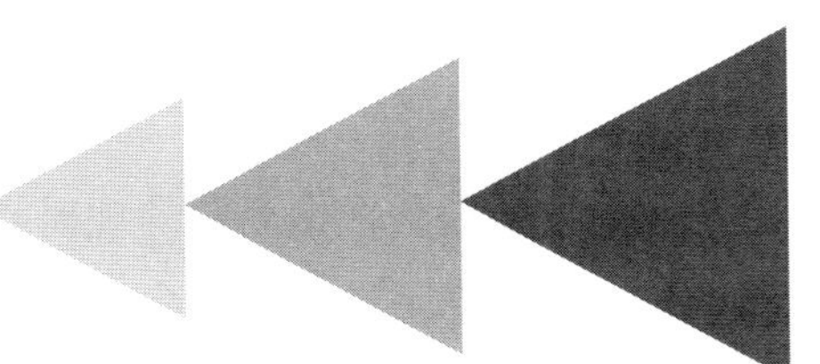

第1章　中小企业的金融融资困境

中小企业作为国民经济和社会发展的生力军，是建设现代化经济体系、推动经济实现高质量发展的重要基础。为进一步支持中小企业高质量发展，中央及地方进一步加大“专精特新”企业培育力度,持续优化“专精特新”企业梯队培育，倡导多元市场主体共同服务中小企业“专精特新”发展。在此背景下，深入探讨不同领域中小企业发展规律，总结梳理典型中小企业培育有效经验，挖掘剖析典型供应链金融赋能中小企业发展的代表，展现中小企业发展重点与未来趋势。

1.1　中小企业

1.1.1　中小企业的界定

中小企业的界定通常根据企业的规模和经营状况进行划分。在不同的国家和地区，对中小企业的界定标准可能会有所不同，但一般会考虑以下三个方面。一是企业规模。中小企业通常是指相对较小的企业，其规模比大企业要小。具体的规模标准可能会根据企业的员工数量、年营业额或资产总额等指标来确定。二是经营状况。中小企业通常是指经营状况相对简单和灵活的企业。这些企业可能在市场上的竞争力相对较弱，经营范围较为有限，可能没有多个分支机构或子公司。三是法律法规。不同的国家和地区可能会根据当地的法律法规来界定中小企业。这些法规可能会规定中小企业的特定权益、税收政策、贷款利率等，以支持这些企业的发展。中小企业的界定对政府、金融机构和其他相关方面来说都具有重要意义。政府可能会通过制定特定的政策和措施来支持中小企业的发展，金融机构可能会提供特定的金融产品和服务，而其他相关方面也可能会针对中小企业的需求提供相应的支持和帮助。

根据《中小企业划型标准规定》（工信部联企〔2011〕300号）中小企业划分为中型、小型、微型三种类型，具体标准根据企业从业人员、营业收入、资产总额等指标以及企业控股等情况，结合行业特点制定。在工业领域，从业人员1000人以下或营业收入40000万元以下的为中小微型企业。其中，从业人员300人及以上，且营业收入2000万元及以上的为中型企业；从业人员20人及以上，且营业收入300万元及以上的为小型企业；从业人员20人以下或营业收入300万元以下的为微型企业。目前，中小微企业占市场主体多数，集中于人力、技术密集型行业，是国民经济重要组成部分，对稳就业、促创新、提经济发挥积极作用。尽管政策在推动中小微企业前进，但是宏观经济发展放缓依旧给其带来资金、人力和经营的压力。

1.1.2　我国中小企业发展概况

我国中小企业的发展呈现以下特点：一是数量庞大。中小企业在我国经济中占据重要地位，数量众多。统计数据显示，截至2020年底，我国中小企业数量超过3000万户。二是就业贡献大。中小企业是我国就业的重要支撑力量。根据数据显示，中小企业提供了超过80%的就业机会，是我国就业的主要来源之一。三是创新能力强。中小企业在技术创新和产品创新方面具有一定优势。由于中小企业相对较为灵活，创新能力较强，因此，能够更快地适应市场需求和变化。四是面临发展困难。尽管中小企业在经济发展中发挥着重要作用，但也面临一些困难和挑战。例如，融资难、市场竞争激烈、管理水平不高等问题限制了中小企业的发展。五是政策支持力度大。为了促进中小企业的发展，我国政府出台了一系列的扶持政策，包括减税降费、融资支持、创新创业支持等，以提升中小企业的竞争力和发展潜力。

总体而言，我国中小企业在经济发展中发挥着重要作用，但也面临一些困难和挑战。政府和社会各界都在积极推动中小企业的发展，以促进经济的稳定和可持续发展。

1.1.3　中小企业的分类

按照企业业务数字化程度将中小企业分为两类：一是数字原生型，二是传统企业型。数字原生型中小企业，是指企业自创立伊始即采用数字化方式运营管理，企业发展过程中各系统底层互相打通，如在线教育、电子商务等。这类企业的主要特点是以线上业务为主、软件底层互通、新生企业较多。传统型中小企业，是指多以线下业务为主的传统中小企业，如商超百货、美容行业、旅游等。这类企业线下业务颇多、系统相互割裂、数据彼此隔离。

1.1.4 中小企业的重要性

中小企业对我国经济发展具有重要性，主要体现在以下五个方面。一是创造就业，中小企业是我国就业的主要来源。统计数据显示，中小企业占我国企业总数的绝大部分，提供了大量的就业机会。中小企业的发展可以促进就业增长，缓解就业压力，提高人民群众的生活水平。二是驱动创新，中小企业在技术创新、产品创新、管理创新等方面具有灵活性和敏捷性。它们更加注重市场需求，能够更快地适应市场变化，推动经济结构的升级和转型。中小企业的创新活力对于提高我国经济的竞争力和创新能力具有重要意义。三是促进区域发展，中小企业分布广泛，特别是在中西部地区和农村地区有较大的比重。中小企业的发展可以促进区域经济的发展，推动城乡经济协调发展，缩小地区间的发展差距。四是完善产业链，中小企业在供应链中扮演着重要角色，它们通常是大型企业的供应商或合作伙伴。中小企业的发展能够促进产业链的完善，提高整个产业的竞争力和效率。五是形成多元化经济结构，中小企业的发展可以促进经济结构的多元化。相比于大型企业，中小企业更加灵活，更容易适应市场需求的变化，推动我国经济的多元化发展。因此，中小企业对我国经济发展具有重要的地位和作用。政府应该加大对中小企业的支持力度，提供更好的政策环境和金融支持，促进中小企业的健康发展，进一步推动我国经济的发展和转型升级。

1.1.5 产能共享与中小企业

产能共享是指企业之间通过资源共享和合作，实现产能的有效利用和提高。产能共享的模式有多种。一是设备共享。企业之间共享设备资源，通过租赁、合作等方式共同使用设备，提高设备利用率和生产效率。这种模式适用于设备利用率较低的行业，如制造业、物流业等。二是生产合作。企业之间通过合作共同完成生产任务，互相分担生产压力和风险。可以是同一产业链上的企业合作，也可以是不同行业的企业合作。通过合作，企业可以实现资源共享、技术互补，提高生产效率和产品质量。三是供应链共享。企业之间共享供应链资源，包括原材料、物流、仓储等。通过共享供应链资源，企业可以降低采购成本、缩短供应链周期，提高供应链的灵活性和效率。四是人力资源共享。企业之间共享人力资源，包括人才、技术人员等。通过共享人力资源，企业可以解决人才短缺的问题，提高人力资源的利用效率和竞争力。五是创新合作。企业之间共享研发、创新资源，通过合作开展创新活动，共同研发新产品、新技术。通过创新合作，企业可以降低研发成本、加快创新速度，提高市场竞争力。这些模式可以根据不同的行业和企业需求进行灵活组合和应用，实现资源共享和合作，提高企业的生产能力和竞争力。

产能共享与中小企业之间存在着密切的关系。中小企业在生产过程中通常面临着资源有限、技术水平相对较低等问题，因此需要通过与其他企业进行产能共享来解决这些问题。首先，中小企业可以通过与大型企业进行产能共享来获得更多的生产资源和技术支持。大型企业通常拥有更多的资金和技术实力，可以提供给中小企业所需的生产设备、原材料等资源，帮助中小企业提高生产能力和产品质量。其次，中小企业可以通过与同行业其他中小企业进行产能共享来实现资源共享和优势互补。通过合作，中小企业可以共同利用设备、人力、技术等资源，降低生产成本，提高效率。同时，中小企业之间还可以相互学习和借鉴经验，共同推动行业的发展。此外，产能共享还可以帮助中小企业拓展市场和提升竞争力。通过与其他企业进行合作，中小企业可以共同开发新产品、进入新市场，实现资源的互补和市场的扩大。这样可以提高中小企业的市场竞争力，增加企业的收入和利润。总之，产能共享为中小企业提供了一种有效的解决资源有限和技术水平相对较低等问题的途径。通过与其他企业进行合作和资源共享，中小企业可以提高生产能力、降低成本、拓展市场，实现可持续发展（Lin Yongmin et al.,2023）。

1.2 “专精特新”企业

1.2.1 “专精特新”概念界定

“专精特新”企业是我国中小企业高质量发展的生力军，对提升中小企业创新能力和专业化水平、促进中小企业高质量发展、助力实现产业基础高级化和产业链现代化起着重要作用。工业和信息化部于 2022 年 6 月印发《优质中小企业梯度培育管理暂行办法》，明确优质中小企业是指在产品、技术、管理、模式等方面创新能力强、专注细分市场、成长性好的中小企业，提出构建包含创新型中小企业、“专精特新”中小企业和“专精特新”“小巨人”企业 3 个层次的优质中小企业梯度培育体系，如表 1–1 所示：

表 1–1　优质中小企业梯度培育体系

优质中小企业类型	目标（现状）	内涵与标准
“专精特新”“小巨人”企业	1 万家（已培育 9000 余家）	优质中小企业的核心力量；位于产业基础核心领域、产业链关键环节，创新能力突出、掌握核心技术、细分市场占有率高、质量效益好；认定须同时满足专、精、特、新、链、品六方面指标
“专精特新”中小企业	10 万家（已培育 5 万余家）	优质中小企业的中坚力量；实现专业化、精细化、特色化发展，创新能力强、质量效益好；认定须满足细分市场从业年限、研发投入强度、营收规模三方面要求，且专、精、特、新四方面十三项指标综合评分达 60 分以上
创新型中小企业	100 万家	优质中小企业的基础力量；具有较高专业化水平、较强创新能力和发展潜力；认定须满足创新能力、成长性、专业化三方面六项指标综合评分达 60 分以上

优质中小企业的评价标准指标可归类为专业化、精细化、特色化、新颖化 4 个方向。其中，专业化指标重点衡量企业主营业务的专业化程度、成长性及市场地位；精细化指标重点衡量企业的资产运营、质量管理及数字化水平；特色化指标重点衡量企业产品的独特性、独有性；新颖化指标通过对企业创新投入与产出情况的衡量评价其创新能力。不同层级优质中小企业评价指标体系构成如表 1–2 所示：

表 1-2　三类优质中小企业评价指标体系构成

4 类评价指标	创新型中小企业	"专精特新"中小企业	"专精特新""小巨人"企业
专业化	主营业务占比与增长率；主导产品所属领域情况	特定细分市场从业时间；主营业务占比与增长率；主导产品所属领域情况	特定细分市场从业时间；主营业务占比与增长率；主导产品所属领域情况
精细化	资产负债率	资产负债率；数字化水平；质量管理体系认证；净利润率	资产负债率；数字化水平；质量管理体系认证
特色化	无	由省级中小企业主管部门结合本地产业状况和中小企业发展实际自主设定	主导产品在全国细分市场占有率 & 拥有直接面向市场并具有竞争优势的自主品牌
新颖化	获国家级、省级科技奖励情况；有效知识产权数；研发机构建设情况；新增股权融资情况；研发费用 / 占比；高新技术企业等荣誉获评情况	获国家级、省级科技奖励情况；有效知识产权数；研发机构建设情况；新增股权融资情况；研发费用 / 占比；研发人员占比；"创客中国"获奖情况	获国家级、省级科技奖励情况；有效知识产权数；研发机构建设情况；新增股权融资情况；研发费用 / 占比；研发人员占比；"创客中国"获奖情况

"专精特新"中小企业，以创新能力建设为基础，强调专业化、精细化、特色化发展。一直以来我国高度重视培育壮大中小企业，国家发展改革委、工业和信息化部、科技部、财政部等多部门协作，推出"专精特新"中小企业、专精特新"小巨人"企业、创新型中小企业、高新技术企业、科技型中小企业等中小企业培育专项。不同类型中小企业培育专项，均强调创新能力建设与专业化发展。但和其他中小企业培育专项相比，"专精特新"中小企业和"专精特新""小巨人"企业更加注重对于产品特色化程度、管理现代化水平以及领域专业化程度的考察，体现出该专项旨在培育以创新驱动为前提、专注于细分市场、市场占有率高、质量效益优的中小企业佼佼者。

1.2.2 "专精特新"的发展历程

"专精特新"的培育历程始于 2011 年，大致经历了战略布局、细化实施、加速推进三大阶段。随着我国经济发展方式由要素驱动向创新驱动转型，我国企业发展重点也从注重规模化发展向注重创新能力培育转变，并于 2011 年孕育出"专精特新”中小企业这一概念。随着对于“专精特新”企业培育的必要性与实施路径等认知的理解逐渐深入，我国适时调整“专精特新”企业发展支持政策的推进力度，大致可分为三大阶段。第一阶段，战略布局（2011—2015 年）。2011 年《“十二五”中小企业成长规划》首次提出“专精特新”概念，指出“专精特新”是中小企业转型升级的重要方向，提出培育“小而优、小而强”的企业。2013 年 7 月《关于促进中小企业“专精特新”发展的指导意见》提出促进“专精特新”中小企业发展的总体思路,明确“专精特新”的内涵。在此阶段,提出“专精特新”中小企业概念，明确“专精特新”发展思路方向。第二阶段，细化实施（2016—2018 年）。2016 年《促进中小企业发展规划（2016—2020 年）》提出开展“专精特新”中小企业培育工程，2018 年《关于支持打造特色载体推动中小企业创新创业升级的实施方案》提出支持实体开发区打造大中小企业融通型等四类双创特色载体等举措,《关于开展“专精特新”“小巨人”企业培育工作的通知》进一步明确专精特新“小巨人”企业的具体培育条件。在这个阶段，细化专精特新企业培育路径,落实企业培育相关重点举措。第三阶段,加速推进阶段（2019 年至今）。2019 年工业和信息化部发布第一批“专精特新”“小巨人”企业名单；2021 年《为“专精特新”中小企业办实事清单》围绕加大财税支持力度、完善信贷支持政策等提出 31 条具体支持举措；《关于支持“专精特新”中小企业高质量发展的通知》明确提出，到 2025 年重点支持 1000 余家“专精特新”“小巨人”企业高质量发展等企业培育目标；《优质中小企业梯度培育管理暂行办法》2022 年明确创新型中小企业、“专精特新”中小企业、“专精特新”“小巨人”企业的认定标准。在此阶段，着力提升“专精特新”企业战略地位，加速推进企业培育重点工程。

1.2.3 “专精特新”企业的重要性

“专精特新”企业（High-Tech Enterprises）是指在科技创新领域具有核心技术和自主知识产权的企业。“专精特新”企业的重要性主要体现在以下几个方面。一是驱动创新。“专精特新”企业是科技创新的重要力量。它们在技术研发、新产品开发和市场应用等方面具有较强的创新能力,能够推动科技进步和产业升级。专精特新企业的创新活动能够带动其他企业的创新,促进整个产业链的创新发展。二是促进经济增长，“专精特新”企业在高新技术产业中具有较高的增长潜力和竞争力。它们通常是高附加值产品和服务的提供者，能够带动相关产业的发展，促进经济的增长和就业的增加。“专精特新”企业的发展对于提高国家的经济竞争力和创新能力具有重要意义。三是推动产业升级，“专精特新”企业在推动产业升级和结构调整方面发挥着重要作用。它们通常涉及高新技术领域，能够引领行业发展方向，推动传统产业向高附加值、高技术含量的方向转变。“专精特新”企业的发展能够提升整个产业的竞争力和创新水平。四是保障国家经济安全，“专精特新”企业在关键技术和领域的研发和应用中具有重要作用。它们的发展能够提高国家的科技实力和自主创新能力，保障国家的经济安全。五是提高社会福祉，“专精特新”企业的发展不仅能够带动经济增长，还能够提供创新的产品和服务，改善人民群众的生活质量。例如，在医疗健康、环境保护、新能源等领域，“专精特新”企业的创新成果能够带来更好的社会福祉和环境保护效益。综上所述，“专精特新”企业对于经济发展、产业升级、国家安全和社会福祉都具有重要的意义。政府应该加大对“专精特新”企业的支持力度，提供良好的政策环境和创新创业平台，推动“专精特新”企业的健康发展，进一步提升国家的创新能力和竞争力。

1.2.4 “小巨人”企业发展现状

截至 2022 年 9 月，工业和信息化部共分四批次公示了 9279 家“专精特新”“小巨人”企业，已经接近完成 2025 年培育 1 万家“专精特新”“小巨人”企业的目标。从产业领域来看，“小巨人”企业始终集中在制造业，但制造业企业数量占比呈现下降趋势。我国“专精特新”“小巨人”重点培育行业方向正逐渐从制造业向高技术服务业转移，特别是科学研究和技术服务业及信息传输、软件和信息技术服务业等行业发展态势如日方升。从行业领域来看，已公示的“专精特新”“小巨人”企业集中分布于制造业，占公示“专精特新”“小巨人”企业总数超六成，如表 1–3 所示。然而，分批次来看，制造业“专精特新”“小巨人”企业数量呈现明显下降趋势，从第一批占比近 70% 下降至第四批占比不到 60%。相比之下，科学研究和技术服务业及信息传输、软件和信息技术服务业虽目前占比较少，仅为 23% 和 4%，但分批次看则呈现出明显的上升趋势。

表 1–3　各批次“小巨人”企业产业领域分布占比情况（%）

产业领域	第一批次	第二批次	第三批次	第四批次
制造业	69.8	63.6	63.1	59
研究和技术服务业	19.0	20.5	21.5	25.0
批发和零售业	8.1	10.1	8.9	8.6
传输、软件和信息技术服务业	2.4	2.9	4.0	4.5
其他	0.8	2.9	2.5	2.9

从区域分布来看，“小巨人”企业区域分布呈现东强西弱、阶梯递减特征。根据工业和信息化部关于公布第一批“专精特新”“小巨人”企业名单的通告、建议支持的国家级“专精特新”‘小巨人’企业名单（第二批第一年）、关于公布第三批“专精特新”“小巨人”企业名单的公告（工信部企业函〔2021〕197号），关于公布第四批“专精特新”“小巨人”企业和通过复核的第一批“专精特新”“小巨人”企业名单的通告，已公示“专精特新”“小巨人”企业累计数量为100～499家的地区中近半数位于中部地区，而“小巨人”企业累计数量低于100家的地区则集中于西部及东北地区。分批次从已公示“专精特新”“小巨人”企业在各省级行政区的分布来看，东部地区仍是“专精特新”“小巨人”企业培育的动力核，以浙江、江苏、北京为引领，在获批数量及占比上均领跑全国。中部地区“专精特新”“小巨人”企业培育态势在湖北、重庆等地区的带动下呈现出强劲势头。相较之下，东北地区虽然是我国老工业基地，但“专精特新”“小巨人”企业公示数量呈现出下降态势，并未发挥出制造业基础雄厚的优势，新旧动能转换方面仍有较大提升空间。

新时代背景下，我国中小企业“专精特新”化发展是我国经济高质量发展的必然要求。当前，世界正经历百年未有之大变局，全球产业分工和转移呈现新趋势。一是科技创新成为产业发展核心驱动力，强调创新驱动发展，发展人工智能、生物医药、芯片设计等高技术含量产业。二是数字技术加速向社会经济渗透，发展数字经济，全面推进数字产业化和产业数字化，推广社会经济数字化场景。三是全球产业转移呈现“离心化”趋势，保障产业链安全，产业链关键环节自主可控，重点培育发展高附加值环节。但中小企业还面临创新能力不足、抗风险能力较低、经营管理水平和专业化水平有待提升，亟待进一步专业化、精细化、特色化、新颖化发展。

1.2.5　资金支持“专精特新”

政府支持与金融机构产品创新共同助力企业拓宽融资渠道。各地加强对“专精特新”企业资金支持的主体主要包括政府部门与金融机构两类。其中，政府部门支持方式多以设立发展基金、提供融资政策支持、加强供需对接与政策引导金融产品创新为主。一是设立发展基金，设立“专精特新”企业发展基金/中小企业发展基金，引导政府产业基金和社会资本、投资机构重点支持“专精特新”企业；二是信贷政策支持，建立健全贷款风险分担机制、强化央行再贷款再贴现等政策支持、对贷款产生的担保费用予以补助；三是股权融资支持，建立地方财政资金股权投资机制、在新四板设立“专精特新”专板、提供上市辅导等综合性金融服务；四是加强投融资供需信息对接，开展需求调研、建立融资需求库、开展供需信息对接，建设金融综合服务平台，与北交所/上交所/深交所合作共建服务平台；五是政策引导金融产品创新，指导金融机构推出“专精特新贷”、引导政府性融资担保机构开发“专精特新保”、探索推动“专精特新”园区贷、集合债等金融产品创新。

金融机构侧支持方式，一是推出专属金融产品。信贷产品，从授信额度、担保方式、贷款利率、授信期限、放款速度等方面开发特色信贷产品、保险产品，降低综合费率、提供信用保险服务等。二是推出特色增值服务。协助企业与高校、科研院所对接。举办投贷联动路演活动，提供资本市场业务培训等。

1.2.6　“专精特新”企业发展诉求

“专精特新”企业专业化、新颖化、特色化是其发展最大的特色亮点，但也给企业带来了资金、数字化、创新、市场等方面的问题，需要政府侧支持。资金方面，“专精特新”企业具有专业化、新颖化的特征，导致不受传统融资渠道青睐，融资难、融资贵的问题相较一般中小企业更加突出。因此，需要拓展多元化的融资方式，用好用活北交所等融资渠道，解决企业融资难、融资贵问题。

数字化方面，由于“专精特新”企业行业垂直度高、专业性强，泛化的数字化解决方案往往不能满足其转型升级需求，需要了解细分领域的数字化厂商，提供更加符合垂直行业特征的定制化解决方案。因此，一方面亟待培育数字化意识，另一方面亟须获取为“专精特新”企业提供量身定制的数字化升级解决方案。

创新协同与市场拓展方面，由于“专精特新”企业在具有中小企业特性的同时，需要有比一般中小企业更强的创新资源供给与更丰富的市场拓展机会，才可满足新颖化与精细化发展的要求，因此也面临更为严峻的创新协同与市场拓展难题。从创新要素供给侧来看，不了解“专精特新”企业技术创新痛点和需求，从“专精特新”企业需求侧来看，创新要素需求高，但与供给侧沟通渠道不畅通，创新主体协作能力弱，创新要素流动存在壁垒。因此，需要获取人才、技术、平台等方面支持，通过深度融合的产学研机制触达高校院所、科研机构，更好地融入区域创新生态。由于存在着所有制歧视、企业规模歧视，“专精特新”企业在政企关系和资源获取上存在劣势，难以打破部分高新技术相关产业的大企业垄断局面。因此，需要在政府项目资源获取上获得一定资源倾斜，并进一步探索应用场景和市场跨界拓展的长效机制。

1.3 融资方式

融资主要分为直接融资和间接融资。直接融资，是指企业作为融资方直接和融出方签订融资协议。金融市场上最常见的直接融资为发行债券融资、直接向债权人贷款及股票融资。债务融资，需要归还本金和支付利息。这种融资方式主要特点表现为，融出方一般不参与公司经营，只收取固定的回报（利息），不参与企业的利润分配。股票融资，是指企业通过发行股票向投资者筹集资金的融资方式。企业可以通过公开发行股票或私募股票来融资。股票融资的特点主要集中在六个方面：一是资金规模大，股票融资可以吸引大量的投资者参与，从而筹集到较大规模的资金；二是永久性融资，股票融资不需要偿还本金和利息，投资者通过持有股票享有公司的股权，融资资金具有永久性；三是分散风险，股票融资可以吸引多个投资者参与，从而分散企业的融资风险；四是增加公司声誉，通过公开发行股票，企业可以提高企业的知名度和声誉，增加投资者对企业的信任；五是降低融资成本，相比债券融资，股票融资不需要支付固定利息，可以降低融资成本；六是信息披露要求严格，公开发行股票的企业需要按照相关法规和规定进行信息披露，增加了企业的透明度和监管程度。需要注意的是，股票融资也存在一些风险，如股价波动风险、股东权益稀释风险等。企业在选择股票融资时需要综合考虑各种因素，并制定相应的融资策略。总的来说，直接融资的优点是可以降低融资成本，提高融资效率，同时可以增加企业的透明度和信誉度。但是，直接融资也存在缺点，需要企业具备一定的规模和信誉度，否则很难吸引投资者的关注。

间接融资是指企业通过金融中介机构（如银行、证券公司、保险公司等）筹集资金。间接融资的优点是可以帮助企业降低融资风险，增加融资渠道，同时也可以提供更多的金融服务。但是，间接融资也存在缺点，即融资成本相对较高，受金融中介机构的信用评级和监管政策的影响较大。

1.3.1　商业汇票融资

商业汇票融资是一种商业信用工具，由债务人向债权人开出的、承诺在一定时期内支付一定款项的支付保证书。票据具有无因性特征，票据开出后与其开具原因脱离关系，其兑付不受影响，因而具有较强的流通性。

1.3.2　保理融资

保理融资，是指销售商通过将其合法拥有的应收账款转让给银行，从而获得融资的行为。保理涉及债权人转让债权，按法律规定应通知债务人，其流通性低，交易属性不及商业票据。

1.4　中小企业融资的障碍

我国不同规模的企业贷款结构具有明显差异，中小微企业的抵（质）押贷款比例要明显高于大型企业。中小微企业本就缺乏房、车等固定资产做抵押，但银行贷款更倾向于向小微企业发放抵押贷款。从表面原因来看，由于中小微企业的信用水平不及大型企业，需要更多的抵押担保来补充，但这背后更深层次的原因在于风险评估是按照主体信用来进行的。

1.4.1 资产与信用背景欠缺

中小企业往往缺乏足够的资产和信用背景，这使它们在向金融机构申请贷款时面临较高的风险。银行通常更倾向于与有稳定资金来源和较高信用评级的大型企业合作，因为这样可以降低贷款违约的风险。相比之下，中小企业的规模较小，经营历史较短，资产负债表相对不稳定，这使它们在融资过程中面临更大的难度。金融机构为了规避风险，大部分要求企业出具完整的抵押和担保，贷款周期长，偏重大企业客户，适合中小企业的信贷产品不多，支持中小企业的动力不足。

1.4.2 信息披露和财务报告不透明不规范

中小企业的信息披露和财务报告往往不够透明和规范。金融机构在考虑是否向企业提供融资时，需要评估其经营状况和风险水平。然而，由于中小企业的管理体系相对较弱，其财务报告可能存在不完整或不准确的情况。这使金融机构难以准确评估企业的信用风险，从而降低了中小企业获得融资的机会。

1.4.3 高额的融资成本

中小企业在融资过程中还面临着高额的融资成本。由于缺乏规模经济和较高的信用评级，中小企业通常需要支付更高的利率和手续费。这使融资成本增加，进一步加剧了中小企业融资难的问题。

1.5 供应链金融与中小企业融资

供应链金融与中小企业融资之间存在着密切的关系。供应链金融是指通过金融手段对供应链上的各个环节进行融资支持，以解决供应链中的资金流动问题。而中小企业融资则是指中小企业通过各种渠道获取资金来支持其经营活动。中小企业通常面临着融资难、融资贵的问题，由于其规模较小、信用较低等原因，难以获得传统金融机构的融资支持。然而，中小微企业也有回款稳定风险低的“好”业务，理想的供应链金融可以介入中小微企业的每笔业务，依托真实的贸易背景，针对特定的、风险可识别的现金流提供金融解决方案。供应链金融可以通过对供应链上的各个环节进行融资，为中小企业提供一种新的融资渠道。

中小企业作为供应链中的一环，可以通过供应链金融获得资金支持，解决其融资难题。供应链金融可以通过应收账款融资、存货融资、订单融资等方式为中小企业提供资金支持。通过将中小企业的应收账款、存货等作为融资的抵押物，供应链金融机构可以为中小企业提供更加便捷、灵活的融资服务。同时，供应链金融还可以通过优化供应链上的资金流动，减少中小企业的资金占用，提高其资金周转效率。

因此，供应链金融为中小企业提供了一种新的融资渠道，解决了中小企业融资难题，促进了中小企业的发展。同时，中小企业的融资需求也推动了供应链金融的发展，促使供应链金融机构不断创新和完善其产品和服务，以满足中小企业的融资需求。但是由于信任体系不健全，传统供应链金融对中小企业摆脱融资困境的作用有限。基于区块链等技术赋能，供应链金融介入中小微企业回款稳定风险低的“好”业务中，真正缓解小微企业融资困境（林永民等，2021）。

2019 年 10 月 24 日，中共中央政治局就区块链技术发展现状和趋势进行了集体学习，习近平总书记在讲话中指出，要推动区块链和实体经济深度融合，解决中小企业贷款融资难、银行风控难、部门监管难等问题。区块链技术与越来越多的实体行业深度融合，在促进跨地区的制造业协同发展、工业互联、智能制造、数据共享，以及金融赋能实体经济方面发挥着越来越关键的作用（Lin Yongmin et al.,2023）。同时，传统的治理、监管模式已不能完全满足数字经济与实体经济深度融合发展的新形势，需要探索多元参与的协同治理体系，完善新型基础设施，探索产业数字化和数字产业化，共同支撑平台建设与发展。

第 2 章　供应链数字化转型

当今的企业竞争不再单纯是企业与企业之间的竞争，而是基于供应链的竞争。数字经济背景下，供应链的数字化转型是必然趋势。

2.1　供应链

2.1.1　供应链概念界定

供应链的概念是从扩大生产概念发展而来的，它将企业的生产活动进行了前伸和后延。许多学者从不同的角度出发给出了不同的定义。哈理森（Harrison）将供应链定义为："供应链是执行采购原材料，将它们转换为中间产品和成品，并且将成品销售到用户的功能网链。"史蒂文斯（Stevens）认为："通过增值过程和分销渠道控制从供应商到用户的流就是供应链，它开始于供应的源点，结束于消费的终点。"虽然不同学者的表述不完全一致，但他们都认为供应链是一个系统，是人类生产活动和社会经济活动中客观存在的事物。近年来，对供应链的关系认识，有两个视角。从组织形态视角，供应链是以客户需求为导向，以提高质量和效率为目标，以整合资源为手段，实现产品设计、采购、生产、销售、服务等全过程高效协同的组织形态。从网络结构视角，供应链的概念更加注重围绕核心企业的网链关系。因此，供应链是围绕核心企业，通过对信息流、物流、资金流的控制，从采购原材料开始，制成中间产品以及最终产品，最后由销售网络把产品送到消费者手中的将供应商、制造商、分销商、零售商，直到最终用户连成一个整体的功能网络结构模式，如图 2-1 所示。供应链具备两个基本特征：（1）供应链中拥有至少一个核心企业，核心企业在供应链中具备核心竞争力及不可替代性，链条中多个非核心企业围绕核心企业运行，为其提供产品或服务；（2）供应链完整地包含了核心企业从原料采购到成品销售涉及的所有环节。

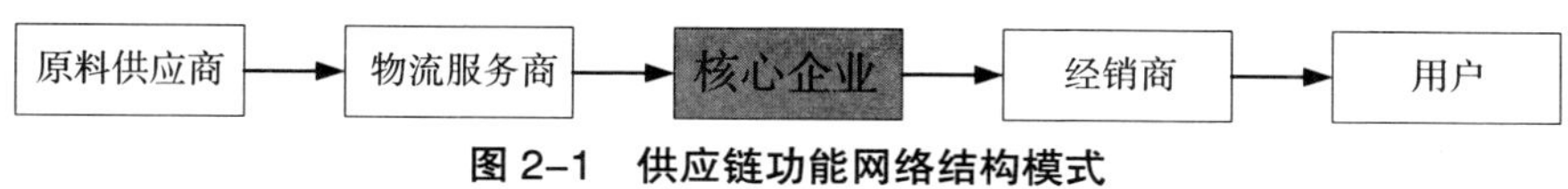

图 2-1　供应链功能网络结构模式

2.1.2　供应链管理

供应链管理的概念可以追溯到 20 世纪 80 年代。但直到 20 世纪 90 年代，供应链管理这一术语才引起许多企业高级管理层的注意。对于供应链管理（Supply Chain Management），国外在早期也有许多不同的定义和名称，如有效用户反应（Efficiency Consumer Response，ECR）、快速反应（Quick Response，QR）、虚拟物流（Virtual Logistics，VL）、连续补充（Continuous Replenishment，CR）等。Houlihan（1988）指出，供应链管理和传统物流控制的区别在于，供应链被看成一个统一的过程，链上的各个环节不能机械地被分割成诸如制造、采购、分销、销售等职能部门，且链上的每个组成部分拥有共同的目标，因为它影响整个链的成本及市场份额。Stevens（1989）认为，管理供应链的目标是使来自供应商的物流与客户需求的满足协同运作，以协调高客户服务水平和低库存、低成本之间的相互冲突。Cooper 等（1997）认为供应链管理是一种管理从供应商到最终客户的整合渠道的总体流程的集成哲学。Monczka、Trend 和 Handfiel（1998）认为供应链管理的主要目标是以系统的观点，对多个职能和多层供应商进行整合并管理外购、业务流程和物料控制。Mentzer 等（2001）将供应链管理从针对企业内部各业务部门之间扩展到企业之间的职能，认为应对整个供应链进行系统的、战略性的协调，其目的是提高供应链及每个企业的长期绩效。Ling Li（2007）认为，供应链管理是一组有效整合供应商、制造商、批发商、承运人、零售商和客户的协同决策及活动，以便将正确的产品或服务以正确的数量在正确的时间送到正确的地方，以最低的系统总成本满足客户服务水平的要求。虽然学者们对供应链管理的表述存在不同，但从总体上来看，都认为链上的各个节点企业必须做到同步、协调运行，才有可能使链上的所有企业都能受益。因此，供应链管理就是通过协调供应链成员的业务流程，让供应链从采购开始，到满足最终顾客的所有过程，工作流、物料流、资金流、信息流均能高效地运作，以最小的成本，把合适的产品以合理的价格，及时、准确地送到消费者手上，使供应链运作达到最优化。

供应链管理的发展经历了三个阶段。一是库存管理阶段。最早人们把供应链管理的重点放在管理库存上，以此作为平衡有限的生产能力和适应用户需求变化的缓冲手段，它通过各种协调手段，寻求把产品迅速可靠地送到用户手中所需要的费用与生产、库存管理费用之间的平衡，从而确定最佳的库存水平。二是纵向一体化阶段。企业出于对制造资料的占有要求和对生产过程直接控制的需要，或是为了扩大自身规模，参股到供应商企业，成为向其提供原材料、半成品或零部件的企业的股东。20 世纪 40—60 年代，企业处于相对稳定的市场环境中，竞争没有那么激烈，这时的“纵向一体化”模式由于其特有的优势，是有效的。到了 20 世纪 90 年代，在科技迅速发展，市场竞争日益激烈、顾客需求不断变化的趋势下，“纵向一体化”模式暴露出了种种缺陷，如企业投资负担增大、市场机遇把握不准、企业经常从事不擅长的业务活动、业务领域全而不精导致没有竞争力、企业面临较大的行业风险等。三是横向一体化阶段。20 世纪 80 年代后期，“纵向一体化”管理模式的弊端促使供应链管理向“横向一体化”模式发展。所谓“横向一体化”指的是包括供应商、制造商、分销商在内的企业利用外部资源快速响应市场需求，只抓企业发展中最核心的东西——产品方向和市场，至于生产，只把握核心技术材料的生产，其他零部件全部委托其他企业加工。随着全球产业分工不断细化，产品生产链条被拉长，供应链管理经营愈加复杂，于是专业的第三方供应链管理公司逐渐发展起来。其基于集成的管理思想和方法，将供应链上多个角色有效组织起来，对供应链物流、商流、信息流、资金流四个流程进行统一管理和优化，从而达到降低整体管理成本、缩短资金周转时间等目的。

英国供应链管理专家马丁·克里斯托弗（Martin Christopher）在 1992 年指出：“21 世纪的竞争不再是企业和企业之间的竞争，而是供应链和供应链之间的竞争。”当前驱动企业持续开展供应链管理的原因主要集中在三个方面。

其一，经济全球化的驱动。自 2001 年中国加入世界贸易组织以来，国内市场逐步对外开放，中国企业加速走向国际市场，面临更多国际化的竞争对手。经济全球化的发展，带给企业无限机遇的同时，也使企业面临更多的竞争和挑战，竞争模式从传统的技术竞争、市场竞争和产品竞争发展为基于供应链的竞争。具体来说，经济全球化带来的三大变化：一是跨国物流更加方便，给企业带来快捷的供需，但日益猖獗的恐怖主义给国际贸易带来严重影响。二是产品生命周期缩短，企业面临新产品被模仿的威胁。产品生命周期（Product Life Cycle），亦称“商品生命周期”，是指产品从投入市场到更新换代和退出市场所经历的全过程。全球化的竞争大幅缩短了产品的生命周期，几乎所有的产品都会面临被模仿、被再造、被淘汰的危险。三是传统组织边界变得模糊，企业不得不调整或改变自身经营的模式。面对全球化的挑战，为了保持自己的核心竞争力，企业不得不将自己的某些部分外包给另一个国内或国际的公司，这些外包的公司能够更加有效地提供它们的所需，并且能够保证更好的质量。总之，现在企业面临的竞争，主要是供应链之间的竞争，供应链管理越来越受到企业的重视。因此，在经济全球化的背景下，如何对供应链进行有效的管理，已经是决定企业生存的关键因素。

其二，消费者需求的驱动。了解消费者行为一直是市场分析和战略发展的焦点。由于可以自由地从因特网或其他媒介获取有关信息，如今的消费者更加理性和自由。此外，随着双职工家庭与单亲家庭数量的增加，社会人口状况的变化使“时间”成为许多消费者首要考虑的因素，他们希望并要求供应商/零售商按照他们制订的计划更加快捷和便利地提供商品或服务。朝九晚六的五天制服务已经不能满足消费者的需求，顾客需要24小时的全日制服务及最少的等待时间。因此，供应链的运作必须高效率，这样才能为供应链中的零售商和其他组织创造收益。

其三，企业需求的驱动。20世纪90年代以来，由于科技不断进步，经济不断发展，围绕新产品的市场竞争日趋激烈。为了增强自身竞争力，获得更多利润，企业不得不持续地通过创新保持竞争力。一是缩短产品研发周期。随着经济全球化的发展，企业面对的消费者需求呈现多样化的趋势，消费者对产品更新迭代的速度要求也越来越高，这就要求企业的产品开发能力要不断提高。二是降低库存水平。企业为了满足消费者的多样化需求，不断地推出新的产品，导致产品种类不断增加，销售商库存负担沉重，这严重影响企业的资金周转速度，进而影响企业的竞争力。因此，企业需要优化库存策略，降低库存水平，减少库存成本。三是缩短响应周期。企业不仅要有很强的产品开发能力、完善产品品种和对供应链成本的控制能力，而且要缩短产品上市时间，即尽可能提高对客户需求的响应速度。20世纪90年代，日本汽车制造商平均每两年就推出一款车型，而美国推出相当级别的车型要5~7年，日本汽车能更好地响应客户需求，因而在汽车市场上占据了更大主动。缩短产品的开发、生产周期，如何在尽可能短的生产时间内最大限度地满足消费者的需求，正成为所有管理者最为关注的问题之一。四是提供定制化的产品和服务。标准化规模化的大批量生产模式不再使客户满意，不再能使企业获得效益。企业需要不断地提高自己的敏捷能力，来满足消费者的定制化需求。

2.2 供应链数字化转型背景

2.2.1 供应链数字化转型

供应链数字化，是指通过边际成本更低的信息来模拟供应链上的活动，利用数字“复制、链接、模拟、反馈”的优势，通过数字化方式执行供应链管理，提高供应链上的透明度、实现高级规划能力、实现供应链上短链效率提升与长链数字化协同。供应链数字化的主要场景是供应链上信息流、资金流、物流活动的数字化。推动供应链数字化的角色主要有以下四类：一是产业链上的核心企业；二是支付及金融服务商；三是物流服务商；四是技术服务商。四类参与者分别基于原有业务基础开展不同形式的供应链数字化升级模式，而在此过程中，供应链数字化为这些参与者注入了新的增长动能。

2.2.2 供应链竞争处于核心地位

当今的市场竞争，无论从企业层面、区域层面还是国家层面，供应链竞争都处于核心地位。供应链的发展历程是随着社会经济活动的不断丰富而逐步演进的，当社会生产力提升，大规模生产中开始涉及复杂的物的传递过程和供需关系网络，供应链便客观地存在于这样的过程与关系网络中，由诸多彼此依存的上下游企业自发构建而成。供应链直接影响企业的生产经营、经济效益，一个区域乃至一个国家的发展状况或经济地位，同样与其供应链竞争力密切相关。随着全球经济环境、贸易格局、创新产业的不断演化，当下已进入供应链多元化、高质量发展的新时代。面对百年未有之大变局，无论企业、区域或者国家，供应链体系的构建和升级能够使竞争主体有效利用更多资源、单位产能不断提升，从而保持领先地位。而对于供应链发展的忽视或迭代滞后，则终将导致竞争主体被更具优势的对手替代。

从企业层面看，在当今市场中，任何企业都置身一个或多个供应链中，企业无法脱离供应链单独生存，企业若想提升生产效率、降低生产成本就必须重视供应链管理。因此，企业面临的市场竞争已不再是企业间的角逐，而是一个供应链体系与另一个供应链体系间的竞争。从区域层面看，在经济发达的区域中，存在大量相互关联的企业与支持机构聚集而成的产业集群，而这样具有强劲、持续竞争力的产业集群的形成过程，本质是优质供应链组链的选择与聚集过程。同时，由于供应链的选择与聚集持续保持动态调节机制，即供应链条每个节点上都存在多家企业充分竞争、纳优排劣，这使各个企业保持创新进步、企业间竞合关系加强，最终促使产业集群整体竞争能力提升。从国家层面看，以中、日、美三大经济体为例，在 1995 年《财富》杂志首届世界 500 强企业榜单中，美国以拥有 151 家企业上榜并位居首位，日本则以 149 家企业数量紧随其后，而彼时中国仅有 3 家企业上榜。时至 2021 年，美国与日本分别占据榜单 122 家和 53 家，而中国上榜企业数量已大幅跃升至 143 家，首次超越美国位列世界第一。中国企业的崛起，得益于 20 余年间逐步构建起的全球化供应链生态，日趋完整的工业及制造业体系使产业结构不断升级，中国也因此成为世界工业制造第一大国。

构建国内国际双循环格局背景下，中国与世界发展轨迹交汇，面临信息化与智能化并进的挑战。自 18 世纪以来，全球共经历了三次工业革命，颠覆性的科学技术彻底改变了社会经济结构、商业模式以及人类生活文化。在第一、第二次工业革命中，率先完成工业化变革的西方资本主义国家逐步确立了世界统治地位，并形成了西方先进、东方落后的局面。中国是自 1978 年改革开放后，才开启了真正意义上的中国工业革命之路。2013 年，德国在汉诺威工业博览会上正式推出“工业 4.0”战略，其本质是通过数据流动自动化技术，从规模经济转向范围经济，以同质化、规模化的成本，构建出异质化、定制化的产业，对产业结构改革起到至关重要的作用。德国首次提出工业 4.0 概念，以大数据、云计算、人工智能、区块链为代表的第四次工业革命正在发生，从智能制造到智能仓储及物流，工业 4.0 使供应链中的一切都“智能化”，可以说工业 4.0 也是供应链 4.0。2015 年 5 月中国发布《中国制造 2025 战略》，其中明确强调提高国家制造业创新能力、推进信息化与工业化深度融合和强化工业基础能力等战略任务。中国工业革命的 40 年基础扎实、成果卓著，但我们仍然面临着加速推进基础产业信息化、淘汰落后产能、提升企业管理经营理念等重大考验，与此同时，还须在尖端工业与顶级科技领域持续深耕，在稳固“工业大国”地位的同时，向“工业强国”“科技强国”迈进。

中国在国际生产格局中地位提升，对供应链数字化程度提出更高要求。随着改革开放的不断深化，我国在国际生产格局中的地位明显提升，已经处于亚洲区域内的核心节点位置。但近年来新冠疫情的蔓延叠加国际政治、极端天气等风险，对国内企业的供应链网络提出挑战。在供应链全球化背景下，一个地区的疫情冲击可能导致某一贸易中间品的中断，将在更广的地域范围内影响整个生产过程的连续性，产生放大性的影响。由于供应链不同环节遭到打击后恢复至正常运营状态的时间不同，不同环节构成的组合之间恢复时间亦不同，企业凭借传统的管理办法难以及时应变。在这种情况下，通过对供应链的数字化描述与模型分析，将多层级供应商的信息、物料清单信息、在途及现场库存水准、产品需求预测、运营和财务指标等整合在一起，可以在详细呈现整个供应链网络的基础上帮助企业分析供应链上的潜在风险点以提前备案，并计算出不同供应链环节出现问题后带来的业绩影响及最佳解决方案。

2.2.3 数字经济驱动供应链升级

近年来，我国数字经济增速持续保持高位运行，2020 年在疫情和全球经济下行的影响下，我国数字经济增长率仍达到 9.7%。其中，“产业数字化”是我国数字经济发展的主阵地，2020 年我国产业数字化增加值为 31.7 万亿元，占数字经济比重达 80.9%，占 GDP 比重为 31.2%。产业数字化作为数字经济发展的强大引擎，是指各类传统产业利用新一代数字技术进行多角度、全链条的全面改造提升，并逐步形成由单点改造向产业集群协同升级的趋势。根据戴尔科技《数字化转型指数》研究，2016、2018、2020 三年，我国企业数字化格局发生极大改变，大批量数字化后进者逐步进入数字化追随、评估乃至实践阶段。但与此同时，数字化领导者占比四年内并无明显提升，侧面说明实现高度数字化、供应链全链条数字化仍然是漫长且困难的过程。

技术与管理工具发展支撑供应链升级。在供应链上对产生交易成本的环节部署对应的技术能力，可以达到提升供应链效率的目标。而关键技术的突破性发展支撑了供应链走向数字化。首先，物联网技术感知层所包括的传感器、机器视觉、

RFID 等一系列智能感知设备，为供应链数字化提供了传统信息流以外更多样化的信息；其次，区块链等技术以其可追溯性与数据可信度能力，提高了供应链数字化的透明度；最后，人工智能以及云计算等技术可以从采集到的数字信息中发现隐藏的规律、现象，并根据分析结果做出行动，为生产预测、提高供应链敏捷性提供支持。数智化技术发展是企业管理工具与企业管理思想日趋成熟的基石，传统 ERP 软件在赋予大量企业信息化能力后，步入了升级轨道，供应链中台应运而生。作为新一代 IT 基础设施，供应链中台能够打破传统 ERP 时代下的企业数据孤岛困境，大幅提升数据复用与共享能力，同时加强系统伸缩性并提升迭代灵活性。

需求侧数字化进程迅猛，传统供应链承压明显上升。近年来，我国互联网技术的快速发展和移动支付的广泛应用，使消费需求侧数字化进程发展迅猛。但是，供给侧由于业务链条复杂、业态模式差异化明显，导致其数字化升级难度高、时间跨度长。因此，总体而言，国内供给体系质量和效率整体与需求结构仍不匹配，导致低端供给过剩而中高端产能不足，使消费者日趋多样化、优质化的消费需求难以被满足，而这恰恰催生了供给侧结构性改革升级的迫切需要。在这样的需求背景下，传统的企业供应链协同与管理难以为继，在供应链中的各个环节都暴露出亟待解决的问题。采购环节如何及时响应需求变化，如何高效率、低成本采购；生产环节如何保障按时效、高质量产出，同时避免资源浪费；分销环节如何解决层级冗杂、库存及资金压力大等问题。除了供应链各环节管理的痛点、难点外，更为艰巨的挑战是如何协同全链条作业、降本增效，如何解决供应链长鞭效应带来的“供需不对称—产能过剩—资源浪费”负循环。面对传统供应链承压困境，供应链上的各节点企业必须依靠新兴技术加持以及供应链平台赋能，逐步实现供应链信息化、数字化与可视化，从而进一步助推我国供给侧结构性改革，以实现供需两侧相匹配的完整数字经济。

数字化供应网络构建“拉动式”供应链商业模式。供应链数字化可分为两个步骤，第一步是实现供应链的业务数据化，第二步是处理第一步中积累的数据，将其反映出的信息价值反哺、赋能给供应链各环节业务。传统供应链多为“推动式”供应链模式，信息按照固有链条进行线性传播，企业决策者基于市场预测进行生产，通过维持高供给量和高库存应对市场需求；相反，“拉动式”供应链则以市场终端需求为生产驱动力，大幅提升了企业对需求变动的响应速度及柔性，同时有效降低库存成本。供应链数字化使信息不再以线性方式传播，而是形成矩阵结构的信息网络，由此提升全链条的信息共享程度和协同能力，使“拉动式”供应链成为可能，给企业的商业模式带来根本性变革。首先，通过数字化技术实时跟踪了解消费者的购买行为和使用行为，从而获得感知用户的能力，并以终端用户的需求为始点，进行战略、研发、生产、供货等后续一系列经营活动。其次，效率提升。信息互联互通、形成网络式传播，各环节沟通效率提升，避免长鞭效应。最后，协同作业。信息实时地交互、处理与反馈，使复杂供应链协同成为可能。同时协同作业效率与总交易成本成反比，因此协同能力提升同时也带来了成本的降低。

数字供应链网络价值将呈指数级增长。根据梅特卡夫定律，网络中的每个节点都可以与其他节点进行连接和交互，节点的价值取决于它能够与其他节点进行交流和共享信息的能力。随着节点数量的增加，网络中的连接数量呈指数级增长，从而提高了网络的价值。将梅特卡夫定律应用于供应链数字化的研究中，在传统供应链向数字化供应网络变革跃迁的过程中，围绕着一个核心企业会产生若干一级节点企业，在数字化平台及数字技术加持下，各节点企业信息联结、协同作业；同时一个一级节点企业又会作为一个新的中心，向外延伸出若干二级节点企业，最终形成一张庞大而联结紧密的数字化供应网。我国供应链数字化处在发展早期，边际成本递减效应尚不凸显，而未来随着数字化供应网络的发展延伸，其价值将呈指数级增长，给企业、产业带来巨大收益。

2.3 供应链数字化转型的核心

供应链上活动可以反映为供应链上信息流、物流和资金流“三流”的活动，在此基础上，供应链数字化的问题可以通过两个维度进行拆分：维度一是企业内部和企业外部；维度二是同一“流”上的延伸和不同“流”之间的互动。通过这两个维度的拆分，供应链数字化可以分为四类：一是企业内部不同环节在同一“流”上的延伸；二是企业内部不同“流”之间的互动；三是企业外部同一“流”上的价值链延长；四是企业外部不同“流”之间的价值链纵向互动。供应链数字化的关键在于能够链接的链条长度和数据密度；各参与方开展供应链数字化的核心在于两方面——同一价值链的横向延伸和不同价值链间的纵向互动。供应链数字化的核心服务价值在于信息流供应链数字化、物流供应链数字化、资金流供应链数字化。

供应链数字化服务商可以分别是核心企业、金融服务提供商、物流服务商、技术服务提供商。核心企业进行供应链数字化的主要模式有两类：一是通过构筑产业互联网平台尽可能横向延长多维价值链条；二是将自身供应链数字化能力产品化对外输出。信息流供应链数字化优势服务商，具备对传统软件服务客户的积累，在企业内部不同环节信息流串联上具备明显优势，向一体化运营类产品迭代的同时进行价值链横向延伸；与企业间信任基础和开放平台能力使其能够与第三方服务商共同完成 / 主导不同价值链间的相互联通，增加价值链密度。物流供应链数字化优势服务商，在串联供应链整体物流价值链上具备独特优势，通过向计划层、规划层产品延伸与其他价值链产生更多交汇，增加供应链数字化价值链接密度。资金流供应链数字化优势服务商，在串联供应链整体资金流价值链上具备独特优势，开拓供应链金融产品，通过风控要求反向驱动信息流、物流与资金流产生互动，增加供应链数字化价值链接密度。

2.3.1　核心企业

由于主客观因素不同，核心企业与中小企业的数字化转型路径不同。核心企业采取自内向外的数字化升级路径，中小企业是自外向内的数字化升级路径。对核心企业而言，供应链的复杂性是其数字化转型的原动力，同时由于具有良好的信息化基础和雄厚的资金实力作为支撑，核心企业的供应链数字化转型可谓主观与客观因素兼备，转型路径较为清晰。而中小微企业通常处于供应链中的一环，承担供货、代工、分销等单一角色，相比大型企业，缺乏较强的数字化转型内生需求，其收入水平也不足以支撑完整的数字化改造，因此对中小微企业而言，供应链数字化升级的有效路径是首先解决其外部生态环境，进而从外向内推动。

2.3.2　金融服务提供商

金融服务提供商以资金流为切入点，构建供应链上的信任与联动。在传统供应链上，订单、商品流转、支付结算流程三者分离，特别是在供应链条较长甚至网络化的情况下，供应链交易主体众多，且可能存在多个交易环节，这会导致整个交易周期长、资金回笼慢，花费较大的人力成本和时间成本，不利于资金周转；另外，交易主体繁杂、交易时间长，存在较大的资金安全风险。支付机构横向价值链延伸，打通企业资金流基础上，构建支付信息及票据信息标准化、集约化平台，通过定制化的付款机制设计、支付流程设计等数字解决方案可以有效缩短中间环节、提高交易效率、降低资金安全风险。具体流程，首先，通过为供应链上核心企业搭建支付解决方案，支付机构帮助供应链进行资金流的上下游整合，提高链上资金流转效率，降低资金安全风险。其次，提升供应链上某一部分短链条的综合效率，为标准化、集约化的支付、票据信息搭建数据平台，方便同类型企业的接入与知识经验共享，同时结合感知层的技术手段整合电子仓单、税票和物流交割信息等物流数据，构建供应链上信任。最后，在第二阶段的基础上，向供应链上下游延伸，为多层级、多类型的企业或产业集群提供供应链数字化服务，通过链上贸易背景相互校验，实现链上数据的真实、透明、可追溯及时传递，进而实现长链条、生态化的供应链数字化协同。

银行等传统金融机构是供应链金融服务的直接提供方，特别是在国家支持中小微企业普惠型贷款的相关政策和考核要求陆续落地后，银行开始大力拓展供应链金融业务，解决传统中小微融资困境。而在此过程中，支付机构通过对供应链上资金流的打通，可以帮助银行以更加合理的成本了解中小微企业的实际业务情况，从而评估真实业务风险。与此同时，出于为中小微企业纾困减负的核心目的，不论是支付业务收取的手续费还是供应链金融业务收取的信息费，产业链上不同服务商的费率均维持在相对低廉合理的水平。而供应链金融业务的开展，需要将资金流、物流、信息流上的数据进行同步整合才能更有效地评估、控制风险，这一产品要求反向驱动信息流、物流与资金流产生互动，增加供应链数字化价值链接密度。

2.3.3 物流服务商

随着智慧物流时代的到来，通过软硬一体化的信息技术，优秀的物流企业能够实现自身物流全场景智能化，与此同时，提炼并开放自身运营能力，为企业提供全链条供应链数字化咨询与产品服务。其中，软件层即通过人工智能、云计算、数字孪生等科学技术为基础构建而成的数字世界，可实现对物理世界的同步映射，同时形成智能决策返回至物理世界干预、指导其运行。较之传统物流管理仅注重物流执行阶段，智慧物流规划层与计划层的产品服务，能够帮助企业梳理真实物流运作能力，将物流与企业产、销、库存完全对应、连接起来。

现代供应链管理中，商流、信息流与资金流在电子工具和网络通信技术的支持下，均可轻松实现基于互联网的交互信息管理，而物流是物质资料的空间位移，无法直接通过互联网进行传输。因此，全链条智慧物流服务必然需要智能硬件设施作为基础支撑，其核心价值有两点：一是通过无人车、无人机、智能机器人等各类智能硬件，实现运输、仓储、配送等全环节自动化作业，降本增效；二是通过物流供应链各要素的物联网化，实现全程可视与信息集成共享，进而实现全链条互联网化与数字化。

2.3.4　技术服务提供商

供应链数字化的软件服务可以划分为内部管控类和一体化运营类：前者的代表性产品是进销存管理系统、财税系统，强调合规和记录，产品设计相对标准化，只需要在行业最佳实践的基础上进行细微调整；而后者则包含了更多企业管理者的个人主张和意愿，以运营变革提升效率为目标，需要根据不同企业的具体经营路径定制化设计且跟随市场变化敏捷迭代，蕴含了企业间的差异化竞争力。从技术服务商的成长路径来看，具备一定体量规模的服务商通常已经具备较强的内部管控类产品能力，但一体化运营类产品的开发设计则需要伴随企业的成长并辅以全新的技术能力与架构模式，是考验技术服务商能否迭代产品体系的关键。

技术服务商在面向不同行业的不同企业提供覆盖供应链全链条的供应链数字化软件服务时，业务拓展的一大瓶颈在于如何保证自身的产品能够与不同产业链上企业的业务相适配并将信息流与资金流、物流信息相互融合互动。对综合性的技术服务商而言，不同层级的产品架构能够兼顾成本与效果：对于传统供应链进销存管理、财税、人力等产品，标准化水平产品的微调即可满足使用；对于行业特有的产业流程、结算配送体系等，需要通过行业层的定制产品来满足；而即便相同行业内的不同企业也会有不同侧重，此时若没有标准化产品满足则会涉及定制化的开发设计；若企业对定制化开发的预算有限或涉及其他价值链条的互动并已有专业领域服务商，平台化架构能够支撑其他服务商合作开发定制化产品，保证不同价值链条互动的流畅。在这种平台化能力的基础上，综合技术服务商可以向不同行业的供应链上下游进行全方位拓展，还可以与其他服务商合作，完成不同价值链间的相互联通，增加价值链密度。

第 3 章　供应链金融

供应链金融基于供应链管理，核心在于解决中小企业融资难的问题。供应链金融作为连接金融和实体经济的重要枢纽，为实体经济发挥着保通、稳链、纾困的支撑作用。党的十九届五中全会提出了“加快构建以国内大循环为主体、国内国际双循环相互促进的新发展格局”的重大战略部署，为我国“十四五”时期经济社会发展指明了方向。构建新发展格局的关键在于实现经济循环流转和产业关联畅通，根本要求是提升供给体系的创新力和关联性，解决各类“卡脖子”和瓶颈问题，畅通国民经济循环。供应链金融是解决中小企业融资难问题最好的方式。我国不同规模的企业贷款结构具有明显差异，中小微企业的抵（质）押贷款比例要明显高于大型企业。中小微企业缺乏房、车等固定资产做抵押，但银行贷款更倾向于向小微企业发放抵押贷款。从表面因素来看，由于中小微企业的信用水平不及大型企业，需要更多的抵押担保来补充，但这背后更深层次的原因在于风险评估是按照主体信用来进行的。然而，中小微企业也有回款稳定风险低的“好”业务，供应链金融可以介入中小微企业的每笔业务中，依托真实的贸易背景，针对特定的、风险可识别的现金流提供金融解决方案，真正缓解小微企业融资困境。

3.1　供应链金融的基本概念

3.1.1　供应链金融的内涵

供应链金融提供的短期信贷为买卖双方提供更高的资本流动性。对企业来说，提高其流动性和其资产负债表的健康程度是经营公司中的重要一环。供应链金融帮助企业，特别是中小型企业提高其运营资金流动性的问题。当今市场的竞争已从单一的客户之间的竞争转为供应链与供应链之间的竞争，同一供应链内部各方一荣俱荣，一损俱损。与此同时，赊销已成为交易的主流方式。处于中上游的供应链企业很难通过传统的银行信贷融资获得银行的资金支持，而资金短缺又会直接导致后续环节的停滞。因此,供应链融资的系列产品应运而生。20世纪80年代，世界级企业巨头在全球范围内采购和业务外包，寻求供应链管理成本最小化。随着经济全球化和网络化的快速发展，不同公司、国家甚至一国之内的不同地区之间比较优势被不断地挖掘和强化。对经济和金融欠发达地区或资金不够雄厚的中小企业而言，他们常成为“成本洼地”产生“洼地效应”，由于欠缺资金，成为制约供应链发展的瓶颈，影响供应链的稳定性和财务成本。在这一背景下，供应链管理从最初的物流、信息流管理层面逐渐扩大到解决资金流瓶颈和降低融资成本的财务价值再发现层面，供应链研究和探索的重心也逐渐转向了提升资金流效率的供应链金融层面，供应链金融应运而生。

首次提出供应链金融概念的是蒂默（Timme）等学者，他们认为供应链上的参与方与为其提供金融支持的处于供应链外部的金融服务提供者可以建立协作，而这种协作关系旨在实现供应链的目标，同时考虑到物流、信息流和资金流及进程、全部资产和供应链上的参与主体的经营，这一过程被称为供应链金融。这种观点强调金融的提供者与供应链整体的关系。而以迈克尔·拉莫洛克斯为代表的学者，比较强调生态圈建立对财务和资金的优化，将供应链金融定义为一种以核心企业为主的企业圈中对资金的可获得性和成本进行系统优化的流程。这种优化主要是通过对供应链内的信息流进行归集、整合、打包和利用的过程，是通过嵌入成本分析，成本管理和各类融资手段而实现的。供应链金融是指从供应链产业链整体出发，运用金融科技手段，整合物流、资金流、信息流等信息，在真实交易背景下，构建供应链中占主导地位的核心企业与上下游企业一体化的金融供给体系和风险评估体系，提供系统性的金融解决方案，以快速响应产业链上企业的结算、融资、财务管理等综合需求，降低企业成本，提升产业链各方价值。也可以说，供应链金融是一种商业融资模式。金融机构通过验证供应链稳定性，依托核心企业信用，整合信息流、物流、资金流，为非核心企业提供金融服务，以达到提高供应链运行效率、优化供应链融资成本的目的。供应链金融将供应链上的核心企业及非核心企业看作一个整体，以核心企业为依托，以真实贸易为前提，运用自偿性贸易融资的方式，通过应收账款质押、货权质押、订单融资等手段，闭环管理现金流及货权，满足非核心企业对流动资金的需求。因此，对供应链金融可以从四个方面进行理解。其一，金融机构评估供应链的可靠性，根据评估结果，向非核心企业发放一张“企业级”信用卡。其二，额度、免息期、计息利率依托核心企业的信用水平及供应链的稳定性。其三，“刷卡”或“提现”的前提为交易关系真实存在，相关票据信息齐全。其四，只允许“定点刷卡”，资金封闭管理，还款来源为核心企业与非核心企业的业务结算款。闭合式资金运作是供应链金融服务的刚性要求，它使注入企业内的融通资金的运用被限制在可控范围之内，按照业务逐笔审核放款，并通过对融通资产形成的确定的未来现金流进行及时回收与监管，达到过程风险控制的目标。

供应链在运行中产生金融需求的原因主要有三个。一是客观存在的账期。供应链产生账期是因为各节点客观存在时间差，无论是采购、库存还是销售，只要产品在变现前存在时间差就存在账期，账期会占压企业资金，具有时间成本。核心企业账期直接关系到非核心企业的运营效率，是产生金融需求的根本。二是产业链地位的差距。核心企业处于供应链中的核心地位，议价能力较强，对账期的控制能力显著优于非核心企业。此外，不同规模的非核心企业在面对同样的核心企业时，谈判地位、议价也存在差异。可以说，产业链地位的差距是金融需求产生的内生动力。三是信用水平的差异。核心企业在供应链中处于核心地位，技术或者品牌优势显著，资金成本、资金获取较非核心企业明显。资金可作为附加业务，核心企业通过供应链金融的方式，“加价”卖给非核心企业，是资金溢价所导致的理性决策。

从产业供应链角度看，供应链金融的本质是金融服务提供者通过对供应链参与企业的整体评价，针对供应链运作过程中企业拥有的流动性较差的资产，如应收账款、预付账款、存货等，以资产所产生的确定且稳定的现金流作为直接还款来源，采用闭合式资金运作模式来提供的金融服务方案。将多项金融创新产品有效地在整个供应链各个环节中灵活组合，提供量身定制的解决方案，以满足供应链中各类企业的不同需求，在提供融资的同时帮助提升供应链的协同性，降低其运作成本。从金融服务理念角度看，现代化供应链管理是供应链金融服务的基本理念，供应链金融针对生产组织体系，提供全方位金融性服务。其融资模式不是单纯依赖客户企业的基本面资信状况来判断是否提供服务，而是依据供应链的整体运作情况，从企业之间真实的贸易背景入手，来判断流动性较差的资产未来的变现能力和收益性。现代供应链管理是供应链金融服务的基本理念，构建供应链商业生态系统是供应链金融的必要手段。闭合式资金运作是供应链金融服务的刚性要求，大数据、信息化、业务垂直化是供应链金融的关键。成长型中小企业是供应链金融服务的主要对象，流动性较差的资产是供应链金融服务的针对目标。

供应链金融需求产生的三个基础。一是时间差。原材料加工采购存在一定的季节性，产品销售形成收入或回款存在一定的时间差，适合衍生供应链金融。例如，农作物生产、食材配送。二是空间差。供应链涉及采购、存储、配送和销售的环节，存在商品所在地点转移、地域变化的场景下衍生供应链金融等问题。例如，大蒜在产地和销地的贸易活动。三是缺要素。供应链价值实现环节中缺乏一些关键要素，需要通过融资的方式补齐，才能保障供应链或企业经营的正常运转。例如，化肥采购、饲料采购。

与供应链金融相关的概念还有物流金融、产业金融、产业链金融，如表 3–1 所示。供应链金融的含义比供应链融资宽泛，除融资服务外，还涵盖其他金融服务。物流金融是供应链的组成部分，而供应链金融又是产业金融的组成部分。

表 3–1　供应链金融、物流金融、产业金融、产业链金融的对比

概念	释义
供应链金融	商业银行 / 类金融机构根据产业特点，围绕供应链上核心企业，基于交易过程向核心企业和其上下游相关企业提供的综合金融服务
物流金融	供应链金融的组成部分，指商业银行 / 类金融机构以对物流和资金流的控制为基础，借助第三方物流公司或核心企业的信用绑定风险控制技术，为供应链上的客户提供的金融服务
产业金融	产业是具有某种同一属性的企业或组织的集合，产业金融指商业银行 / 类金融机构为这一企业或组织提供金融融通服务，其包括供应链金融
产业链金融	产业内部形成供应链，就叫产业链，等同于供应链金融

从当前的发展趋势来看，供应链金融呈现出四个趋势。一是在线化。在线供应链金融服务平台整合“四流”，实现融资还款的自助完成。二是垂直化。不同产业链上的企业具有迥异且多样化的金融服务需求特征，深耕行业、不断下沉，才能提供更加灵活和个性化的供应链融资产品。三是数据化。交易实时化、授信实时化，离不开大数据的实时监控。全方位、多维度、实时化的数据才能更好地降低资金风险。云计算、物联网、人工智能、区块链等新兴技术助力供应链大数据革命。四是平台化。产融结合的生态系统大平台是必然趋势。供应链金融 4.0

将搭建跨产业、跨部门，与政府、行业协会、产业资本等各方广结联盟，物联网和互联网相融合的金融生态平台。

从供应链管理的角度，供应链金融被认为是供应链管理的一部分。供应链金融不仅是供应链中买卖形成后开票或产品接受阶段的融资行为，而且是可以延伸到供应链运营的全过程，包括寻源、协议、采购、开票、核实、支付六大重要环节，亦即“端对端的供应链金融”。根据融资行为在供应链运营过程中所发生的时间点，可以分为战略融资、装运前融资、在途融资和装运后融资，如表 3–2 所示：

表 3–2　基于供应链运转环节维度划分的供应链金融

名称	概念	融资基础	风险
战略融资	买卖双方暂未发生实际交易行为，但为稳定或培育战略性供应商，或优化供应链运营，而对供应商或其上游实施融资行为	供需双方之间长期交易所形成的信任和建立的伙伴关系	高
装运前融资	供应商（卖方）基于买方的采购订单而从金融机构获得资金，从而在产品发运前满足其营运资金的需求。通常表现为订单融资和预付款融资	采购订单，以及供需双方长期交易所形成的依赖关系	中
在途融资	基于买卖双方交易订单的运输过程中或其他物流服务过程中的产品或库存的价值来获得融资贷款。通常表现为库存融资	物流活动中的产品 / 库存的价值	低
装运后融资	买卖双方交易完成后，基于收货方开具的票据、装运单或提单等应收账款凭证而获得的融资贷款。通常表现为应收账款融资	应收账款凭证	较低

基于融资行为在供应链运营过程中所发生时间点下的供应链金融模式分类适用于所有买卖双方的交易链条，但由于供应链上通常会出现相对强势的核心企业，而融资需求产生方通常为处于其上下游的相对弱势的中小企业，需要针对核心企业的上下游分别展开讨论。根据融资需求方所处供应链上下游的位置及其是否为产业链中相对强势的一方，可以将供应链金融划分为三种场景：（1）中小企业为供方，核心企业为买方，通常表现为应收账款融资模式与订单融资。一个标准的买卖交易行为是钱货两讫，但随着赊销成为一种主要的销售方式，账期的存在使处于供应链上游的企业普遍承受着现金流紧张的压力，而这种压力在供货方是中

小企业的场景下体现得尤为明显，该场景下上游供方会基于应收账款申请融资。供方为采购原材料或者组织生产，基于买方向其下达的订单 / 合同 / 协议来向金融机构申请融资，订单属于未来的应收账款，订单融资本质上属于一种依托于供应链的信用融资。（2）核心企业为供方，中小企业为买方，通常表现为预付款融资模式。买方向供应商下订单但现有资金流无法覆盖全款能力，买方通过让渡自己的部分提货权而向金融机构申请融资，金融机构为买方代付预付款，供应商实现了资金的快速回流，买方获得了一笔预付款融资。（3）买方与供方的企业体量不存在明显差异，通常表现为基于 B2B 平台的新型融资模式，B2B 平台属于新型核心企业。有别于传统的以核心企业为展业基础，该场景下，由于供应链中不存在明显的强势方，买卖双方可根据具体情况约定交易支付方式，由此形成不同的融资方式，其中亦包括前述提及应收账款融资、订单融资、预付款融资等传统融资方式，也包括基于 B2B 平台交易而形成的提前回款融资等创新型融资方式。

此外，供应链金融也可以基于申请融资所依赖的底层基础划分为债权融资和货权融资，传统供应链金融中普遍提及的库存融资即来源于此。库存融资的发生场景多元，不局限于上游或下游，理论上供应链交易过程中所有的原材料、半成品、成品等库存均可作为质押物来申请融资。

3.1.2　供应链金融与传统金融比较分析

供应链中的核心企业，交易地位高、议价权更强，往往会选择拖延支付，赊销成为主要的贸易方式，加剧了中小企业的资金缺口。中小企业融资难，一方面，缺乏固定资产进行抵押贷款；另一方面，由于经营规模小、抗风险能力差，银行信用评级较低，很难获得银行信贷。供应链金融是对供应链的不同节点提供封闭的授信及其他结算、理财等综合金融服务，能够帮助供应链中处于弱势的中小企业解决融资难的问题，进而稳定核心企业的供销渠道，促进并提高整个供应链条中资金的利用与统筹效率。其实质就是通过及时获取真实的贸易背景信息，实现风控，帮助企业盘活其流动资产从而解决融资问题，这也是其与传统金融业务的主要区别所在。传统的金融服务是从单个行业出发提供服务，不关注流程和交易过程，因此，供销企业是银行很少关注的区域，如图 3-1 所示：

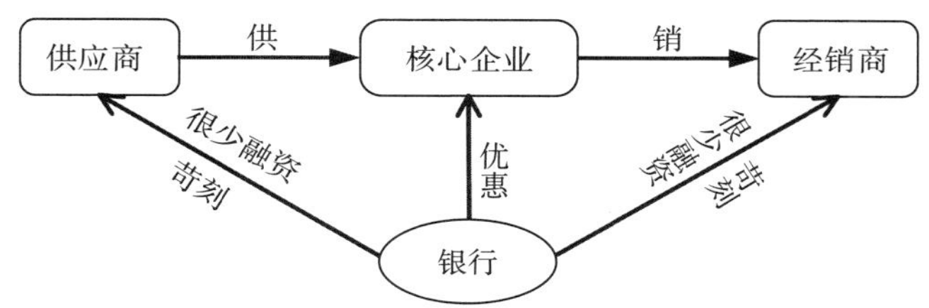

图 3–1　传统信贷模式下供应商与经销商难以融资

与传统金融相比，供应链金融是一种集物流运作、商业运作和金融管理为一体的管理行为和过程，它将贸易中的买方、卖方、第三方物流以及金融机构紧密地联系在了一起，实现了用供应链物流盘活资金，同时用资金拉动供应链物流的作用，如图 3–2 所示：

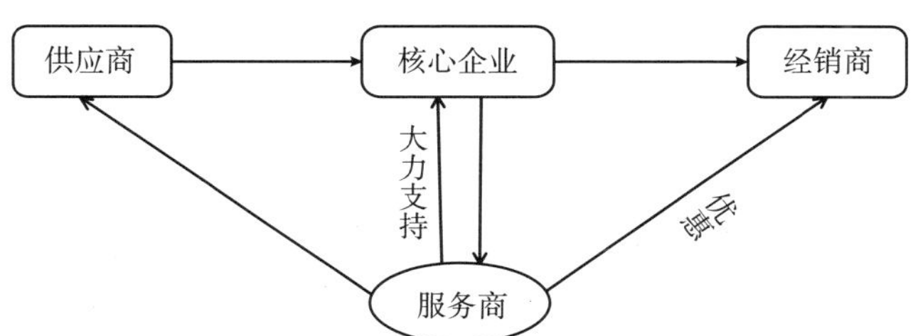

图 3–2　供应链金融模式下供应商与经销商获得融资

从服务对象、服务品种、评估基础、增信措施、还款来源、资金管理、融资价格、业务周期八方面展开对比，如表 3–3 所示。供应链金融属于高风险、高收益类业务，考验金融机构的不是产品，不是需求，而是如何控制风险。传统金融是从金融的角度谈金融，供应链金融是从产业的角度谈金融。二者在关键要素、业务流程、组织结构的区别与特点：从关键要素维度看，银行传统信贷以“好的资产负债表”为基础，对企业以往的财务信息进行静态分析，依据对授信主体的孤立评价做出信贷决策；而供应链金融评估的是整个供应链的信用状况，加强了债项本身的结构控制。从业务流程维度看，银行传统信贷是一种简单的资金借贷关系，以一个或几个生硬、机械的产品“水平式”地覆盖不同细分市场及交易链条上的各个节点、各个交易主体；而供应链金融是根据交易对手、行业规则、商品特点、市场价格、运输安排等交易条件，为供应链上不同交易层次和交易地位的交易主体定制专业金融解决方案。供应链金融不仅是融资，更是流程优化方案和成本降低方案。从组织维度看，银行传统信贷一般参与主体只有商业银行等信贷机构和中小企业双方，有些也需要第三方担保人的参与；而供应链金融不仅有金融机构、融资企业，还包括供应链上的参与企业、其他服务型企业和物流企业等。

表 3–3　传统信贷与供应链金融的优势对比

比较项	传统信贷	供应链金融	优势对比
服务对象	大型企业	中小企业	需求广阔，客户分散、颗粒度高
服务品种	品种较少	品种多样	为单个企业或供应链提供持续的信贷支持
评估基础	三张报表	真实交易	额度、利率基于债权的有效性
增信措施	抵质押 + 担保	债权回购	关注点集中于交易本身，灵活性高
还款来源	流动资金	业务自偿	第一还款来源锁定，风险锁定
资金管理	自由流动	封闭管理	闭环管理、全程监控
融资价格	相对较低	相对较高	利差空间大，盈利水平高
业务周期	1 ~ 3 年	3 ~ 12 月	周转速度快，资金利用效率高

传统信贷模式下，中小企业存在的问题都能在供应链金融模式下得到解决，如表 3–4 所示：

表 3–4　传统信贷与供应链金融视角下中小企业融资对比

传统金融视角下中小企业融资	供应链金融视角下中小企业融资
信息披露不充分	供应链中的交易信息可以弥补中小企业的信息不充分、采集成本高的问题
信用风险高	供应链成员中的中小企业要成为供应链中的参与者或合作伙伴，往往有较强的经营能力，而且其主要的上下游合作者有严格的筛选机制，因此信用风险低于一般意义上中小企业的风险
道德风险高	供应链中对参与成员有严格的管理，亦即认证体系，中小企业进入供应链是有成本的，资格本身也是资产。声誉和退出成本降低了道德风险
成本收益不经济	借助供应链降低信息获取成本，电子化、外包也可以降低一部分成本

3.1.3　供应链金融的本质与特点

供应链金融的本质是以风险控制（Risk Control）为基，以信息（Information）为梁，以信用（Credit）为柱，促进金融资源（Capital）与产业资产（Resource）相融合，建设健康、和谐、安全的供应链服务平台，如图 3–3 所示。金融需求始于供应链，金融落脚点是服务于供应链，从供应链中来，到供应链中去。

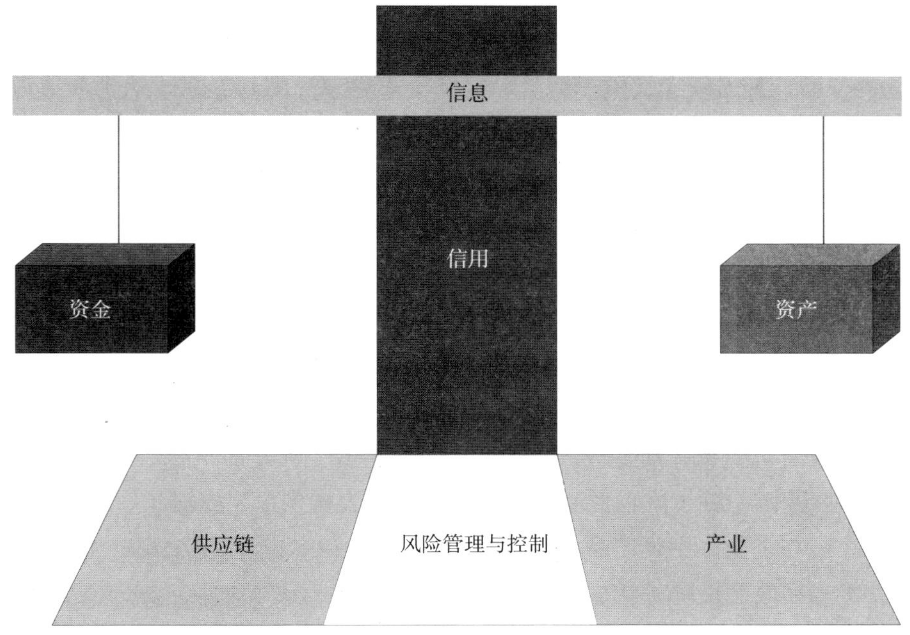

图 3–3　天秤模型与漏斗模型

供应链融资具有自偿性、商品融资的特点。具体来说，一是还款来源自偿性。自偿性是指所得销售收入首先用于归还贷款。产品设计的基础在于授信项下的资产支持，授信偿还归结于资产项下现金回流法，如保理。二是操作的封闭式。对资金流和物流的全流程控制，如动产抵押、质押授信业务。三是注重操作风险控制。企业的信用评价相对降低，主动债项评级、风险控制重心后移到操作环节的实时监控。四是授信用途特定化。授信项下的每次出账都对应明确的贸易背景，做到金融、时间、交易对手等信息的匹配。

数据和资金是做供应链金融的两大基本条件，数据分析可解决贷给谁、贷多少、怎么贷等问题，资金可解决“原材料”问题。供应链金融服务提供商，首先必须对产业链上下游的“四流”有一定的控制能力，通过数据分析做到“四流”合一，生产出信用和风控产品；其次必须低成本地获得较多资金资源，这是赚取利润和扩大规模的必备条件。

3.1.4 供应链金融生态系统

1993年，美国确定式模式的流动经济学家穆尔（More）在《哈佛商业评论》上首次提出了商业生态系统的概念。所谓商业生态系统，是以组织和个人（商业世界的有机体）的相互作用为基础的经济联合体，是供应商、生产商、销售商、市场中介投资商、政府、消费者等以生产商品和提供服务为中心组成的群体。供应链金融市场的主要参与者是传统银行、非银机构、核心企业、互联网公司。传统银行，主要优势在于资金成本较低、渠道客户丰富。代表机构以股份制银行、农商银行等中小型银行为主，主要产品以应收账款为主。非银机构，主要优势在于产品线丰富，风险偏好较高，资金来源较广。代表机构主要为保理公司、租赁公司、信托公司、私募基金等，主要产品涵盖所有主流产品。核心企业，主要优势在于对产业链、对非核心企业的控制力强。代表机构主要有海尔、格力、万科、碧桂园等核心企业。主要产品包括保理、票据和ABS。互联网公司，主要优势在于信息优势和效率优势。代表机构主要有蚂蚁金服、京东金融、苏宁云商等平台公司。主要产品针对平台客商，提供保理、存货质押等服务。

对供应链商业生态系统的分析，可以从宏观层面的环境影响者、中观（产业）层面的机构参与者、微观机构参与者三个层次展开。从宏观层面来看，包括制度环境和技术环境。制度环境主要指政府制定的法律法规，形成社会性约束的第三方体系，组织或企业普遍采用的一些惯例。技术环境主要指供应链金融技术和电子信息技术。供应链金融技术，即各种创新性的金融产品和运作技术。电子信息技术，主要监控供应链运行的状态，提高资金运行的效率，识别不同阶段的顾虑的风险及其程度。

从中观机构参与者层次来看，供应链的参与者，除了供应链参与主体，如承运商、供应商、生产商、顾客等，还包括金融机构，如金融服务商、商业银行、投资者等。2007年。全球商业研究中心的研究报告中，将供应链的参与者分成四类，即供应链的买卖方、平台提供商、交易风险管理者、风险承担者或流动性提供者。其一，平台提供商，即供应链金融支持服务提供者，主要实现两大功能，呈现与操作。从呈现功能维度看，平台主要为供应链交易方提供电子票据呈现和传递的互动途径，提供纠纷解决的方法。从操作功能来看，包括开票、匹配、整合、支付处理、融资、信用证处理、文件管理等，健全信用风险管理，以及将呈现和操作结合，设计出成本最低，风险最小，同时又能使多方从中获益的方案。其二，交易风险管理者，拥有交易数据、物流数据、聚合数据，将整合的数据传递给投资者以做出相应的决策。他将各类不同的经济主体有机地组合在一起从事供应链金融活动，包括供应链买卖双方，第三方物流服务提供商、金融机构、其他所有相关机构，其功能在于证实数据、整合数据、分析数据和呈现数据，促进供应链金融活动的开展。其三，风险承担者（流动性提供者），是直接提供金融资源的主体，也是最终承担风险的组织，一般是商业银行、投资机构、保险公司、担保（保理）机构、对冲基金等。其主要职能有三方面，一是直接促进资金放贷和信用增强，即确立提供供应链金融业务标准，管理贸易融资与以资产为基础的融资之间的冲突与矛盾；二是后台与风险管理，即对交易文件的管理，将信用与其他风险管理者结合起来的运作框架；三是融资产品条件的具体安排，即供应链金融产品定价、收益设计，特别是如何使供应链参与各方获得相应的利益和回报。

从微观机构参与者层次来看，包括运营活动所涉及的所有部门，如采购、生产、分销、物流单位等，主要功能是处理接口事宜。

3.1.5　中西方供应链金融的发展

20 世纪初，世界船王丹尼尔洛维格在购买第一艘货轮时，因为没有抵押而被银行拒绝。情急之下，他找到一个信誉好的石油公司，设法与这家公司签订了租赁合同，将自己准备购买的货轮租借给石油公司，并将租借费用来偿还银行的贷款本金。银行看好这家石油公司，就把钱借给了丹尼尔洛维格。于是，洛维格有了第一艘货轮。接着，他又用同样的方法买下了第二艘、第三艘货轮，最终成为美国实业界的巨头。在这个案例中，船王洛维格通过利用石油公司的信用，向银行借贷来解决自己的资本短缺。同样的运作方式，在供应链金融中也有所体现。2008 年金融危机爆发后，全球有上百万家企业宣告破产。这些破产的企业并非没有市场竞争力，也不是缺乏创新，而是发生了资金链的断裂，造成了供应链中企业破产的连锁反应。供应链金融，自诞生之初，就是为了解决供应链中资金流的梗阻以及资金流的优化问题。

西方发达国家的供应链金融几乎和其他金融业务同时开展，并经过 200 多年的创新与发展，形成了现代供应链金融的雏形。西方供应链金融的发展大致经历了三个阶段。第一阶段（19 世纪中期之前），主要是针对存货质押的贷款业务，业务类型非常单一。第二阶段（19 世纪中期至 20 世纪 70 年代），供应链金融的业务开始丰富起来，承购应收账款等保理业务开始出现。为了规范市场行为，1954 年美国出台了《统一商法典》，明确了金融机构开展存货质押应遵循的规范。由此，供应链金融开始步入健康发展的时期。但这一阶段的业务，仍以“存货质押为主，应收账款为辅”。第三阶段（20 世纪 80 年代至今），供应链金融的业务开始繁荣，出现了预付款融资、结算和保险等融资产品。

中国供应链金融起步较晚，但发展迅速。20 世纪 80 年代，中国物流业快速发展。2000 年以后，物流行业经过大整合之后，网络效应和规模效应开始体现出来，企业在更多方面强化了整体物流服务。2004 年，中国物流行业的四大创新领域和十大物流创新模式中，“物流与资金流整合的商机”位居四大创新领域之首，而“库存商品抵押融资运作模式”“物资银行运作模式”“融通仓运作模式及其系列关键技术创新”分别位居十大物流创新模式的第一位、第三位和第四位。2005 年，深圳发展银行先后与国内三大物流巨头——中国对外贸易运输（集团）总公司、中国物资储运总公司和中国远洋物流有限公司签署了“总对总”（即深圳发展银行总行对物流公司总部）战略合作协议。深圳发展银行是国内供应链金融业务的先行者，2001 年下半年在广州和佛山两家分行开始试点存货融资业务，并于 2006 年在银行业率先推出“供应链金融”品牌。此后，供应链金融模式开始在国内银行业广泛推行。现阶段我国供应链金融发展呈现多个特点：一是供应链金融发展区域不平衡。外向型经济比较明显的沿海，供应链金融发展相对较为领先，而内陆供应链金融仍处在初级阶段。二是我国与供应链金融配套的法律还不健全。

3.1.6 供应链金融的发展趋势

2022 年，我国供应链金融行业余额规模达到了 36.9 万亿元，过去五年 CAGR（复合年均增长率）为 16.8%，高于中国企业贷款规模增速和小微企业贷款规模增速。随着政策、经济、社会、技术等各方面环境的进一步优化，预计未来五年中国供应链金融行业规模将以 10.3% 的 CAGR 继续增长，到 2027 年，规模超 60 万亿元，中国将成为全球最大的供应链金融市场之一[①]。

第一，供应链金融供给侧结构性改革和产业发展的必然要求。从微观基础来看，一方面，中小企业融资痛点亟待解决。截至 2022 年末，国内约有 5500 万中小企业，他们贡献了 GDP 的 60%，创造了 80% 的就业机会，但普遍面临“融资难、融资贵、融资乱”的困境。同时，全国应收账款总额超过 26 万亿元，应收账款的长尾部分规模巨大，难以融资。另一方面，传统金融机构服务覆盖不足。传统银行在开展保理业务融资时往往要求融资主体以大中型企业为主，对买方的资信实力、配合程度要求较高，应收账款均有单笔金额（百万元以上规模）有合适账期（三个月至半年）的限制，导致大多数中小企业难以获得正常的融资服务。从宏观基础来看，一是生产链和供应链推动贸易全球化，贸易全球化推动金融全球化，要求以供应链为中心提供更灵活、成本更低、效率更高、风险可控的金融产品和融资模式；二是互联网金融监管政策趋紧，P2P、校园贷、医美分期等面临严格监管，新一轮洗牌在即。同时，国家政策层面积极推进供给侧结构性改革、脱虚向实、引虚入实，发文“推进应收账款融资、帮助中小企业供应商融资”。

第二，供应链可创造更和谐的生态，实现多方共赢。从核心企业维度看，可以降低采购成本和营销成本，提高供应链稳定性，获得财务收益，提升资本市场表现；从中小链属企业维度看，降低生产成本，提高资金周转，降低融资成本，改善经营连续性；从金融机构维度看，可以批量获取优质、低风险的资产，开发存量客户的增量业务，获得增量客户，开拓新业务，改善利润结构，增加中间性收入。

贸易活动的日益频繁、赊购模式的盛行、友好的政策环境等因素为中国供应链金融行业的快速发展提供了充足的养分。

第三，从具体模式来看，应收账款模式获得了各方参与者的显著青睐。其背后的原因主要集中在四个方面：（1）融资申请发生在交易完成后，具有真实具体的贸易场景依托，风险系数最低；（2）应收账款模式以核心企业开具的应收账款凭证为直接还款来源，相对于订单融资、库存融资不涉及货物的发出及分销，从流程和时间上风险更容易确定；（3）应收账款模式可以围绕核心企业开展信用评估，对银行等金融机构而言风控流程更为简单明确，且核心企业整体信用资质更

① 数据来源，艾瑞咨询。

高;（4）核心企业通常本身就是银行的客户，获客成本较低。

第四，资金与业务能力融合，多元市场参与者合作加深。从核心业务能力来看，供应链上的核心企业、电商平台为代表的线上交易平台和物流企业在细分业务能力上有商业银行所不具备的优势。就资金供给角度而言，商业银行具备着其他资金方所不具备的规模和成本优势，且受政策推动明显，具有增加开展供应链融资业务的意愿。从合作分润方式来看，银行作为出资方，其他参与者主导风险的测评可以给双方带来效益的增加。在此基础上，未来银行将会加强与其他类别市场参与者的合作。但风险测定与承担的方案，以及双方间的信任机制，仍需要进一步在实践中摸索。

第五，库存融资进一步标准化、自动化发展。库存融资的操作风险较大，也曾经出现过较为重大的恶性事件，目前控制操作风险的方案是依靠更多的人力线下进行。但是随着数字经济的发展，标准化、自动化的环节出现在库存融资的贷前、贷中风控过程中。未来，当存货的质押状态可以减少人力成本的投入，依靠货物标准码等技术实现从重模式演变到轻模式后，库存融资的规模将会出现快速上涨。

3.2 供应链金融的主流产品

供应链金融的主流产品包括预付类产品、存货类产品、应收类产品、战略融资类产品。由于应收账款融资直接确认了以信用较好的核心企业应收账款作为还款来源，所以是目前较为主要的供应链金融产品。值得注意的一点是，虽然供应链金融的产品十分多样化，但是由于针对的是一笔交易，所以在交易进程中不同的产品之间可以相互转化，如预付款融资在发货后可以直接转为库存融资。

3.2.1 预付类产品

订单采购阶段相应的是预付账款环节，采购方作为资金需求方为了预定采购、获取货物而进行的融资，可以理解为未来存货的融资。因此，预付款融资是指企业通过未来货权向金融机构贷款的融资模式。通常，根据采购的定位不同，分为两种状态：一种状况是，采购方作为经销商，通常是零售行业。上游相对较为弱势，在采购构成中需要支付预付款，甚至全部货款才能取得货物，经销商模式下，融资是为了采购，进而销售，着重点在于货物是否畅销。另一种状况是，采购方作为代理承包方，通常是电子产业、汽车制造产业。大型生产制造企业在生产过程中需要大量的、多样化的采购，进而将采购环节外包，并且由采购承包方垫付采购费用。而采购承包方模式下，融资是为了给特定需求方（发包方）垫付采购资金，并完成采购任务，着重点在于发包方能否履约。

以企业的采购行为为例，在采购活动中，一般交易流程如图 3–4 所示。第一步，中间企业与下游客户签订“购销合同”，且约定先交货后付款。第二步，中间企业与上游供应商签订“购销合同”，并约定先缴纳货款后交货。第三步，中间企业先缴纳货款。第四步，上游供应商备货完成和交货并把货权转移给中间企业。第五步，中间企业交货并把货权转移给下游客户。第六步，下游客户收到货物后缴纳货款。从流程中可以看出，对中间企业而言，在现实中往往会遇到下述问题：一是上游供应商要求全额预付款，下游客户要求货到后分批付款，导致中间企业需要垫付订单全额资金，造成流动性压力，产生融资需求；二是上游价格存在上涨可能，而下游销售价格已锁定，或者是上游价格锁定，而下游价格存在看涨可能，中间企业有锁定采购成本的需求，因而产生融资需求。

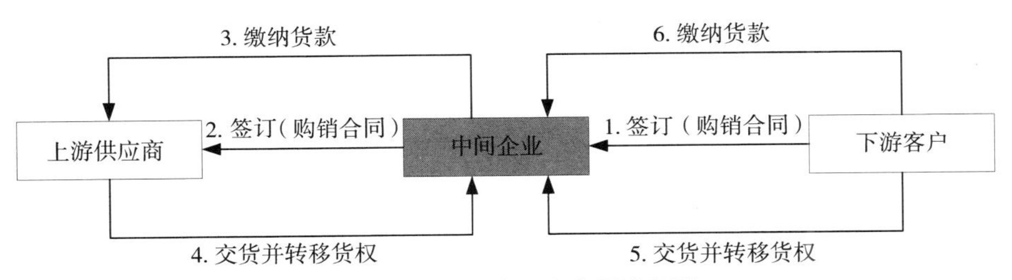

图 3–4　企业采购行为交易流程图

预付款类产品的融资基础为预付款项下客户对供应商的提货权，主要作用在于缓解一次性缴纳大额订货资金带来的资金压力。基于预付类产品产生融资需求的交易逻辑，如图 3–5 所示。第一步，中间企业乙公司与上游供应商甲公司签订购销合同并约定先付款后交货。第二步，中间企业向供应商金融服务商丙机构缴纳保证金。第三步，丙机构使用合适的支付路径向甲公司支付全额订货款。第四步，甲公司发运货物至三方认可的指定地点（厂房或仓库）。第五步，乙公司向丙机构支付货款后提货，按期结清货款。第六步，如果发生乙公司未能按期缴清货款，则甲公司回购货物或者归还欠款。

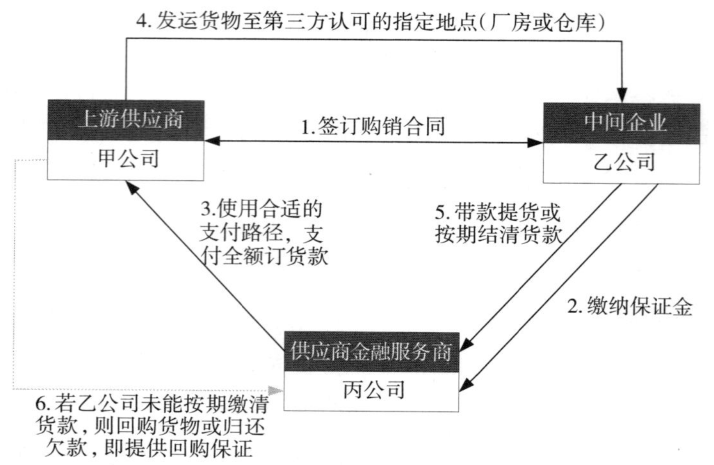

图 3–5　预付类产品交易逻辑辨析

在预付账款环节存在融资需求的主体可以概括为两类：一是经销商，二是代理采购商。针对第一类主体，比较典型的是保兑仓融资模式。保兑仓融资是基于预付款融资的一种，这种模式通常是为供应链中核心企业的下游提供融资方案。针对第二类主体，比较典型的是怡亚通在代理采购方面的融资模式。图 3–5 中所指的供应链金融机构可以是银行，提供保兑仓融资、订单融资、国内外信用证业务（此项业务需要在银行有授信额度）；可以是保理机构，提供基于未来产生的应收账款融资；也可以是大型贸易企业，提供背靠背贸易，托盘融资。对大部分机构而言，这种业务的风险系数比较高。风险抵御能力较弱、没有实体经济业务背景的机构对此类业务较为排斥，目前可实际开展操作的金融机构很少。由于第一还款来源是中间企业本身，企业偿付能力和偿付意愿较难控制，中间企业的违约成本较低，因此这类业务对于中间企业的实务考察十分重要。

经销商的预付款融资模式典型案例，如高端白酒行业的保兑仓融资。代理采购商的预付款融资模式，如怡亚通作为第三方进行垫资采购业务。1997 年成立的深圳市怡亚通供应链股份有限公司（简称“怡亚通”），是中国率先与国际接轨的供应链服务商之一，也是中国第一家上市的供应链企业。怡亚通以客户为核心，以完善的供应链服务平台为载体，将互联网新技术与供应链服务结合起来，构建五大服务平台，全面覆盖流通行业里的 500 万家终端门店，紧密聚合品牌企业、物流商、金融机构、增值服务商等各大群体，致力于打造一个跨界融合、平台共享、共融共生的 O2O 供应链商业生态圈。怡亚通是我国第一个以供应链服务为主营业务的上市公司，作为第三方提供垫资采购服务是其重要的业务部分。第三方采购垫资业务兴起的背景是企业将供应链外包，由于产业链分工呈现国际化的布局，因此采购业务也表现为国际化的特点。国际化采购呈现出采购种类众多、货款支付频繁、进口报关手续麻烦的特点，因此，怡亚通在承接外包采购的同时，给上游供应商 / 渠道商的企业提供垫资服务，然后再与企业统一结算。金融机构根据怡亚通的采购频率以及采购金额，提供相应的资金支持。物流服务商主要提供物流运输服务，增值经销商主要提供代理销售，采购服务商主要提供代理采购等。但是传统的增值经销商和采购商只在有限范围内为企业提供结算支持服务，采购商一般也不参与客户的营销支持活动。怡亚通通过整合供应链的各个环节，形成融物流、采购、分销为一体的一站式供应链管理服务，在提供物流配送服务的同时还提供垫资采购、收款及相关结算服务。与传统的增值经销商和采购商相比，怡亚通一般不保有大量存货，避免了存货风险，降低了存货成本。对生产商而言，当怡亚通为其承运货物时，怡亚通代采购商预付货款，使生产商能够及时收回资金，投入下一轮再生产。据招股书披露，怡亚通的代付额度通常占总业务量的 20% ~ 30%。而通过代付业务，采购商不仅能及时有效地获得生产所需物资，而且避免了预付大量资金的风险。同时，针对生产端及销售端“零”库存管理需求，由怡亚通在下游客户附近设立 VMI 仓，帮助上游就近集货，根据下游需求及时供货，帮助供应商实现高效且富有弹性的供应链管理，降低下游库存压力，有效应对市场变化，及时调整生产供应计划。

预付类产品的主要风险点集中在三个方面。其一，交易的真实性，包括伪造交易合同、伪造交易票据、物流单据、重复融资。其二，货权的可控性，无法实质控制货权，对货物的实际流向、库存动态无法掌控。其三，标的流动性，标的的价格波动风险、中间商的道德风险（如弃货）、标的处置途径。风险的应对策略，一是框定市场口碑较好、违约造假成本较高的大型国有供应商或市场龙头供应商；二是增加第三方监管，将货物存放在可靠的第三方国有仓库，要求中间商先款后货；三是选用通用性较强、处置难度较低的标的；四是合同中增加保证动态管理条款。

3.2.2 存货类产品

供应链金融中的存货类产品主要指围绕企业的自持库存开展各类金融服务，企业以存货作为质押，经过专业的第三方物流企业的评估和证明后，金融机构向其进行授信的一种融资模式。存货类产品的融资基础是控制货权，作用是盘活采购之后在途物资以及产成品库存占用的沉淀资金。库存从成品、半成品转化为现金需要耗费时间，库存在变现前无法为企业创造经济价值，还会对企业的流动资金产生占压，是资金和效率的浪费。因此，此类产品的需求点集中在：一是希望提前实现资金变现，加快周转继续加大生产经营投入的企业；二是库存占压资金大、通用性强、价格波动大的贸易企业，如钢、煤、矿贸易商；三是拥有仓储条件、有条件控制、掌握物流节点信息的中间企业，如第三方仓库、港口、码头、物流公司等仓储企业，凭借实体优势和控制优势开展存货融资业务；此外，还有互联网企业，如阿里巴巴、京东、怡亚通等，凭借信息优势和平台优势开展存货融资业务。

根据融资企业是否能使用被质押货物，库存质押融资分为静态抵质押授信和动态抵质押授信。静态抵质押授信指企业将抵押货物交给第三方物流并取得贷款后就不能变动，直到抵押结束，清偿贷款后才能重新流通使用抵押物。动态抵质押授信允许融资企业使用被质押的货物,但其抵质押货物的价值有最低限额要求。

存货类产品的主要风险点集中在四个方面。其一，价格风险、货物价值与市场价格偏差较大的风险。其二，货权风险，货主、仓库使用同一批存货重复融资、重复质押的风险。其三，流动风险，货物无法处置、市场价格波动造成潜亏的风险。其四，道德风险，货主弃货风险。针对上述风险，应采取相应的对策，一是框定市场口碑较好、造假成本较高的国有仓库，定期关注进出库动态；二是发挥自建交易、物流平台的优势；三是选用市场上通用性较强，处置难度较低的标的；四是合同中增加保证金动态管理条款。

基于仓单的融资模式，首先，从仓储货物的入库调整、锁定、质押、解押、出库、退货、入库等全流程数据第一时间上链，杜绝数据信息造假，使仓单数据流转自身能形成一个完整的闭环，数据能自证清白。其次，仓储货物数字化后可以通过密码学技术，如文献签名技术来自多方，例如钢厂和商业银行联合控制仓单资产的状态，从而使动产控制更加灵活，进而衍生更多的创新模式服务。

3.2.3　应收账款类产品

在经营活动中，供应链中间企业的经营现状一般如图 3–6 所示。中间企业与下游企业签订的是先发货后付款的合同，因此，中间企业有一笔应收账款。中间企业与上游供应商签订的是先付款后发货的合同，因此，中间企业有一笔付款账款。统计数据显示，评级 AA 中小企业的应收（付）账款市场规模超过 10 万亿元。对中间企业来说，由于流动性的需求，产生融资需求。应收账款类产品还款来源可锁定，标准化程度高，可选用的金融手段较多，具备债务人与债权人双重信用背书，风险较为可控，金融机构较为认可。

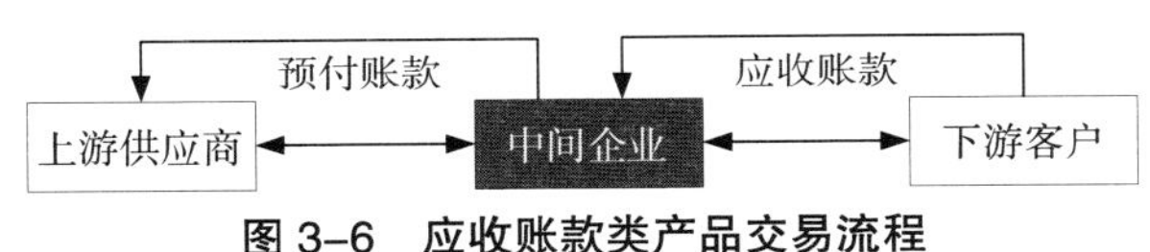

图 3–6　应收账款类产品交易流程

应收账款融资是指在供应链核心企业承诺支付的前提下，供应链上下游的中小型企业可用未到期的应收账款向金融机构进行贷款的一种融资模式。应收账款类产品融资基础以真实贸易合同产生的应收账款为还款来源，作用为缓解下游企业赊销账期较长带来的资金紧张，包括保理、保理池融资、反向保理、票据池授信等主要方式。应收类供应链金融产品可操作性较强，市场需求旺盛，是目前市场上供应链金融中最为主流的产品，大部分企业的需求集中在两方面。一是流动性管理。优质的应收账款变现能力强，拓宽企业融资渠道，可为企业融资提供增信，可加快企业流动资金的回收和周转，再次投入经营和扩大生产。二是优化财务报表。部分特殊的应收类产品可帮助企业实现应收账款“出表”，优化报表结构。

应收类产品所对应的操作标准化程度较高，可开展相关业务的金融机构较多。一是商业银行，一般要求应收账款已经形成，一般不接受应收账款池保理和未来应收账款。对核心企业的考核较为严格，需要债务人对债权进行确认。二是商业保理公司，业务尺度较为灵活，可操作产品包括应收账款保理和未来形成的应收账款保理等，大部分业务需要债务人对债权进行确认。三是信托公司（或资产管理公司），对应的产品主要为应收账款收益权转让，应收账款一般为已形成的应收账款池，债权人有相关凭证（合同、发票、运输单据）证明应收账款的真实性即可，无须债务人对债权进行确认。

应收账款类产品的主要风险点集中在三方面。其一，应收账款的真实性，常见的风险是伪造应收账款，债权人与债务人互相勾结，虚假交易，骗取融资。其二，应收账款的合规性，应收账款是否合法，转让是否合规，是否存在重复融资。其三，应收账款自偿能力，债务人的还款意愿、违约成本、债务人债权人交易关系的连续性。针对主要风险点，采取相应对策。一是对应收账款的形成过程进行全链条跟踪，包括合同流、物流、资金流、票据流的流动；二是提前验证应收账款的交易关系是否合法，基础合同项下是否存在不允许转让应收账款的条款，应收账款是否已在第三方权威机构进行登记。三是验证债务人的企业实力，还款意愿、市场口碑，分析双方合作的稳定性等。

3.2.4 订单融资与战略关系融资

针对供应商采购赊销方式进行货物销售，订单融资模式，往往可以解决供应商资金回笼困难，基于核心企业采购、政府采购的业务，往往通过区块链中标通知书存证的方式来解决项目真实性问题。通过标书的核心数据不可篡改地上链，体现中标金额、交付周期等重要事项，从而为商业银行给中标企业的授信融资提供场景支持。

战略关系融资是指供应链与企业之间基于长期合作关系所形成的信任而进行的融资活动，可能出现无抵押、质押物品的情况，旨在加深战略合作关系，锁定未来供应链价值。需要充分了解行业状况与隐性信息控制风险，只能由嵌入供应链网络的企业主导。此外，对供应商历史的过往销售数据进行不可篡改的链上存证，并通过趋势分析等手段，判断出这一时期可能发生的供应规模，并以此为依据，作为授信支持等。基于多而分散的中小微企业再融资模式，再融资业务一般可细分为商业银行再融资，再保理资产证券化，资产包转让等方式。

3.3 各领域供应链金融

3.3.1 生产领域供应链金融

通过自身供应链的建设，特别是服务供应链的打造，形成以焦点企业为主导的，以上游供应网络和下游客户网络为基础的供应链服务体系，并且通过产业供应链服务化，尤其是金融资源的运用，实现供应的顺利运营，稳定上下游，拓展供应链服务化的空间。制造业供应链金融的条件，一是建成自身的供应链网络；二是依托自身的供应链网络服务于上下游；三是焦点企业承担相应的风险，并且管理供应链金融风险；四是焦点企业具有强大的信誉和资源；五是制造企业具有良好的生产和技术能力。

生产领域的供应链金融的价值主要集中在四方面。其一，有利于自身供应链的建设和发展，特别是稳定上下游关系；其二，促进商流、物流、金融三个环节高效融合，有效降低供应链风险；其三，拓展产业服务化的空间和领域，更好地通过金融打造产业供应链，同时通过产业供应链的发展，进一步带动金融资源的增值；其四，实现产业与金融资源的高度融合。

3.3.2　贸易流通领域供应链金融

借助采购代理的地位，贸易企业通过供应链金融使贸易业务能控制在自己手中，并且通过进一步掌控物流进而带动金融资源延伸。贸易供应链金融产生的条件主要有 5 个。一是能汇集行业中的供需信息；二是能较好地管理贸易双方的信用；三是自身具有良好的融资能力，或者与金融机构建立起良好的关系；四是企业自身具有组织和管理物流的能力；五是能把控贸易的全流程和各细节。

贸易供应链金融的价值集中在三方面。其一，有利于自身贸易业务掌控，特别是上下游贸易往来。其二，通过金融实现贸易，但是业务的真正价值往往来源于金融产生的增值，而不仅是贸易本身。其三，拓展贸易服务化的空间和领域，通过贸易信息的整合，将融资、物流服务、汇率管理进行整合。

3.3.3　物流领域供应链金融

物流企业利用自身的服务能力，以及开展物流中对客户企业经营信息和商品流动信息的把握，以企业自有或银行认可的第三个动产（或物权凭证）作为担保，由物流公司对其项下的动产进行监督与管理的业务，并提供融资服务，这是金融与物流有机结合的物流服务延伸产品。物流公司开展物流金融业务有两个要件，一是物流公司具有良好的物流服务能力，并且与产业链客户企业具有很好的战略联盟关系；二是物流公司直接或间接地在物流环节对动产进行操作和控制。

物流领域供应链金融的价值集中在三方面。其一，有利于强化物流公司与客户之间的关系；其二，通过金融拓展服务空间，带动物流业务的发展；其三，不仅能为客户提供高质量、高附加值的物流与加工服务，还为客户提供间接或直接的金融服务。

3.4 影响供应链金融市场规模的主要因素

影响市场规模的三个主要因素是核心企业的配合程度、对存货价值的准确度量和监控能力、基于供应链信息对小微企业综合授信风险定价能力（林永民，等，2021）。这三个因素既是行业规模的重要影响因素，也是市场参与者的关键能力，由于商业银行这个资金充裕的参与者在后两项能力上稍显薄弱，其他参与者的资金、杠杆率相对受限，所以应收账款融资是我国供应链金融的主要开展方式。

3.4.1 核心企业的配合程度

核心企业的配合程度决定了应收账款融资规模。银行更加青睐以应收账款融资的方式开展供应链金融业务的原因在于：（1）以应收账款为直接还款来源，相对于订单融资、库存融资不涉及货物的发出及分销，从流程和时间上风险更容易确定；（2）业务围绕核心企业开展，核心企业整体信用资质更高；（3）核心企业原本已经是银行的客户，在此基础上开展供应链融资业务降低了获客成本；（4）直接对接核心企业 ERP 系统减少了与众多小微企业对接系统的成本。就业务角度而言，无论线上化是仅介入资料提交环节还是已全部渗透到风控环节，由于本质上需要核心企业确认还款，所以核心企业的作用至关重要且无法替代，并不会随着互联网的渗透发生本质改变。

银行通常在选择客户体系中寻找某一产业链的核心企业洽谈供应链金融合作。银行为核心企业重新确定信用额度，通常相比于原有额度上浮 10%，并圈定整体额度中用于为上游供应商提供供应链融资额度的比例。后续业务中，银行为核心企业上游供应商提供的融资金额从核心企业整体额度中扣除。在线上化阶段，由核心企业向银行推荐自己的上游供应商，银行按照贸易融资的流程验证上游小微企业的资质并为其提供融资。线上化只应用于小微企业提交材料，人为操控程度较高。随着线上化程度的加深，对核心企业的依赖程度并不会下降。供应链金融服务商与核心企业对接 ERP 系统，核心企业确定向服务商开放的程度。通常为保证核心企业的信息安全，双方会签订保密协议，并在双方系统间设立安全机，由核心企业设置过滤字段。供应链金融服务商依靠 ERP 数据信息和自动化的风控包确认融资金额与利率水平，人为操控程度低且可以直接了解真实的贸易信息。

3.4.2　存货价值的准确度量、监控与分销能力

库存融资业务核心能力是对存货价值的准确度量和监控、对质押存货的分销能力。库存融资以存货价值为融资的基础，从授信到贷后涉及三个层次的核心能力：（1）对存货价值进行准确度量从而确定融资金额；（2）在存货质押过程中控制物流把握人为操作风险；（3）出现逾期后对存货的快速分销变现能力。尽管对于存货的自行分销是在出现逾期后不得已而进行的，然而在实际的业务过程中，衡量自身是否有能力在逾期后自行分销货物是需要前置在授信环节的。可以看出，库存融资与线下实体物流的联系更为紧密，也需要服务商与供应链嵌入更加紧密才能快速分销逾期后的质押存货，所以银行等纯粹的金融机构对这类产品的开展力度远不如应收账款融资，从业者多为电商平台或物流机构。

库存融资风控流程主要包括三个环节。贷前，一是衡量货物价值；二是结合自身的分销零售能力，衡量依靠自有渠道处置货物的能力；三是衡量依靠外部渠道（为大客户供货）处置货物的能力。分销能力不仅需要考量销售速度，还需要考量商品货物的更新迭代速度等会对货物价值产生影响的因素，需要通过数智赋能进一步实现自动化。贷中，选择自有仓和协议仓存放质押货物，线下重人力团队监控，控制操作风险。此环节，库存融资现阶段无法避免的重人力环节，有待于技术落地进行标准化、自动化改善。贷后，出现逾期后通过分销渠道快速处置库存。此环节依赖对产业的深度嵌入。

3.4.3　基于供应链对小微企业综合授信风险定价

由于订单融资处于整个货物交易的早期，以预付款项下客户对供应商的提货权作为基础，由于远离最终的商品销售变现环节，涉及上游供货商未能足额、按

时发货、对货权控制落空等诸多环节的风险，所以订单融资开展得较少，部分会以基于战略关系的信用贷款形式开展。而战略关系融资，多是以中小微企业主个人信用为依托，结合供应链贸易信息，利用税收、海关和保险等信息综合评判小微企业信用，额度通常在 50 万元以下。由于额度较低，可替代的信贷产品种类增加，能否获取有效的数据并进行合理的风险定价是开展战略关系融资的关键。在现有社会体系下，获取各类信息相对容易，结合各类数据信息评定企业资质从而确定利率是战略融资风控模型的关键。

3.4.4 资金与能力不匹配

供应链金融市场的主要参与方有核心企业、物流商、资金方、信息系统服务商四类，都可以直接为小微企业提供供应链金融产品。但受资金限制，供应链金融产品的主要提供方是商业银行。从核心业务能力来看，与供应链上的核心企业、电商平台为代表的线上交易平台和物流企业在细分业务能力上相比，商业银行在存货价值的准确度量、监控与分销能力，基于供应链对小微企业综合授信风险定价能力明显不足。但是，就资金供给角度而言，商业银行具备其他资金方所不具备的规模和成本优势，正是资金与能力的不匹配，限制了供应链金融产品供给。在此情景下，市场参与者开始探索行业合作的可能，使合作方各自发挥所长。

3.5 供应链金融发展迅猛的原因

供应链金融发展迅猛的原因主要有四方面。首先，应对环境变化的需要。面对当前复杂的国际大环境，产业链与供应链重构需要供应链金融提供资金支持。其次，我国从制造业大国向制造业强国转变的需要。随着逆全球化、数字经济的发展，需要脱虚向实，基于供应链金融有效支持中小企业的发展，增强产业链和供应链的稳定和效能。再次，众多民营类金融服务机构的自身发展需要。互联网金融、小贷公司、保理公司、金融科技公司的跌宕起伏，使得民营机构逐渐意识到需要从金融驱动模式向服务驱动模式转型。最后，众多供应链金融参与者的驱动。在地产融资和城投融资受限后，参与者把更多的目光转移到供应链金融上来，试图用供应链金融的方式来打破僵局。

第 4 章　供应链金融数字化转型

在我国，工业企业的应收账款和存货规模已经具备一定体量，为开展相应的供应链融资奠定了基础。然而，供应链融资的规模远远不及基础的应收账款和库存融资规模。银行家调查问卷显示，2022 年中小企业贷款需求指数持续大于 50%，说明企业融资的需求持续存在，而银行贷款审批指数持续低于 50%，说明银行贷款审批条件在不断收紧。这表明，影响供应链金融市场规模的因素出现在产品供给端。因此，如何利用数字化手段破解制约供应链金融发展成为亟待解决的难题。

4.1　供应链金融数字化内涵与价值

4.1.1　供应链金融数字化内涵

供应链金融数字化是指将信息与通信技术、大数据、人工智能等数字化技术应用于供应链金融业务各个环节以及在此过程中所产生的一系列改造、升级和创新。在数字经济背景下，供应链金融业务已经无法脱离数字化概念而独立存在。《关于积极推进供应链创新与应用的指导意见》（国办发〔2017〕84 号）中对供应链金融的定义就已经包含了将数字化技术应用到供应链金融业务中的内涵。数字化是供应链金融业务的一种理想化终态，也是为实现这一终态目标下的持续过程。

供应链金融业务的开展通常涉及五类主体，包括供应链（核心企业 + 上下游）、供应链金融服务提供方（银行、保理公司等）、仓储物流 / 供应链管理提供方、专业第三方服务提供商（金融科技公司等）、基础设施服务提供方。供应链金融数字化，使所有参与方实现协同，而且实现“四流合一”，做到供应链金融业务的“七化”。一是业务流程线上化，即获客、审批、放款、贷后全流程线上处理；

二是信用评估数据化，通过实际数据模型进行信用评估；三是风控决策自动化，通过与否、额度多少、贷后处置等决策自动执行；四是全局运营可视化，相关运营活动都可在脱敏前提下直观监测；五是数据交易可信化，所有数据的交易均可信、可回溯；六是风险监测动态化，贷前、中、后的风控判断基于实际监测情况实时更新；七是动产监管智能化，货物进仓、出仓、运输、交易等智能反馈。

供应链金融数字化主要参与者的能力优势各不相同，存在互补的关系。金融机构资金与产品丰富，核心企业了解用户与产业、第三方科技公司专注于科技与产品，供应链服务商掌握贸易关系。其一，金融机构是供应链金融行业绝对供给主体，其数字化主要是对传统模式的线上化优化，以及对各类数字化平台合作提供资金支持，其核心优势在于强大的资金能力、产品能力、风控能力。其二，核心企业主要是依托自身对上下游企业的了解及相关贸易往来展开供应链金融业务，数字化主要是通过建立平台来实现，其核心优势在于获客能力、风控能力、对产业的理解能力、对客户需求的洞察能力。其三，第三方科技公司主要通过建设数字化平台及对外提供行业解决方案的方式赋能核心企业与金融机构，其核心优势在于科技能力、产品能力、对客户需求的洞察能力。其四，供应链服务商主要通过对供应链贸易关系的掌握来展开服务，其核心优势在于获客能力、科技能力、对产业的理解能力、对客户需求的洞察能力。供应链金融数字化各类细分供给主体典型代表及主要特征如表 4–1 所示：

表 4–1 供应链金融数字化的典型代表与主要特征

供给主体	典型代表	主要特征
传统银行	平安银行、工商银行	对传统模式进行线上化优化，对各类数字化平台提供资金支持
互联网银行	网商银行、微众银行	科技能力非常突出，借助生态优势实现用户规模积累
保理公司	苏宁商业保理有限公司	作为核心企业开展供应链金融业务的牌照支持
传统核心企业	中粮、海尔	自建或合作共建供应链金融平台，除与银行合作外还通常有自己的保理公司
电商平台	京乐科技、苏宁	生态优势明显，属于不参与到具体贸易中的核心企业，但对贸易往来信息具有非常强的掌控权
新兴科技服务商	中企云链、易融通	对外提供行业解决方案，提供系统建设服务或业务运营服务，收取服务费但利润非常薄
传统银行 IT 服务商	恒生电子股份有限公司（HUNDSUN）	提供信息化系统、工具、解决方案，不以运营为主

续表

供给主体	典型代表	主要特征
供应链管理公司	怡亚通、普洛斯	提供一站式供应链管理服务，对供应链上企业信息掌控程度高，在库存融资和预付款融资模式中有明显优势
物流公司	顺丰科技、菜鸟	对物流信息掌握程度高，可自主开展供应链金融服务，是库存融资和预付款融资模式规模化发展不可或缺的主体

4.1.2　供应链金融数字化价值

数字化转型的本质是技术能使业务变革和价值链创新，追求业务的持续增长是数字化组织存在的唯一理由。数字化时代，与其说是技术的升级，不如说是思维方式的升级。数字化不仅是一场技术变革，更是一场思维革命。从人与人、人与物、物与物的连接开始；从线上营销、远程协作、数字化办公、智能生产线开始。用数据说话、靠数据决策、依数据执行。从数字赋能到制度重塑，撬动全方位、全过程、全领域的数字化改革跨越；从树立数字意识和思维、培养数字能力和方法，构建数字治理体系和机制。只有掌握数字化技术、数字化思维、数字化能力，才不会在数字化的时代洪流中陷入被动局面。数字化转型过程中，政策提供普惠性“上云用数赋智”服务。大型企业提供一体化数字平台，实现大中小融通。中小企业，通过数字化赋能专项行动，迈向“专精特新”。小微企业和创业者依托大企业提供的数字平台，实现自身的数字化转型。

供应链金融数字化更好地支持数字供应链的高效运转。供应链的高效运转需金融活水来滴灌，供应链数字化大趋势下更需要数字化的供应链金融服务来匹配。我国数字经济增速持续保持高位运行，其中“产业数字化”是我国数字经济发展的主阵地。根据信通院《中国数字经济白皮书》的数据，2021 年我国产业数字化增加值为 37.2 万亿元，占 GDP 比重为 32.4%。根据戴尔科技《数字化转型指数》研究，2016、2018、2020 三年，我国企业数字化格局发生了极大改变，大批量数字化后进者逐步进入数字化追随、评估乃至实践阶段。虽然实现高度数字化、供应链全链条数字化是一个漫长而艰难的过程，但供应链数字化进程是大势所趋。供应链数字化转型过程中需要大量的资金资源投入，供应链金融作为供应链运营的重要分支，需要提供相应的产品与服务来给予支持。一方面，数字化的供应链具备更高效、更快速、更协同、更复杂的特点，非数字化或低数字化的供应链金融服务无法快速跟进实现协同，在提供服务的过程中更无法有效识别其中的各种风险；另一方面，数字化的供应链中也将迸发出更多数量、更高要求、更加复杂的金融需求，供应链金融需要通过可与之匹配甚至更高数字化度的服务和不断的创新来满足这些需求。

缓解企业现金流压力。企业赊销比例持续提高与三年疫情加重企业现金流压力，供应链金融需求度增加，数字化手段将成行业加速器。随着市场竞争加剧，企业赊销比例持续提高、回收周期延长，企业应收账款规模越来越大，在2011年到2021年的10年间，中国规模以上工业企业应收账款规模累计增长率达168%，远远高于同期营业收入增长率。此外，2020年以来暴发并持续了三年的新冠疫情对宏观经济造成冲击，规模以上工业企业应收账款规模、增速和回收周期均出现超常规增长。多重影响下，中国企业对供应链金融的需求增加，需要更加丰富、灵活和大量的资金供应来缓解资金流压力，并应对潜在的各种风险。

数字化手段打破传统供应链金融的瓶颈。相比快速发展的供应链经济，供应链金融的发展略显滞后，主要表现在四个方面。其一，供应链金融供给体系发展不平衡。银行为供应链金融的绝对供给主力，但大量的股份行、城商行、农商行网点覆盖度低、展业范围小，与供应链金融天然跨地域的属性相悖。线上化方面，国有大行存在内部业务条线相对割裂、对市场反应不敏感、信息系统开发响应不快等问题，而区域性银行金融科技能力尚不足。其二，核心企业主动作为积极性低。一方面，核心企业不愿意将自己的经营信息全部展现在银行面前，但是为进行贷款质量管控，金融机构需要核心企业信息提供相应的信息；另一方面，核心企业为上下游企业进行确权或担保需要承担较大风险责任，但现行政策下缺乏明确的风险补偿机制或补贴机制。其三，供应链金融存在泄密隐患。供应链具有环节多、业务复杂的特征，但为进行风险管理银行需要进行穿透式管理，过程中存在大量泄密风险。其四，供应链金融科技管理相对滞后。银行等金融机构业务系统开发和内部管理流程较长，对供应链金融需求响应较缓慢，与供应链金融变化快、需求多的特点不相适应，标准化服务提供不足，个性化服务能力也尚未建立。解决这些问题，需要对供应链金融注入更多数字化手段，将金融科技全方位嵌入供应链金融全流程中，从覆盖范围、服务成本、隐私保护、风险管控等各方面突破行业瓶颈。

4.1.3　供应链金融数字化的四层架构

自 2019 年央行发布金融科技发展规划以来，我国金融业数字化转型深入推进，金融机构技术资金投入持续增长，其中银行是金融机构数字化转型的主阵地。2020 年，中国银行机构技术资金总投入为 2078 亿元，远远超过保险和证券的投入力度。这说明，供应链金融所处的技术环境相较其他业务而言更为优越，良好的技术环境也将为供应链金融的数字化转型提供更充足的养分。

一个完整的供应链金融数字化可以分成感知层→数据层→流程层→模式层四层架构，在每一层会有其应用的主要技术。传统 ICT 实现信息整合与系统交互，区块链实现票据单证信息的真实性约束，大数据解决供给机构及融资对象间的信息不对称问题，人工智能实现风控优化及业务自动化管理，以及对产业链的整合和实时交易处理，物联网获取各流程环节中设备端的基本数据，边缘计算对靠近设备端数据进行降噪、降维。（1）在感知层主要是通过传感器、射频识别等物联网技术来对供应链业务活动信息进行感知和获取；（2）在数据层则是通过大数据、人工智能、云计算、边缘计算等技术来对感知层获取的数据进行处理分析并进行相关决策；（3）流程层主要是通过区块链技术来实现供应链单证、票据、凭证等电子化流转及相关的管理，提升供应链金融业务的可信度与透明度；（4）模式层则主要通过传统 ICT 技术来实现供应链流程管理及业务模式的确立与管理，进而实现供应链金融运营过程信息化。典型技术在供应链金融数字化中的四层架构中的应用如表 4–2 所示：

表 4–2　典型技术在供应链金融数字化四层架构中的应用

四层架构	主要功能	主要技术
模式层	供应链流程管理及业务模式的确立与管理，实现供应链金融运营过程信息化	ICT（特指传统通信技术）
流程层	供应链单证、票据、凭证等电子和流转及相关的管理	区块链
数据层	数据层将感知层获取的数据进行处理分析，并基于分析结果进行决策	大数据、人工智能、云计算、边缘计算等
感知层	对供应链业务活动信息进行感知、获取，并将数据传递给数据层用户数据分析。主要发挥数字孪生作用	物联网、人工智能等

供应链金融数字化过程中，技术的应用深度随着四层架构的逐步深入而相应变浅。模式层为基础，流程层与数据层实现了初步应用，感知层尚待开发。影响

该结果的原因主要集中在两方面：一是技术本身发展成熟度，如区块链、大数据、人工智能和云计算的技术成熟度高于物联网、边缘计算；二是业务对不同技术的需求度，如应收账款模式大量的票据凭证验真需求催化了区块链的应用需求，但边缘计算和物联网技术主要应用的预付款融资和库存融资模式，由于本身风险度较高，行业主要供给主体缺乏足够的动力进行发展，因此这两项技术的需求度尚不足。各类平台都需要采用传统 ICT 技术实现平台的运转，因此在数字平台中，ICT 技术的普及度是 100%。区块链、大数据、人工智能和云计算技术通常以融合的形式共同出现，在业务的应用程度上差距不大。电子债权、票据等应收账款模式产品普及度最高，真实性验证需求度高，进而催化了区块链技术的应用度，因此其普及度在四项技术中最高。大数据的技术成熟度与应用度处于各类金融科学技术领先地位，其在供应链金融业务中应用度较高。边缘计算与物联网本身发展成熟度及应用度低于其他技术，且其在供应链金融的应用主要体现在预付款融资和库存融资模式中，但这两种模式的风险相对较高，数字化业务规模也有限，整体有待进一步开发应用。

4.2 供应链金融的数字化历程

4.2.1 供应链金融 1.0 阶段：线下化

供应链金融 1.0 阶段的主要特征是线下化。1999 年，深圳发展银行开始试水货押授信等业务，开启了我国供应链金融发展史。2003 年，深圳发展银行推出“1+N”供应链金融模式，此后多家银行相继开展相应业务。2008 年，TCL 提供产业链金融服务，此后多家核心企业开始逐步进入供应链金融市场，通过与银行、保理公司的合作开展业务。供应链金融 1.0 阶段，从业务模式来看，银行与核心企业进行线下走访对接，通过各类单证实现信息传递；从市场格局来看，银行等金融机构主导，核心企业仅提供信用支持。在此阶段的核心痛点是流程慢效率低，确权困难，材料易造假，业务覆盖度低。

4.2.2 供应链金融 2.0 阶段：线上化

供应链金融 2.0 阶段的主要特征是线上化。互联网技术逐步发展，供应链中各个阶段的商业信息得以打通，一些标准化程度较高的业务（产品）率先实现了数字化，线上供应链金融启动。供应链金融 2.0 阶段，从业务模式来看，银行审核系统与核心企业 ERP 等系统对接，实现信息的线上传递；从市场格局来看，银行与核心企业合作，核心企业逐步占据业务中的主导地位。此阶段的核心痛点是程序烦琐，信息可信度低，仅能覆盖一级供应商与经销商。

4.2.3 供应链金融 3.0 阶段：平台化

供应链金融 3.0 阶段的主要特征是平台化。2015 年以来，随着大数据、区块链等技术发展及供应链金融业务的成熟，中企云链、联易融等专业第三方科技公司相继成立，创新推出电子债权流转、供应链 ABS 等解决方案，并通过平台的方式快速汇集并服务了多家核心企业与金融机构，供应链金融行业数字化程度加深。银行、核心企业、供应链管理公司、第三方金融科技公司等各类参与者纷纷开始建设供应链金融平台，行业呈现百花齐放态势。金融机构、核心企业、科技公司成为供应链金融平台建设与运营的三大重要主体。2020 年，新冠疫情暴发，供应链金融的重要性进一步被关注，国家层面相继推出一揽子鼓励支持政策，包括供应链票据平台上线试运行、全国实施动产和权利担保统一登记等。供应链金融 3.0 阶段，从业务模式来看，银行、核心企业及更多第三方实现系统对接，线上信息流多元化；从市场格局来看，专业第三方科技公司进入市场，聚合多方能力并成为平台的核心；从地域分布上看，供应链金融平台建设与运营主体机构高度集中在上海、广东、北京、天津、浙江五地，聚集程度与地域经济发展水平呈正相关；从落地行业来看，主要集中在批发零售业、物流邮政业，以及房地产、建筑行业等；从产品类型上看，主要是应收账款类融资。因此，在这个阶段，涉及货权的库存融资业务还未能实现快速发展。

4.2.4 供应链金融 4.0 阶段：智慧化

供应链金融 4.0 阶段的主要特征是智慧化。政策的扶持、金融科学技术的深度融合应用为供应链金融数字化进程按下加速键。电子债权流转、供应链 ABS 等应收账款模式下的创新型产品已较为成熟。更多区块链、物联网等专业技术公司参与进来，预付款融资、库存融资等需要仓储智能系统配合的业务模式得到赋能并发展成为新的增长点。智慧化是供应链金融数字化的终极状态，也是一个长久的过程，需要更高的技术与系统配合。库存融资、预付款融资模式的数字化、业务规模化将成为行业的下一个里程碑。供应链金融 4.0 阶段，从业务模式来看，"四流"进一步统一，平台模式的智能化升级；从市场格局来看，银行、核心企业、供应链管理公司、第三方金融科技服务商等全面开花。

4.3 大数据在供应链金融中的应用

4.3.1 供应链金融大数据运用的 5W1H

大数据对客户企业的整体评价是供应链金融服务的前提。供应链服务平台从行业、供应链、企业三个维度对企业的资信展开评价。从行业维度，主要从宏观经济环境、政策，监管环境，行业状况、发展前景等方面展开；从供应链维度，主要从行业前景、市场竞争地位，企业在供应链内部的地位，与其他企业间的合作情况等方面展开；从企业维度看，主要从运营情况、生产实力两方面考察企业是否具备履行供应链合作义务的能力，是否具备一定的盈利能力与营运效率；通过掌握企业的资产结构和流动性信息，针对流动性弱的资产进行融通可行性分析。

1W：为什么要数据？为了更好地了解融资对象的经营状况、市场状况、潜在能力以及潜在风险。2W：要谁的数据？融资对象以及相关联利益方的数据，产业环境数据、生活行为和环境数据。3W4W：在何时、何地获得数据？全过程、全天候、全地域获得数据，包括历史数据、即期数据和未来可能发生的数据。5W：需要什么样的数据？时间和空间数据、主体（资质、信用等）和客体（物流、产品等）数据、要素和情感数据、静态和动态数据、单点（企业）和网络（集群）数据。1H：如何获得数据？除了通过传统的把握运营，以及从第三方获得数据外，还需要嵌入客户的网络中，或者在提供底层服务的过程中获得数据。

4.3.2　供应链上的数据

供应链的数据有四种。一是结构化数据，如交易数据、时间段数据。由于结构化数据形式的限制，对于预测分析能够起到一定作用，但仍需要加入更多的非结构数据、传感器数据等，才能提高现有数据的应用价值。二是非结构数据，如库存数据、客户服务数据、渠道数据、社会化数据。传统信息系统中的数据多为结构数据，更多用来通过历史数据进行分析和预测，预测和分析的结构准确性差。若要满足大数据预测，则需要更多非结构化数据的引入。三是传感器数据，如温度数据、位置数据、RFID 数据。这类数据目前处于积累阶段，技术成熟度有待提高，未来随着物联网技术的发展将形成新的产业，构建新的物流供应链，从而给供应链金融带来巨大商机。四是新类型数据，如地图数据、声音数据、视频数据和影像数据。这类数据目前更多地用于数据可视化领域，使大数据的质量进一步提高，实时性更强，数据分析的精准度提高。但是，这部分数据的应用价值尚需进一步挖掘。

通过建立大数据平台的方式，对企业的静态数据整合和动态经营数据实时监控，根据融资企业生成全方位、多维度的分析报告，依托大量的行为数据和交易数据，通过大数据技术进行处理，结合产业链上下游企业数据匹配，对融资企业的资质和信用、行为等状况进行全面合理评估，尽可能做出有效和准确的判断，从而将放款风险降到最低，这是基于更大长尾市场的选择。

4.3.3　信贷风控与增值服务

信贷风控。利用大数据对目标客户进行资信评估，应用于短期小额贷款的审批，以及精准金融和物流服务贷款。利用大数据进行行业分析和价格波动分析，尽早提出预警，增加控制环节与预见程度，从而进行精准的金融和物流服务。通过引入大数据技术，实现各方信息汇集一条线、业务协同、交易透明。大数据分析与金融结合，电商、金融、物流合建平台，汇集电商大数据，优化操作流程，提高放贷速度。

增值服务。对供应链金融上下游客户进行全方位信用管理，形成互动的监管和控制机制，降低交易成本和风险。从源头获取用户需要信息，洞察潜在需求，为供应链提供信息咨询。对供应链绩效进行分析与预测，指导供应链管理，尤其是供应链协同数据的运营，可以实现大数据驱动的供应链运营效率提升。

4.4 供应链金融数字化发展现状与趋势

自 2017 年《关于积极推进供应链创新与应用的指导意见》首次对供应链创新发展做出重要部署以来，我国供应链金融业务实现了有效创新发展，数字化渗透率[①]显著提升。《“十四五”数字经济发展规划的通知》提出，“到 2025 年，数字经济迈向全面扩展期，数字经济核心产业增加值占 GDP 比重达到 10%，数字化创新引领发展能力大幅提升，智能化水平明显提升，数字技术与实体经济融合取得显著成效，数字经济治理体系更加完善，我国数字经济竞争力和影响力稳步提升”。供应链金融本身就是应用在不同行业中的，必然会根据行业呈现不同的特性，随着数字化的进程，将促使供应链金融向更垂直细分、更精准、更专业的方向发展，产业供应链金融服务将逐渐走向成熟，实现物流、商流、资金流、信息流的“四流合一”。

4.4.1 供应链金融数字化模式

供应链金融业务复杂程度高、所涉及主体数量多、融资模式丰富多样，其数字化的方式也各有不同。根据供应链交易行为中核心企业是否参与，可以将供应链金融数字化融资模式分为两大类：一是依托核心企业的传统供应链金融模式的数字化变形；二是依托 B2B 电商平台的新型数字化供应链金融模式创新。

依托核心企业的供应链金融模式下，库存融资既适用于上游卖方融资，也适用于下游买方融资。库存融资更关注货物的安全与价值变动，通过智能仓储、智慧物流的方式替代原有需要大量人力的仓储物流管理工作，实现风险实时监测反馈。此外，上游卖方融资还包括应收账款融资、订定融资。应收账款融资主要有电子债权流转凭证、供应链票据、标准化票据贴现、供应链 ABS、普通线上保

① 数字化渗透率按以下公式计算得出：数字化渗透率 =（数字客户数量 / 总客户数量）× 100%。其中，数字客户是指使用数字渠道（例如网站、App 等）进行业务交易或沟通的客户人数；总客户数量是指公司所拥有的全部客户数量。通过将数字客户数量除以总客户数量并乘以 100%，可以得出该行业的数字化渗透率。

理/反向保理等。订单融资还可细分为普通订单融资和买方保证的订单融资。普通订单融资基于卖方获得的买方下达订单而申请融资，用于原材料采购等。由于交易尚未真正发生，普通订单融资通常需要历史交易信息来佐证，本质是依托于供应链的信用融资，属于数字化创新型产品。买方保证的订单融资是在普通订单融资基础上增加了一项担保，风险更低。下游买方融资还包括预付款融资，可进一步细分为先款后货融资、保兑仓融资。预付款融资更关注回款与提货权的实时流动，保兑仓融资相比先款后货融资增加了一项供货方差价回购的保证，风险更低。

依托 B2B 电商平台的新型数字化供应链金融模式，上游卖方融资主要包括各类信用融资、提前回款融资和订单融资。对上游卖方来说，各类信用融资主要基于历史交易信息进行授信评估，发生在交易前。提前回款融资是对处于赊购账期内或买方确认收货前，卖方进行提前回款融资申请。订单融资是基于买方下达的订单申请融资，属于未来应收账款，相比传统模式下的订单交易状态了解更及时。下游买方融资包括赊购（受托支付）、各类信用融资。赊购是指买方向卖方进行赊购，平台对买方信用进行评估和保证。对上游卖方来说，各类信用融资基于历史交易信息进行授信评估，主要发生在交易后。

不同业务模式的数字化渗透率差异明显，2022 年应收账款融资模式数字化渗透率已达 45%，其他模式数字化渗透率尚不足 10%。应收账款模式占供应链金融行业规模的比例达 60%，主要原因在于应收账款模式的风险系数低、业务流程相对简单，该原因同时造成了应收账款模式的数字化程度更深。应收账款模式的主要数字化方式有三种：电子债权流转凭证、供应链票据及供应链 ABS，目前行业内数量最多的是电子债权流转凭证类产品，但随着供应链票据平台的快速发展以及供票市场的成熟化，预计未来供应链票据将取代一部分电子债权流转凭证类产品的市场。

4.4.2 供应链金融数字化方式

平台是供应链金融数字化的基本载体，前台应用提供应收账款融资模式、预付款融资模式、库存融资模式和其他创新融资模式。为实现供应链（核心企业+上下游企业）、供应链金融服务提供方、仓储物流/供应链管理提供方、第三方科技服务提供商、基础设施提供方等多方协同、四流合一，需要供应链金融业务开展方有效整合多方资源，推进产业、金融与技术方的多方协同，而这些需要通过一个协同的数字化平台得以实现，因此数字化平台成为供应链金融数字化业务的基本载体，所有交易及相关配套服务都将基于该平台展开。

当前，金融机构、核心企业及金融科技公司纷纷建立供应链金融数字化平台。据统计，截至 2022 年，行业内已经有超过 200 家在运营平台，且这一数量仍在高速增长，预计未来将有更多垂直细分领域的供应链金融数字化平台涌现。在运营平台中，自供应链金融 2.0 阶段就开始兴起的核心企业建立的数字化平台数量最多，约占所有平台的一半，而金融科技公司建立的平台占比虽暂时不高，但随着技术在供应链金融领域的深度应用和行业的进一步发展，很多金融机构、核心企业和供应链服务公司将实现更深度的融合，预计未来会出现多方联合建设的综合性平台，主要以金融科技公司的形式展开，因此预计金融科技公司建设的平台占比会上升。

金融科技公司背景平台对各项技术的应用普及度明显较高，银行背景平台对区块链的应用相对高于其他技术。从应用金融科学技术角度，目前各类平台对于区块链、大数据、人工智能等新兴技术的应用普及度整体上处于初级水平，但其中金融科技公司由于具备天然的技术基因，对典型技术的应用普及度显著高于其他背景平台。此外，由于银行等金融机构主要开展的应收账款类融资业务对于票证验真需求度高，与区块链技术契合，且银行对业务的风险审慎要求非常高，因此银行背景平台对区块链的应用相对高于其他技术。

金融机构和核心企业建设的平台主要覆盖应收账款模式，金融科技公司率先实现了库存融资与应收账款模式的齐头并进。从提供的产品与服务所覆盖的业务模式角度，不同背景的平台对应收账款模式的覆盖率均最高，与行业整体水平一致，但金融科技公司由于具备较强的科技能力，其率先展开了对库存融资模式数字化的探索，实现了库存融资与应收账款模式齐头并进式发展。

4.4.3　供应链金融数字化的发展趋势

供应链金融发展到今天，已经成为各行各业以及政府所关注的一个重要方向。从 2017 年“80 号文”首次提到供应链金融，到 2019 年“155 号文”，以及到 2020 年“226 号文”，2022 年提出的“携手行动”，同样也提到了资金链。尽管如此，供应链金融仍然需要一个“破天蝶变”的过程。在过去的 2021 年，中国的供应链金融并不乐观。2021 年中国平均逾期的天数，从 2020 年的 79 天上升到 86 天。最糟糕的是超长逾期款，超长逾期款一般是指超过 120 天并且占营业额 10% 以上的款项，这已经从 2020 年的 15% 上升到 19%。

数据背后的真正原因在于当前供应链金融的两端。产业端立足核心企业，资金端仅关注借贷业务。首先是产业端，当前的供应链金融，仍然还是立足于核心企业，尤其是最近这几年，基于核心企业的信用做信用流转已经成为一个风潮，但是这种业务不可长久。基于所谓电子债权、债务评论的这样一种信用流转已经在中国被做烂了，已经成为危害中小微企业的重要手段。而资金端，在开展供应链金融业务时，过多地关注借贷、利息等因素。供应链金融当前遇到的最大难点是风控手段仍然是基于主体信用以及传统抵押担保。虽然，目前许多金融机构都运用了数字化的技术，但运用的数字化技术仍然是以主体信用为主的，依然没能摆脱传统的模式，只是手段发生了改变。

解决的办法是回归到产业端和资金端这两端进行思考。首先是产业端，产业端最大的变化一定要从“链”到“网”再到“生态”，这一变化是如今数字化所需要思考的一个问题。所谓“链”就是企业的产业仍然要打破职能之间的业务孤岛和信息孤岛，例如核心企业的上下游的供应链金融业务，是基于链的思维。而“网”则不一样，“网”是着力于打破组织间的业务孤岛和信息孤岛。所以如何将组织和组织之间的系统相互连接起来，组织和组织之间的数据相互关联起来，这是下一步将要解决的问题。但更重要的是，未来要解决“生态”问题。这一问题主要是指平台之间的孤岛问题。今天看到所有的大型企业都在建立自己的平台，因此未来一定会出现平台孤岛、供应链孤岛，这一问题也是产业现在要破解的一个重要的方向。

从产业端来看，产业构建的基础一定是数字赋能，数字赋能不仅是数字技术的采用，更是数字服务。京东等在数字上做了很大的发力。比如说京东的“云海”，这是一个打破平台孤岛很重要的举措。如果没有全面的场景贴合，这样的数字化仍然是大打折扣的。在数字化赋能的基础上，一定要做产业链、供应链的创新。这一创新主要包括三个维度的创新。第一，场景创新。一是从单一的供应链创新走向产业集群供应链创新。要将供应链金融或者整个产业的场景打开，从企业的智慧金融供应链转向产业的集群供应链，因为在中国的产业发展中有大量的产业集群，有大量的产业园区，因此，这样集群性的发展是供应链金融未来关注产业的很重要的一个方面。二是跨区域、跨环节的供应链，尤其是产业走向海外时、走向跨境时，一定会涉及多区域和多国家，这样一个场景的变化，才能够为供应链金融提供更丰富的产业状态。第二，流程需要创新。传统产业运行过程中，或者在立足产业做供应链金融的过程中，今天更多关注的是具体的运营流程，贸易、采购、现实发生的仓储等各类活动。但是，未来更要关注服务流程，当在我们从事整个产业变化和提供各类服务的过程中，服务所给出的质量如何，责任主体是谁，这是未来要重点关注的。不仅要关注运营，还要关注他的服务流程，未来还要进一步地走向治理流程。要如何帮助园区、帮助集群搭建整个业务的治理、信息的治理等各种流程，这是接下来要努力的方向。如果不能够真正地往服务流程和治理流程转化的话，供应链金融也不可能真正地生根发芽。第三，要素创新。今天的要素主要是指管理要素，是具体的职能活动中的状态，未来我们要关注行为要素。比如供应链金融，在未来的发展中如果为能源服务，可以帮助能源企业降碳，但是降碳的核心不是指现实的状态，而是一个行为的过程。金融机构原本所推崇的“绿色信贷”是存在问题的，因为如果按照“绿色信贷”的标准，永远是已经实现的人才能拿到贷款。当今的碳金融应该扶持的是正在减排的人，鼓励他们向这一方向去净化，不断地去追逐碳足迹，不断地减排，这些都需要去把握他的行为。因此，这种行为是管理的核心，再往下走是整个基于行为的全链条的数字要素。只有三个创新要素实现了，供应链金融才能搭建一个坚实的基础，才能进一步地推动产业供应链的可持续化。在这个过程中，还要建立一个针对整个企业端对端的枢纽塔，这是产业需要变革的一个方向。

从资金端来看，金融机构要从“借贷”转到“现金流”的关注。以往做供应链金融关注于运营资金，利用交易和资产来解决产业中运营资金短缺的问题。中国的供应链金融之所以达到瓶颈，是因为中国现在的大型企业不需要供应链金融，小微企业现在利用法人贷也解决了资金问题，而如今中国最痛苦的就是中型企业。供应链金融本质不是借贷，而是帮助企业和产业优化现金流。现在的金融机构思维过于狭隘，大多是应收账款、存货和预付，这样一个状态，这种产品没有出路。接下来更进一步的发展就是迈向金融链，全面关注资金管理，利用整合性的金融工具和服务来提升产业的价值。在数字赋能之下，资金端需要在三个方面做变革。

第一，产品创新。产品创新是指从原来的要素金融转为交易金融，更多地关注交易的过程，更多地关注产业链的运行，尤其是往场景金融方面转化。未来的供应链金融一定是基于产业知识图谱。第二，金融流程创新。借贷流程更多是企业之间的资金往来，以及业财融合的程度。第三，要素创新。从资产风险的把控或管控转为行为风险、人力风险的管控。只有到这样的程度，我们的金融才是安全的金融，也是有效的金融。但是要打造这样一个端对端的金融供应链，也需要建立一个金融的枢纽塔。

因此，从产业的视角讲，产业孤岛是未来的挑战，未来一定会面对一个个供应链孤岛和平台孤岛。供应链金融网络，是充分利用各类金融的机构，各类金融的服务，能够完整系统地服务于产业。

基于数字技术赋能，资金与业务能力深度融合，多元市场参与者合作加深。从核心业务能力来看，供应链上的核心企业、电商平台为代表的线上交易平台和物流企业在细分业务能力上有商业银行所不具备的优势。就资金供给角度而言，商业银行具备其他资金方所不具备的规模和成本优势，且受政策推动明显，具有增长地开展供应链融资业务的意愿。从合作分润方式来看，银行作为出资方、其他参与者主导风险的测评可以给双方带来效益的增加。在数字技术降低交易成本的情景下，多元合作的格局逐渐形成。

库存融资进一步标准化、自动化发展。从线上化介入程度纵观供应链金融产品的各个环节，有待于依靠技术进一步标准化、自动化的环节出现在库存融资的贷前、贷中风控过程中。库存融资的操作风险较大，也曾经出现过较为重大的恶性事件，目前控制操作风险的方案是依靠更重的人力去线下进行。可以预见，当存货的质押状态可以减少人力成本的投入，依靠货物标准码等技术实现从重模式演变到轻模式后，库存融资的规模将会出现快速上涨。

第二篇

技术赋能篇

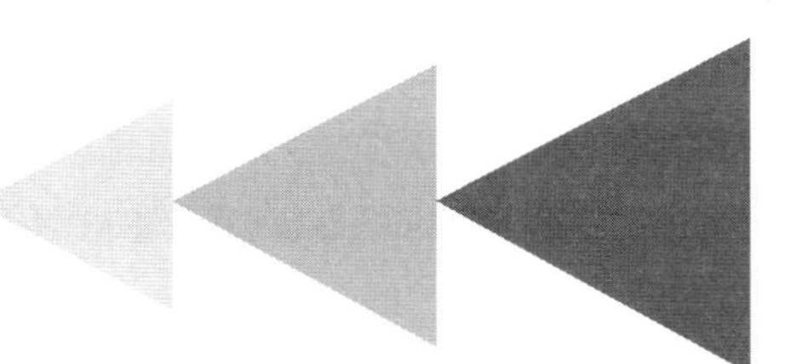

第5章　区块链技术及其核心价值

区块链是分布式网络、加密技术、智能合约等多种技术集成的新兴技术，通过数据透明、不易篡改、可追溯，有望解决网络空间的信任问题，推动互联网从传递信息向传递价值变革，重构信息产业体系。然而，区块链并非一种颠覆式技术，而是多种技术的集成式创新。区块链是比特币的核心底层技术，比特币区块链技术的一个应用。狭义来讲，区块链是一种按照时间顺序连接数据存储区块从而形成一种链式数据结构，并以密码学方式保证不可篡改和不可伪造的分布式账本（分布式数据库）。广义来讲，区块链技术是利用块链式数据结构来验证与存储数据；利用分布式节点共识算法来生成和更新数据；利用密码学的方式保证数据传输和访问的安全；利用由自动化脚本代码组成的智能合约来编程和操作数据的一种全新的分布式基础架构。登记信息的“账本”用于存证，登记资产信息的“账本”用于资产交易，登记资金信息的“账本”用于支付结算。区块链“账本”对于那些缺乏强信任中心的或多方协作信任成本较高的应用场景具有突出的改造力。

5.1　区块链技术

区块链由共识算法、智能合约、分布式账本、对等网络、加密机制等基础关键技术构成。根据中国信通院《区块链白皮书（2019）》中的定义，区块链（Blockchain）是一种由多方共同维护，使用密码学保证传输和访问安全，能够实现数据一致存储、难以篡改、防止抵赖的记账技术；在中国人民银行《金融分布式账本技术安全规范》中定义，分布式账本技术是密码算法、共识机制、点对点通信协议、分布式存储等多种核心技术体系高度融合形成的一种分布式基础架构与计算范式。区块链是一种实现分布式账本的方法，它在分布式账本的基础上还包含了储存信息的“区块”，并通过在原有链条上产生新的区块来验证交易的有效性。区块链技术，基于密码学方法实现访问控制，基于链式结构实现数据存储，基于共识算法实现数据更新，基于智能合约实现数据操作。基于这种技术架构，区块链以去中心化的方式集体维护一个可信数据库，提供了一种在不可信环境中进行信息与价值传递交换的机制，具有公开透明、安全可靠、开放共识的特点。区块链技术作为一种技术集成创新，功能架构已趋于稳定，其数据库、P2P 网络、密码学算法等部分基础组件技术已较为成熟，但集成应用对账本、共识等提出了存储、可扩展等方面的新要求，同时其安全性、隐私保护、互操作性、链上存储可扩展性等技术仍处于发展探索中。

5.1.1　P2P 网络

对等网络（P2P）是一种无中心的服务器集群组织形式，通过分布式哈希表进行信息的互相交换。对等模式使终端之间能够不通过中心服务器直接进行信息传播，同时可以支持网络资源的分布式读写。区块链由众多节点组成一个端到端的网络，不存在中心化的设备和管理机构，任意节点停止工作都不会影响系统整体的运作。P2P 网络是一个对等网络，网络中每个节点的地位相等且以扁平式拓扑结构相互连通和交互。在 P2P 网络中，每个节点均会承担网络路由、验证交易信息、传播交易信息、发现新节点等工作。在区块链中，每个节点通过单播、多播实现交易路由、新节点识别和账本同步等功能。由于对等网络不需要中心节点，部分节点作恶或被攻击并不会影响整个系统的正常运行，区块链还可以通过限制节点连接数等配置，避免单节点资源负载过高、网络堵塞等情况的发生，实现动态负载均衡。与具有中心化服务器的星形或环形网络系统不同，对等网络的每个用户既是一个节点，也有服务器的功能，P2P 网络具有去中心化与鲁棒性等特点。由于数据分布式存放在不同主体机构、组织或个人的计算机上，对数据进行确权与根据私钥进行数据加密控制就具备了物理、技术与组织的基础与正当性。

然而，由于所有节点均存储有完全相同的数据备份，尽可能地保证所有节点在同一时刻的状态的一致性，区块链中所存储数据的成本高昂。因此，可将重要的数据存储在区块链上，其他数据通过分布式文件系统存储，区块链 + 分布式文件系统两者的有机结合，可以开发任意的去中心化应用。P2P 通信是区块链与分布式文件系统的基础通信技术，基于 P2P 通信的区块链与分布式文件系统获得了互联中心化平台所不具备的新特性，即高安全性与数据确权。

5.1.2 非对称加密

非对称加密算法发明于 20 世纪 70 年代，它是计算机和信息安全的数学基础。非对称加密算法有两个密钥，即公钥和私钥。如果用公开密钥对数据进行加密，只有用对应的私有密钥才能解密；如果用私有密钥对数据进行加密，那么只有用对应的公开密钥才能解密。因为加密和解密使用的是两个不同的密钥，所以这种算法叫作非对称加密算法。在已知公钥的情况下，无法推导出该公钥对应的私钥。非对称加密算法有两个作用：一是防止数据被不该知道的人知道；二是让别人可以验证数据是真实的。用一句话概括非对称加密算法，即公钥加密、私钥解密，私钥签名、公钥验签。非对称加密算法在区块链中的应用主要有两个场景，一是信息加密场景，信息用公钥加密，用私钥解密，从而获取对应的数据价值；二是数字签名场景，数字签名是用私钥加密用公钥解密，只有用私钥对应的公钥才能验证签名，验证信息的发出者是私钥持有者，从而确保数字签名的归属问题。非对称加密算法为区块链数据不可伪造、不可篡改、可公开验证和隐私保护提供了基础保障，是区块链的信息之源、价值之源。

5.1.3 哈希函数

哈希（Hash）算法，即哈希函数，是把任意长度的输入通过哈希函数变换成固定长度的输出，该输出即哈希值，或称哈希码。哈希函数具有易验证、难破解等优势，主流的哈希算法包括 MD5、SHA-256、SHA-384 及 SHA-512 等。哈希加密算法 SHA256，是由美国国家安全局研发，由美国国家标准与技术研究院（NIST）在 2001 年发布。将任何一串数据输入 SHA256 函数中将得到一个 256 位的哈希值，其特点是相同的数据输入将得到相同的输出结果。输入数据只要稍有变化，例如，只有一个字符发生改变，则将得到一个千差万别的输出结果，且结果无法事先预知。具体来说，哈希算法将数据打乱混合，压缩成摘要，使数据量变小，重新创建一个叫作哈希值的指纹。哈希算法有三个主要特点。其一，单向性。它是一种单向密码体制，即这是一个从明文到密文的不可逆的映射，只有加密过程，没有解密过程。其二，根据任意长度的数据可计算出固定长度的哈希值，即无论输入的数据量有多大，但输出结果的长度是固定的。其三，不同的输入就有不同的输出。对原始数据进行任一改变，所生成的哈希码将大大不同。不可能通过哈希码来推导出原始数据。其四，算法时间效率高，计算哈希值所需要的时间非常短。

5.1.4　块链式存储结构

分布式账本本质上是一种去中心化的记账方式，通过块链式存储结构实现。分布式账本将交易打包形成区块，每一个区块都指向其父区块，且含有父区块的哈希值，区块间有序链接成块链式数据结构。若想对某个节点上某个区块中的数据进行修改，则必须同时修改链上全部节点中的全部子区块数据，从而使账本数据几乎不可篡改。并且，存储账本数据的所有节点互为全量备份，这种去中心化的组织形式有效保障了账本的高可靠性、高可用性。

区块是记录交易的基本单元，区块链将已完成的交易打包成区块并与主链连接形成链式结构，所有参与计算的节点都拥有完整区块链账本。区块，是一种被包含在公开账簿（区块链）里聚合了交易信息的数据结构，是构成区块链的基本单元，由包含元数据的区块头和包含交易数据的区块体构成。区块主体负责记录前一段时间内的所有交易信息，区块链的大部分功能都由区块头实现。区块头结构如表 5-1 所示，包含版本、上一区块的哈希值、默克尔树根（Merklet 根）、时间戳、难度目标、Nonce。不可篡改的核心技术保证是默克尔树。区块哈希值由前一区块哈希值、随机值、默克尔树根、时间戳作为输入项计算获得，这些信息都记录在区块头中。哈希函数实现块链式存储结构。块链存储结构是一个单项式的列表，为了保证数据的不可篡改，这个列表使用哈希指针进行连接，如图 5-1 所示。哈希指针，不仅要保存结构体在内存中的位置，还要保存结构体的哈希值。

表 5-1　区块头结构表

大小	字段	描述
4 字节	版本	版本号，用于跟踪软件 / 协议的更新
32 字节	上一区块哈希值	引用区块链中上一区块的哈希值

续表

大小	字段	描述
32 字节	Merkle 根	该区块中交易的 Merkle 树根的哈希值
4 字节	时间戳	该区块产生的近似时间
4 字节	难度目标	该区块工作量证明算法的难度目标
4 字节	Nonce	用于工作量证明算法的计数器

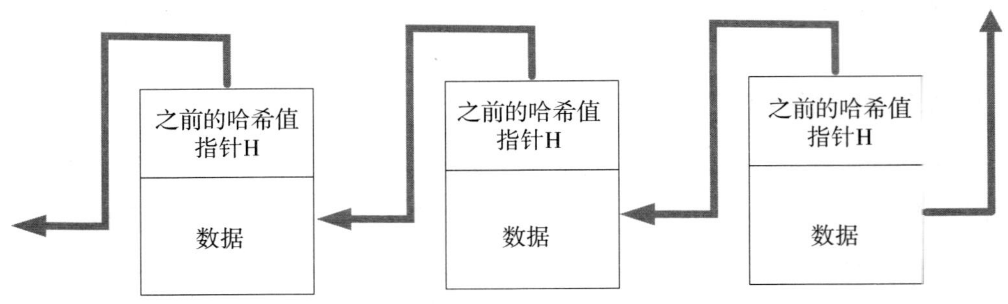

图 5-1　块链式存储结构示意图 [①]

默克尔树（Merkle tree）的顶部为顶部哈希（top hash），亦称根哈希（root hash）或主哈希（master hash），类似于一棵倒着长的树，它是通过并联两个子哈希来往树上爬直到找到根哈希。默克尔树的作用是快速定位每笔交易，核实交易数据是否被篡改。通过最新的区块，可以一直追溯到创世区块，并通过对区块的哈希计算验证，确保区块中的每一份数据都未被篡改过。如图 5-2 所示，以 Tx3 交易为例，如何验证它是否在这个区块中呢？我们只要验证它是否和这个根存在一个对应关系即可。Tx3 经过哈希计算，得到 Hash3。由 Hash2 和 Hash3 我们可以计算 Hash23，再由 Hash01 与 Hash23，我们就可以验证这个树根和交易是否对应。几个哈希值就可以验证 Tx3 是否在这个树上，不需要知道完整的路径就可以快速验证。也就是说，在区块链网络中，Merkle 树被用来归纳一个区块中的所有交易信息，最终生成根哈希值，区块中任何一笔交易信息的改变都会造成 Merkle 树根哈希改变。区块链的块链式数据结构支持自校验性，任何一条记录被人为修改后，都可通过历史区块回溯实现快速检验。

① 图片来源：迁安融媒 . https://mp.weixin.qq.com/s/k 0 fKX 1 K-uAMKB 5 g_Pb 1 FRA.

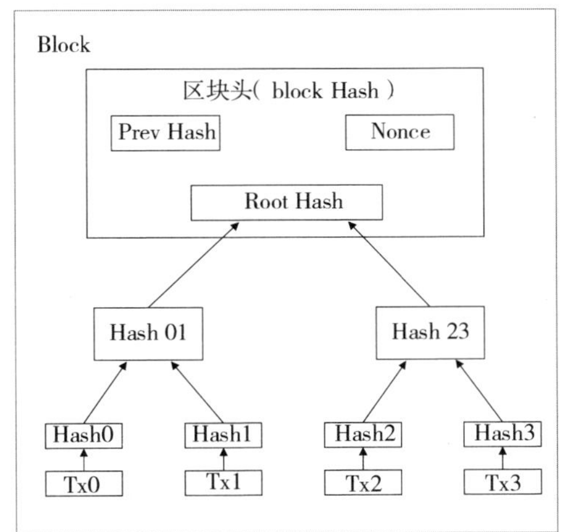

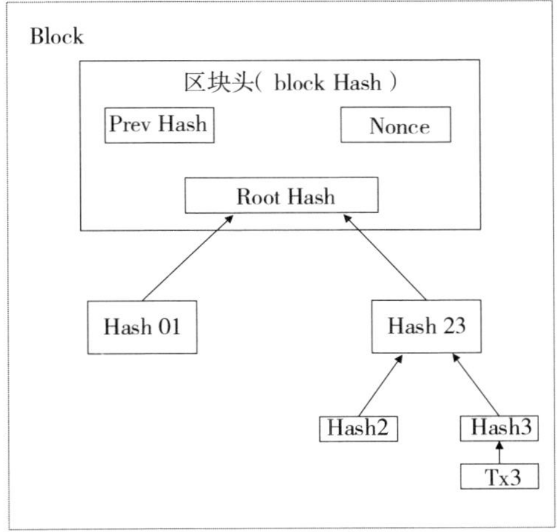

图 5-2　默克尔树示意图

5.1.5　共识机制

区块链作为一种去中心化的分布式系统，需要通过节点之间的底层共识协议来保证其账本的数据一致性，因此，共识机制是区块链技术的基础和核心。共识机制是指多方参与的节点在预设规则下，通过多个节点交互，对某些数据、行为或流程达成一致的过程。区块链中所有节点都有权发起共识流程，广播共识内容，当共识内容被多数节点验证通过后便形成共识结果。共识算法通过以上机制保证区块链平台各节点账本数据的一致性。为了保证数据的一致性和可信性，区块链采用共识机制来决定哪些数据可以被添加到区块链中。区块链是由其中所有具有维护权限的节点共同管理的，系统中各个节点按不同角色分工参与系统的共识、交易及验证等工作。共识，即具有权限的节点之间对区块中存储的内容信息达成的一致性和有效性协议，共识机制具有一定的容错、防止篡改和抵赖的能力。常用的共识机制包括工作量证明（Proof of Work）、权益证明（Proof of Stake）、股权授权证明 /DPOS（Deligated Proof-of-Stake）、拜占庭容错（PBFT/RBFT）、类 BFT 共识协议、RAFT 共识协议等。共识机制是区块链最核心的概念之一。共识，从语义的角度理解，即许多不同的人对同一件事情达成一样的或者至少方向一致的认识。区块链作为一个分布式系统，可以由不同节点共同参与计算、共同见证交易的执行过程，并确认最终计算结果。对 P2P 分布式网络架构的区块链而言，防止“双花”与“自私挖矿”，从而保证网络中数据的一致性，区块链主要是通过共识机制来保证。共识机制的核心是如何公平、公正、合理地生成区块、确认区块，并将其纳入网络中统一的区块链序列。区块链是分布式系统，是由多个节点通过异步通信方式组成的网络集群。在区块链中，每一个节点都希望能由自己来封装区块，由此可以获得区块封装的奖励。但是，如果能由单一节点控制区块封装，实际上就具备了主宰区块中交易序列的可能。因此，为了公平性并避免单一节点作弊，就需要一套公平的机制来选择某一时刻的哪个“矿工”来将网络中交易序列封装为区块，并确保所封装区块是合乎网络规则的。共识机制就是解决在不可靠的网络中如何保障账本数据一致性和正确性问题的方法。在区块链中，由于每个节点都是平等的，没有一个中心机构的存在，因此需要通过共识机制来达成节点间的一致性。共识机制涉及区块该如何生成以及生成之后如何选择的问题。因此，共识机制是区块链网络中用来决定如何选出那个可以生成新区块的节点的机制，同时对于每一笔在这条区块链上进行的交易是否准许完成进行了约束和规定。

区块链通过共识机制实现了分权共治。由多方参与者共同管理和维护区块链数据，每个参与方通过技术上平等的记账权，和算法约束下的一致性数据的所有权，均拥有参与管理系统的基础能力，并在实际系统运作中对执行过程和数据进行了共同维护，实现了共同治理。区块链技术上的弱中心化并不代表业务上的去中心化，恰恰相反，在多方参与的业务场景下，需要一个主导方推进共识规则的制定，以解决各参与方在业务场景中的博弈和激励机制，再通过多方分权同治的技术制约维护规则的执行。各类共识算法本质上是通过“少数服从多数”的判定原则实现区块链治理权限的非集中化，其中“少数服从多数”并不完全指节点个数，也可以是计算能力、股权数或者其他的计算机可以比较的特征量。

5.1.6 智能合约

狭义的智能合约是指内嵌于区块链上的自定义程序脚本，是一段写在区块链上的代码，一旦某个事件触发合约中的条款，代码即自动执行（Devine Anthony et al., 2021）。广义的智能合约还包含程序脚本的编程语言、编译器、虚拟机、事件、状态机、容错机制等。智能合约可以约束参与方以事先约定的规则自动执行业务，使区块链能够灵活支持各类去中心化业务应用。智能合约由区块链内的多个用户共同参与制定，可用于用户之间的任何交易行为。智能合约是一组情景应对型的程序化规则和逻辑，是通过部署在区块链虚拟机上的去中心化、可信共享的脚本实现的。智能合约封装了预定义的若干状态机及转换规则、触发合约执行的情景、特定情景下的应对行动等。合约中明确了双方的权利和义务，开发人员将这些权利和义务以电子化的方式进行编程，代码中包含会触发合约自动执行的条件。一旦编码完成，这份智能合约就被上传到区块链网络上。智能合约会定期检查是否存在相关事件和触发条件；满足条件的事件将会推送到待验证的队列中。区块链上的验证节点先对该事件进行签名验证，以确保其有效性，等大多数验证节点对该事件达成共识后，智能合约将成功执行，并通知用户。因此，基于区块链技术的智能合约，集中展现出分布式、一致性、自动化、不可篡改、定制化、无须中介信任、透明性等特征。因此，与传统合同相比，智能合约的生效和履行同时发生，具有四个主要优点：(1）实现高度的定制化。可以通过不同方式进行设计，提供不同的服务和解决方案。(2）执行成本趋向于零。由于去中心化和自动执行的特征，智能合约可以提高透明度，提高效率并降低商业运行成本。(3）降低监督成本。由于智能合约运行在基于多方共同维护的区块链上，所以可以有效地降低监督监管成本。(4）提高合约的安全性。由于智能合约是无法篡改的，所以其具有非常高的准确性和安全性。

隐私智能合约能够确保联盟链上交易的各方只能看到权限范围内的数据，并确保完整的交易数据并没有被篡改。与传统智能合约相比，隐私智能合约要严格设计权限划分，借助数字证书识别请求者身份并识别该身份下的权限，从而达到限制请求者行为的目的。

5.1.7　跨链协同

随着区块链项目数量的快速增长，联盟链参与方的不断增加，以及网络接入方式的多样化，存在着联盟链组网复杂、一链一应用等问题，亟须通过共识与跨链机制的优化提升，进一步打通区块链信息孤岛，实现多链并行、多链互通的可信跨链模式，如图 5–3 所示。根据工业和信息化部《区块链跨链实施指南》，目前主流的区块链跨链技术方案按照其具体的实现方式主要分为四类：公证人机制、侧链 / 中继链、哈希锁定、并行多链。

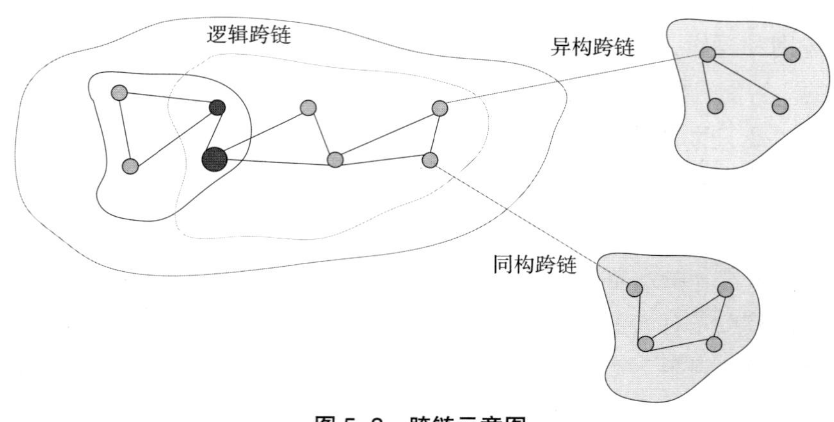

图 5-3 跨链示意图

实际应用中，联盟链之间的非耦合的跨链是主流，因为在不同的链之间因为利益的关系，不太可能确保意志的一致性，从而使双方都愿意将所有的操作全部、持续地进行交互。非耦合指的是上下文无关的跨链，在一次跨链动作中，链与链之间通过跨链技术进行消息、数据的传递，实现价值传递、消息传递、存证传递等各种交易，而跨链动作一旦完成，后续两者之间不再有上下文关系，互相独立，并不耦合。当前，行业应用存在大量的私有链和单一应用的联盟链，不同的机构之间、不同的应用之间未能实现链与链之间的信息、价值传递，形成了区块链孤岛。跨链技术将能够联结不同的链，将原本覆盖单个、数个节点的联盟链组装成为覆盖成百上千节点的超联盟链，形成更高层级的多中心特性。

在业务与技术的双重需求下，跨链已成为区块链技术的必要需求和必然的发展趋势。跨链技术作为连接各联盟链的桥梁，在供应链金融领域应用应满足以下要求：一是具备信息查询、资产冻结、业务联动等交易特点；二是区块链平台应采用通用的加密通信协议，支持同构及异构区块链平台间的跨链交互；三是跨链应具备准入机制，通过数字证书等机制对调用者进行身份授权与验证；四是跨链的联盟链间应具备松耦合架构，跨链交易异常时，应不影响联盟链自身的正常运行。

5.2　区块链技术的发展历程与未来趋势

以 TCP/IP 协议簇为基础的传统互联网技术解决了信息传输的效率问题，并没有解决信息的信任问题。在涉及多方主体协作的场景下，除了需要建设信息系统，保证数据信息的互联互通，还须建立中介机构以及额外的规章制度和措施以解决多方信任问题，这极大增加了各方沟通和协作成本。

5.2.1　发展历程

区块链诞生以来的变化可分为三个阶段，分别是以数字货币为主导的区块链 1.0 时代、以太坊 + 智能合约为主导的 2.0 时代以及与其他主流技术、产业生态及社会生活全面融合的 3.0 时代，在底层技术、数字资产、监管政策、产业生态等维度上产生全方位深刻变化。

区块链 1.0 阶段（2009—2012 年），以比特币为代表，相关的货币区块链技术在市场上逐步出现和兴起。但同时也出现了诸多山寨币项目，投机炒作较多。区块链技术起源于数字货币。2008 年 11 月，中本聪（Satoshi Nakamoto）发表论文《比特币：一种点对点的电子现金系统》，阐述了基于密码学的电子现金——比特币原理，首次提出了区块链的概念。2009 年 1 月，比特币系统上线运行，产生第一个比特币。比币特有四个特点：一是自由，任何人、任何时间、任何地点都能完成转账；二是便捷，无须中间机构，转账更快速、费用更低；三是安全，系统永远在线，防伪造、防抵赖；四是匿名，账户与身份不关联。区块链技术是结合 P2P 网络技术、加密技术等技术实现的一套分布式账本系统。其技术特征包括，以区块为单位的链式数据结构、非对称加密算法以及去中心化。最典型的应用是以比特币为代表的数字货币，实现了数字货币的发行和流通，功能相对单一。

区块链 2.0 阶段（2013—2015 年），以太坊为代表的合同区块链技术出现，结合智能合约等技术的可编程性，可在担保交易等领域发挥作用。区块链技术的应用使最初的比特币逐渐向其他领域扩展。针对比特币网络协议扩展性差、应用场景受限等特点，技术和应用趋向于构建一个开源的有智能合约的区块链平台。区块链技术同智能合约的结合，将区块链的应用从单一的数字货币业务扩大到了涉及智能合约的金融业务。

区块链3.0阶段（2016年至今），以Hyperledger为代表的超级账本项目落地，技术与实体经济间的应用融合开始加强。随着区块链应用扩展，对区块链性能也提出了更高的要求，区块链核心技术不断提升。针对区块链核心技术包括共识算法、数据存储、网络协议、加密算法、隐私保护和智能合约都进行了更加深入的研究。同时，针对区块链性能瓶颈，提出了侧链技术。侧链通过分担主链的交易达到主链性能扩展的目的。针对区块链数据封闭性问题，提出了跨链技术。目前主流的跨链技术包括：公证人机制、侧链/中继、哈希锁定、分布式私钥控制。

区块链社会生态网络逐步构建。随着区块链技术和应用日趋成熟，区块链技术将与互联网、大数据、云计算、人工智能等新兴技术彻底融合，形成一个类似互联网一样的去中心化社会生态网络。该网络实现新的账户体系，新的数据存储方式以及新的应用方式。生态网络参与方可以方便地搭建基于区块链的应用服务，为消费者提供金融、存证、溯源等服务。生态网络中的企业可以共享企业数据，促进企业良性发展。整个社会运行成本也将大幅降低。

5.2.2 国外发展历程

近年来，各主要经济体政府部门、金融管理部门、行业组织以及国际组织都对区块链技术予以高度关注，持续跟进研究区块链技术及其应用最新发展情况，积极推进全球范围内区块链技术的安全稳健应用。美国证券交易委员会创新和金融科技战略中心、英国加密资产工作组、欧盟区块链观察站与论坛、世界银行区块链实验室、国际货币基金组织金融科技高级顾问小组等，都是在此背景下成立的专门组织。同时，在区块链技术应用探索方面也初步形成了较为广泛的国际合作。2018年4月，欧盟委员会发起《区块链共同宣言》，目前已有29个国家签署加入。同年7月，金砖国家领导人共同签署了《在数字经济发展背景下开展分布式记账技术和区块链技术联合研究的谅解备忘录》。区块链技术发展至今已经有十几年的历史，但是在最初的比特币时代，区块链尚未形成独立的技术平台，直到2013年以太坊（公链）的诞生，可承载众多行业应用的底层区块链技术平台才开始蓬勃发展，吸引了越来越多的机构参与区块链研究中。从开源社区逐步演变成互联网公司、区块链组织以及金融机构等，全球科技公司、金融公司和咨询公司为加快区块链布局，通常通过组建区块链联盟的方式，合作探索区块链技术及应用场景，如表 5-2 所示。各行业联盟纷纷成立，在推进区块链技术在不同行业的应用和发展的同时，也产生了一定程度的辐射效应，吸引着更多的企业加入，促进整个区块链生态的发展。

表 5-2　国外主要区块链联盟组织

名称	发起时间	发起机构	成员数	主要宗旨
R3	2015 年 9 月	R3CEV 公司联合巴克莱银行、高盛、J.P. 摩根等 9 家机构	约 400 家	推动全球金融市场中加密技术和分布式总账智能协议的应用，帮助区块链技术的落地应用，商业化
Blockchain in Transport Alliance（区块链货运联盟）	2017 年 8 月	行业发起	约 400 家	降低成本，提高运输效率。推动新兴技术落地，发展区块链行业标准，交流与推广区块链应用、解决方案及分布式账本技术
Hyperledger（超级账本）	2015 年 12 月	Linux 基金会	约 300 家	让成员共同合作，共建开放平台，满足来自多个不同行业各种用户案例，并简化业务流程。实现区块链的跨行业发展与协作并着重发展性能和可靠性，使之可以支持全球商业交易
Enterprise Etherum Alliance（企业以太坊联盟）	2017 年 3 月	摩根大通、微软、英特尔等 30 多家企业	约 200 家	致力于合作开发标准和技术，提高以太坊区块链的隐私、安全性和扩展性，使其更加适用于企业应用
INATBA（国际可信区块链应用协会）	2019 年 4 月	欧盟	约 150 家	制定规范，促进标准和监管融合，以支持创新型区块链技术的开发和应用

从互联网公司维度来看，主要互联网公司纷纷布局区块链。2019 年 6 月，Facebook 公司牵头成立了 Libra 协会。Libra 协会旨在基于区块链技术建立一个简单的全球支付系统和金融基础设施，来降低支付成本和金融服务门槛。2015 年 11 月，微软发布了 Azure 区块链，该区块链提供一项完全托管的账本服务，帮助用户能在 Azure 区块链中进行中大规模扩展和运营区块链网络。2016 年 2 月，

IBM 公司正式推出区块链平台，该平台是一款面向企业区块链服务的平台，目前已成功应用于食品供应链、媒体和广告、贸易金融等领域。

从联盟组织维度看，各国纷纷组建联盟组织开发区块链的应用。超级账本是由 Linux 基金会于 2015 年 12 月发起的一个开源区块链技术社区，着力构建和形成区块链生态。目前大部分区块链技术和应用均基于超级账本技术，例如，Tel Aviv 股票交易所基于 hyperledger 搭建的证券借贷平台，提供"一站式"证券借贷服务，使用户能在更短的时间内进行大数量的证券交易。B3i 联盟是由德国安联、慕尼黑再保险、荷兰全球人寿保险等保险企业于 2016 年 10 月联合发起的，该联盟致力于利用区块链技术，实现保险企业之间数据共享，帮助联盟成员降低管理成本，优化保险企业数据获取效率，为消费者提供更优的解决方案。MOBI 联盟是由宝马、福特等汽车企业于 2018 年联合发起的。该联盟致力于利用区块链技术、实现汽车数据共享、汽车供应链管理、汽车金融等应用，降低汽车行业管理成本，加快汽车行业技术发展。

从国外金融机构维度看，各大金融机构试水区块链创新金融模式领域。2017 年 10 月，摩根大通发布基于区块链技术的银行间支付平台，旨在解决银行间信息不共享，跨境支付流程复杂和支付过程摩擦较多等问题。2019 年 2 月，摩根大通发布 JPPM、Coin2 项目，将数字货币锚定在摩根大通存入的美元，数字货币的使用可以降低资金流转成本，提高支付效率。2018 年 4 月，瑞银集团推出区块链贸易融资平台，该平台实时登记跨境交易各个阶段交易数据，实现贸易自动清算，降低跨境贸易成本，提高跨境贸易效率。2018 年 6 月，安联集团同汽车交易所合作，利用区块链技术为汽车提供融资服务，将汽车详细信息、贷款信息、融资信息上链，保证汽车信息的真实性。目前，安联集团正在开发基于区块链的代币平台，该平台将用于简化安联集团保险客户的支付流程，保障海外客户资金安全。

金融已是区块链技术应用探索的重点领域，区块链技术优化金融服务的潜力已得到广泛认可。区块链和分布式账本技术已成为金融稳定理事会评估主要金融技术创新领域的一部分。《二十国集团数字普惠金融高级原则》建议各国在防范风险和保障安全的前提下，探索分布式账本技术在提高金融基础设施透明度、有效性、安全性和可得性方面的潜力。世界银行和国际货币基金组织也认为，分布式账本技术可以创新数据记录和共享的模式，从而减少信息不对称。

5.2.3 国内发展历程

区块链技术诞生后，我国大量的科技公司对该技术表现出了浓厚的兴趣，纷纷成立专门的研究院、开发团队。区块链技术的特性，不仅让国内公司看到该技术未来的应用前景，更让中国政府主管部门看到了该技术在未来科技发展中的战略意义。2016 年 12 月，国务院发布《“十三五”国家信息化规划》（国发〔2016〕73 号），提出加强区块链等新技术基础研发和前沿布局，构筑新赛场先发主导优势。2017 年，《新一代人工智能发展规划》《关于进一步扩大和升级信息消费持续释放内需潜力的指导意见》《关于积极推进供应链创新与应用的指导意见》《关于深化“互联网 + 先进制造业”发展工业互联网的指导意见》等多份文件提及区块链，包括促进区块链与人工智能融合，开展基于区块链技术的试点应用，研究利用区块链等新兴技术建立基于供应链的信用评价机制，促进区块链等新兴前沿技术在工业互联网中的应用研究与探索等内容。2018 年，北京市、上海市、浙江省、江苏省、贵州省、福建省以及深圳市、广州市等 30 余个省市级政府相继出台 40 余项政策措施，扶持包括区块链在内的新兴技术产业。2019 年 1 月，国家互联网信息办公室发布《区块链信息服务管理规定》，规定要求区块链信息服务提供者应当在提供服务之日起十个工作日内通过国家互联网信息办公室区块链信息服务备案管理系统履行备案手续。2019 年 10 月 24 日，中共中央政治局就区块链技术发展现状和趋势进行第十八次集体学习，习近平总书记指出，“要把区块链作为核心技术自主创新的重要突破口，加快推动区块链技术和产业创新发展”。2020 年 4 月 20 日，国家发展改革委首次明确将区块链纳入新型基础设施建设，确定了区块链作为新技术基础设施的重要地位与作用。

2021 年 6 月 7 日，工业和信息化部、中央网信办发布《关于加快推动区块链技术应用和产业发展的指导意见》指出，“到 2025 年，研发区块链‘名品’、培育区块链‘名企’、创建区块链‘名园’”。指导意见首先明确战略地位。区块链是新一代信息技术的重要组成部分，是分布式网络、加密技术、智能合约等多种技术集成的新型数据库软件，通过数据透明、不易篡改、可追溯，有望解决网络空间的信任和安全问题。其次，提出建设管理平台。推动企业建设基于区块链的供应链管理平台，融合物流、信息流、资金流，提升供应链效率，降低企业经营风险和成本。最后，提出促进场景建设。支持具有一定产业基础的地方，面向实体经济和民生服务等重点领域，选择成熟的应用场景，遴选一批推广能力强的单位开展区块链应用试点，形成一批应用效果好的区块链底层平台、产品和服务。

2021 年 12 月《“十四五” 数字经济发展规划》发布，将着力点主要放在三个方面。一是增强创新能力。瞄准大数据、人工智能、区块链、新材料等战略性前瞻性领域，发挥我国社会主义制度优势、新型举国体制优势、超大规模市场优势，提高数字技术基础研发能力。二是健全统计体系。建立完善基于大数据、人工智能、区块链等新技术的统计监测和决策分析体系，提升数字经济治理的精准性、协调性和有效性。三是构建支撑平台。构建基于区块链的可信服务网络和应用支撑平台，为广泛开展数字经济合作提供基础保障。截至 2022 年年底，全国已有超过 33 个省市出台区块链专项政策，扶持政策包括企业财税补贴、人才引进奖励等。

从互联网公司维度看，我国互联网公司先后布局区块链技术的应用场景。2016 年 10 月，趣链科技发布国产自研、安全可控的企业级联盟区块链底层技术平台 hyperchain，是国内最早成立并从事联盟区块链技术研发与应用的专业团队。2017 年 9 月，趣链科技发布区块链开放服务平台飞洛 Baas，为区块链应用和推广提供安全、便捷、高效的服务平台。2020 年 9 月，趣链科技联盟技术已服务了包括金融、政务、动漫、电力、制造业、军事等关键业务领域，支撑业务规模数千亿元人民币，全国服务人数近 1.5 亿人。2018 年 6 月，蚂蚁科技自主研发金融级区块链 Baas 平台。2018 年 6 月，支付宝同国际银行的合作，实现基于区块链技术的跨境汇款，节约了跨境汇云南省的时间和成本。2018 年 8 月，百度发布了区块链解决方案“超级链”，可快速实现业务和区块链的整合。2020 年 1 月，百度通过将线下广告牌的播放时间、播放次数上传到区块链平台，实现区块链广告监播功能，保障广告投放商的权益。2017 年 11 月，腾讯推出了区块链 Baas 云服务平台，借助云技术，搭建了一套高质量、更稳定的区块链服务平台。2019 年 4 月，腾讯发布首款区块链游戏化应用“一起来捉妖”，区块链技术的应用可充分保障游戏玩家数字资产的安全性。

从区块链联盟发展维度来看，与产业结合的联盟链发展迅速。如可信区块链推进计划，是中国信息研究院主导，联合华为、腾讯、趣链等科技公司成立的联盟，旨在推动区块链技术与实体经济深度融合。2019 年 1 月发布了区块链溯源白皮书、区块链与供应链金融白皮书、区块链即服务平台 Baas 白皮书。北京金融科技产业联盟，是在中国人民银行指导下，联合金融机构、科技企业等产业单位设立，旨在促进我国金融科技良性发展。2020 年 5 月，联盟根据区块链技术发展需要，成立了区块链专委会。金链盟，是由深圳市金融科技协会发起的一个开放组织，旨在整合、协调金融区块链技术研究资源，提高成员单位在区块链技术领域的研发能力。2017 年 7 月，金链盟区块链底层平台 BCOS 开源，致力于打造一个互信的分布式商业生态。2018 年 5 月，基于 BCOS 平台搭建电子借据平台，实现借贷信息上链，保证借贷数据的真实性，同时便于监管机构监管。

从金融机构维度看，各银行机构已高度重视区块链技术对传统信贷模式的颠覆式创新。2020 年 4 月，工商银行发布了银行业首个白皮书《区块链金融应用发展白皮书》。2020 年 5 月，工商银行同南京江北新区管委会合作，打造征拆迁资金管理区块链平台，实现征拆迁资金透明管理。2018 年 10 月，招商银行同中建电商合作，利用区块链搭建产业互联网协作平台，为企业提供融资服务。2019 年 6 月，招商银行同腾讯公司合作，利用区块链构建电子发票线下报销业务，实现区块链同财税的融合。2017 年 8 月，浙商银行基于区块链平台推出了应收款链平台，实现区块链和供应链金融融合。2019 年 8 月，浙商银行同国家粮食和物资储备局粮食交易协调中心合作，共同搭建国家粮食电子交易平台，将区块链技术应用到粮食行业。2018 年 10 月，平安区块链同香港金管局合作，利用区块链构建国际融资贸易网络。2019 年 4 月，平安区块链同天津港合作，利用区块链构建跨境贸易服务网络。

从央企维度看，各大央企已开始利用区块链技术进行创新应用。2018 年 6 月，中国电子科技集团有限公司发布了基于区块链的供应链金融平台，旨在将核心企业信用释放到整个供应链，提高整个供应链资金运转效率。2018 年 6 月，中国交通建设集团有限公司发布了“区块链 + 供应链”分包商融资业务，利用区块链技术实现分包商数据溯源、行为规范、资金管理等功能。2019 年 12 月，中国中车、中国铁建等央企，联合金融机构、地方企业发布了基于区块链的供应链金融应用产品“云存证”，实现单一链向联盟生态的跨越。

从整个发展线来看，区块链技术最早发迹于美国，并推出了众多有影响力的区块链技术平台，我国作为后起之秀，也持续发力，相继推出了一系列国产、自主、可控的技术平台，包括 Hyperchain、BCOS、蚂蚁区块链、TrustSQL 等，对外依存度逐步下降。央行在 2014 年就积极展开法定数字货币的探索和研究，起步较早，我国在数字领域也将继续和国际上的同行一起竞争，并保持领先的地位。

目前，区块链成熟案例大多还是集中于金融行业，但实体制造、数字政务、司法军事等行业也正在被区块链技术快速地改造。

5.2.4 未来发展趋势

区块链技术尚未成熟，整体应用还处于一个持续探索的阶段。一方面，共识算法等区块链的核心技术尚存在优化和完善的空间；另一方面，区块链处理效率尚难以达到现实中一些高频度应用环境的要求，不能满足高频次和复杂的商用计算。此外，其他配套的基础设施如存储、隐私保护等，也并没有表现出比传统中心化解决方案更优越的性能。总体而言，区块链技术成熟度暂时还无法支撑大规模商用。

从区块链的技术组成来看，其可扩展性、去中心化、安全性这三个特点难以在同一时间达到优化、最佳，必须以牺牲其中若干个因素去换取在另一个领域中的提升。基于金融等商用场景对实时、高并发、高吞吐、安全等维度的实际需求，去中心化在一定程度上会做出牺牲，可扩展性与安全性将是区块链应用备受关注的关键性能指标。

区块链技术发展将呈现三方面的趋势。第一，弱中心化的联盟链会是企业级区块链应用的主流方向。与公有链不同，联盟链只允许预设的节点进行记账，加入的节点都需要经过授权，这种区块链技术实质上是在确保安全和效率的基础上进行的“部分去中心化”或“多中心化”的妥协。企业级应用更关注区块链的管控、监管合规、性能、安全等因素，因此联盟链相对强管理的部署模式，更适合企业级应用落地。第二，可扩展性将是驱动区块链技术持续演进的关键因素。要实现规模化的企业级应用，区块链技术需要克服信息查询验证慢、单节点存储空间小、并发处理效率低等问题。未来，共识算法、服务分片、处理方式、组织形式等技术环节都将成为区块链技术攻克的重点。专注于扩展区块链主链应用范围与创新空间的侧链技术将迎来较大发展。第三，安全性将是金融等商业场景的区块链应用基础。从数学原理上讲，区块链技术是较为完美的，具有公开透明、难以篡改、可靠加密、防 DDoS 攻击等优点。但从工程角度来看，它的安全性仍然受到基础设施、系统设计、操作管理、隐私保护和技术更新迭代等多方面制约。未来需要从技术和管理上全局考虑，加强基础研究和整体防护，才能确保应用安全。

5.3 区块链的分类

按照用户需求、开放程度及应用场景等维度进行划分，区块链有三种类型：公有链（Public Blockchain）、联盟链（Consortium Blockchain）与私有链（Private Blockchain）。公有链的代表为比特币和以太坊，而联盟链及私有链则多在商业机构及市场组织中应用。从链与链的关系来分，可以分为主链和侧链。

5.3.1 公有链

公有链的特点是无官方组织及管理机构，无中心化服务器，参与的节点按照系统规则自由接入网络，不受控制，节点间基于共识机制正常运转。公有链上各个节点可自由加入和退出网络，并可参加链上各类数据信息的读写。在公有链中的共识机制一般采用工作量证明（PoW）或权益证明（PoS），用户凭借在网络中消耗或拥有资源的占比来争夺区块的记账权。公有链较适合于虚拟货币、电子商务、互联网金融等 B2C、C2C 或 C2B 的应用场景。

5.3.2 私有链

私有链建立在某个组织内部，节点间的运行规则根据内部要求进行严格设定。私有链中各个节点的写入权限收归内部控制，而读取权限可视需求有选择性地对外开放。私有链的应用场景一般是企业内部的应用，如数据库管理、审计等；私有链的价值主要是提供安全、可追溯、不可篡改、自动执行的存储和运算平台，能够实现数据的完整性、安全性、连续性和真实性存储。

5.3.3 联盟链

联盟链是一种需要注册许可的区块链，仅限于联盟中具有权限的成员参与账本的读写，网络中节点的角色及功能划分须预先设定，且网络中的共识、运维和接入均由预先设定的节点控制。联盟链通过授权后才能加入与退出网络，由各机构组织组成利益相关的联盟并共同维护。联盟链多采用 PBFT（Practical Byzantine Fault Tolerant）、RAFT、PoA 等共识算法。一般来说，联盟链适合于跨机构的交易、结算、协同办公及存证等 B2B 场景。

供应链金融具有多方参与、共同维护、共享数据的特点，并且供应链金融业务流程多为跨企业、跨系统的协同运转机制，所以大多采用联盟链技术结构搭建供应链金融区块链网络，实现自主可控、安全隐私、便捷高效的供应链金融新模式。

5.4 区块链价值

区块链开创了一种在不可信的竞争环境中低成本建立信任的新型计算范式和协作模式，实现了穿透式监管和信任逐级传递。区块链脱胎于比特币，具备去中心化、不可篡改特点，利用区块链技术可以建立对现代商业至关重要的信任。从根本上改善银行、供应链和其他交易网络，支持新一代交易应用并简化业务流程，加强创新和增长的新机会，降低成本和风险。总体上看，区块链技术比较适用于存在多方交易且信任基础较弱的特定金融场景，其分布式架构、块链式结构、共识机制、时间戳等技术安排有助于提升链上信息的篡改难度和可追溯性，缓解信息不对称现象，其与加密技术的结合有助于加大隐私保护力度、降低数据泄露风险，而 P2P 网络的运用有助于在分布式环境下实现高效协同，智能合约的引入则有助于实现复杂业务流程的自动执行，可用于融资、保险科技、跨境支付、资产证券化、金融监管等场景，增加信息可信度、缓解重复交易，提高相关参与方信息交流积极性和业务处理效率，且能在一定程度上降低道德风险和操作风险。

5.4.1 高安全性

高安全性是区块链的重要价值。区块链是一种分布式数据库，没有中央机构或中心服务器控制和管理数据。相反，数据由网络中的多个节点共同维护和验证，数据在多个节点上备份，不易被攻击者篡改或破坏。区块链通过分布式共识机制形成可信共享的、每个参与者都可以检查的公开账本，并能够按照公开可信的规则运行及修订升级。由于数据的去中心化和加密存储，区块链具有较高的安全性。

5.4.2　不可篡改性

区块链系统中每一个节点都拥有最新的完整或部分数据库备份，单个甚至多个节点对数据库的修改无法影响其他节点的备份数据，除非能控制整个区块链的网络 50% 以上的节点，但这几乎不可能发生。一旦数据被记录在区块链上，就很难被修改或删除。每个区块都包含了前一个区块的哈希值，形成了一个链式结构，篡改任何一环都会导致后续区块的哈希值发生变化，从而被其他节点拒绝。区块链中节点之间通过数字签名技术（公私钥）进行验证，通过联盟链构建跨企业的信任机制。采用密码学哈希算法确保信息不可篡改，采用抗抵赖、抗攻击的共识算法保证区块链数据安全性、完整性和连续性，节点之间无法相互欺骗。区块链中的每一笔交易都存储在区块中并通过密码学方法与相邻两个区块串联，在确保不可篡改的同时实现追溯功能。

5.4.3　透明性

区块链的透明性是指区块链技术所具备的公开、可追溯和可验证的特性。区块链中的数据是公开可查的，任何人都可以查看和验证交易记录。这种透明性可以提高信任和可追溯性。具体来说，区块链的透明性包括以下三方面。一是公开性。区块链中的数据和交易信息是公开可见的，任何人都可以查看区块链上的数据记录和交易历史。这意味着没有中心化的控制机构或单一的权威机构可以独自决定和控制数据的访问权限。二是可追溯性。区块链上的每一笔交易都被记录在不可篡改的区块中，形成了一个完整的交易历史。这使任何人都可以追溯和验证特定交易的发起方、接收方和交易金额等信息，确保交易的真实性和可信度。三是可验证性。区块链上的数据和交易都经过了密码学的验证和验证机制。通过使用公钥加密和数字签名等技术，可以确保数据的完整性和真实性，并验证交易的合法性和有效性。区块链的透明性有助于提高可信度，减少欺诈和篡改的风险。它可以为参与区块链网络的各方提供公平和公正的环境，促进交易的安全和可靠性。同时，区块链的透明性也带来了一些隐私和安全方面的考虑，需要在设计和实施中进行平衡和合理的处理。

5.4.4 可扩展性

区块链的可扩展性是指区块链技术在面对大规模交易和用户增长时，能否有效地处理和支持更多的交易和参与者。可扩展性是区块链技术面临的一个重要挑战，因为传统区块链的设计和机制可能会限制其在处理大量交易和参与者时的性能和效率。常见的区块链可扩展性解决方案包括分片、增加区块大小、第二层扩展解决方案、共识算法优化、并行处理等。

分片，是将区块链网络分割成多个较小的片段，每个片段可以独立地处理一部分交易和数据。这样可以提高整个网络的吞吐量和处理能力。增加区块大小（Block Size Increase），是指增加区块的大小可以容纳更多的交易数据，从而提高区块链的吞吐量。然而，增加区块大小也会增加区块链的存储和传输成本，并可能导致分叉和安全性问题。第二层扩展解决方案（Layer 2 Scaling Solutions）是在区块链之上构建额外的协议和网络，用于处理和验证交易，从而减轻主链的负担。例如，闪电网络（Lightning Network）是一种基于比特币的第二层扩展解决方案，可以实现快速和低成本的交易。共识算法优化，是区块链网络中确保一致性和安全性的核心机制。优化共识算法可以提高区块链的处理速度和吞吐量。例如，一些区块链项目采用了权益证明（Proof of Stake）或权益证明和工作量证明的混合机制，以提高共识效率。并行处理（Parallel Processing），区块链可以同时处理多个交易和任务，从而提高处理能力和效率。这些解决方案可以单独或结合使用，以提高区块链的可扩展性。然而，每种解决方案都有其优缺点和适用场景，需要根据具体的应用需求和网络特点进行选择和实施。同时，可扩展性的提升也需要综合考虑网络安全性、去中心化程度和用户体验等因素。区块链技术可以通过增加节点数量来提高系统的处理能力和容量，从而实现提升可扩展性。

5.4.5 自动执行

区块链可以支持智能合约的执行，智能合约是一种自动化执行合约的计算机程序，可以在区块链上实现自动化的交易和合约执行。区块链的自动执行是指通过智能合约（Smart Contracts）实现的自动化执行和处理业务逻辑的能力。智能合约是一种在区块链上运行的可编程代码，它可以自动执行预先设定的规则和条件，从而实现自动化的交易和业务逻辑。智能合约可以在区块链上执行各种操作，例如转账、存储数据、验证身份、管理数字资产等。通过智能合约，参与者可以在不需要第三方介入的情况下进行交易和业务操作，从而提高效率、降低成本并增加安全性。智能合约的执行是基于区块链上的共识算法和网络节点的验证机制。一旦满足了预设的条件和规则，智能合约就会自动执行相应的操作，并将结果记录在区块链上，不可篡改且可追溯。

智能合约的自动执行具有四方面的优势。其一，去中心化。智能合约的执行是由区块链网络中的多个节点共同验证和执行的，不依赖中心化的机构或第三方的干预。这确保了交易和业务操作的公平性和透明性。其二，自动化。智能合约可以根据预设的条件和规则自动执行，无须人工干预。这大大提高了交易和业务操作的效率，并减少了人为错误和延迟。其三，不可篡改性。智能合约执行的结果被记录在区块链上，不可篡改且可追溯。这确保了交易和业务操作的真实性和可信度。其四，安全性。智能合约的执行是基于密码学和共识算法的验证机制，确保了交易和业务操作的安全性和防篡改能力。

然而，智能合约的自动执行也存在一些挑战和风险，例如编程漏洞、不可预测的行为和合规性问题。因此，在设计和实施智能合约时，需要进行充分的测试、审查和合规性验证，以确保其安全性和可靠性。

5.5　区块链与数字资产

5.5.1　基于产业链供应链的数字资产类型

产业链和供应链是密切相关的概念，但在一定程度上又存在一些区别。产业链是指一个产品或服务从原材料供应、生产制造、销售分销到最终消费的全过程涉及的各个环节和参与者的组合。它包括上游的原材料供应商、中游的生产制造商、下游的分销商和零售商，以及其他相关的服务提供者。产业链上的各个环节相互依赖、相互支持，形成了一个完整的产业体系。产业链的发展和运作对于一个产业的竞争力和生产效率具有重要影响。供应链是指一个产品或服务从原材料采购、生产制造、物流运输、销售分销到最终消费的全过程涉及的各个环节和参与者的组合。它包括上游的原材料供应商、生产制造商、物流运输公司、分销商、零售商以及其他相关的服务提供者。供应链的目标是通过优化各个环节的协调和合作，实现产品或服务的高效流动，从而满足消费者需求，提高企业的竞争力和盈利能力。供应链管理涉及供应商选择、采购管理、生产计划、物流运输、库存管理等方面的工作。

产业链与供应链二者之间的联系，一是都是描述产品或服务从原材料到最终消费的全过程，二是都涉及各个环节和参与者的协同合作。产业链和供应链都需要各个环节的紧密配合和信息共享，以实现高效的产品流动和价值创造。但二者也存在区别：范围不同，产业链更加广泛，包括了整个产业的各个环节和参与者，而供应链则更加专注于物流运输和供应商之间的关系。角度不同，产业链从产业的角度出发，关注产业的竞争力和生产效率；而供应链从供应商和物流运输的角度出发，关注供应商之间的协作和物流的流动性。强调的重点不同，产业链更加关注价值链的整合和协同，强调产业的竞争力和增长；供应链更加关注供应商之间的合作和物流的高效运作，强调成本控制和交付能力。综上所述，产业链和供应链是相互关联的概念，都涉及产品或服务从原材料到最终消费的全过程，但在范围、角度和重点上存在一些差异。

在产业链和供应链的发展过程中，会产生大量的数字资产。以数字形式存在的资产，包括但不限于以下几种：一是电子数据，包括各种电子文档、文件、数据库等。在产业链和供应链中，各个环节的数据记录、交换和共享都是基于电子数据的。二是虚拟货币，如比特币、以太坊等加密货币，可以在产业链和供应链中作为支付手段或结算工具使用。三是电子合同，即以电子形式生成和存储的合同文件，可以在产业链和供应链中用于各种交易和合作的约定。四是数字证书，用于身份验证和数据加密的数字证书，可以在产业链和供应链中确保数据的安全性和可信度。五是数字化产品，指以数字形式存在的产品，如电子书、数字音乐、数字影视作品等，在产业链和供应链中通过数字化技术进行生产、分销和消费。数字资产在产业链和供应链中的应用，可以提高信息的传递效率、降低交易成本、增强数据安全性，并促进产业链和供应链的数字化、智能化和可持续发展。

5.5.2 区块链赋能数字资产

其一，区块链为数字资产增信。依托区块链技术建立共信机制，利用联盟链内各方可供参考的数据源对资产权属、贸易真实性进行交叉验证。其二，基于区块链的数字资产登记。利用分布式账本和智能合约等底层技术，构建数字资产跨链登记平台，针对企业各类数字资产进行信息化登记，实现资产全生命周期可溯源，化解资产流转过程中的信任机制和资产登记管理难题，实现区块链联盟上各平台数字资产信用延伸。其三，数字资产的公示。通过经授权的数字资产权属信息、交易数据及资产主体履约信息等，构建平台公示体系，为监管机构、司法部门等提供数字资产信息公示，强化责任机制与监管效力。

5.5.3　数字资产对接金融市场

依托 B2B 互联网支付结算体系，建立虚实结合的账户体系及数字资产钱包，为联盟链上节点企业提供统一的数字资产结算服务。一是链接数字资产与支付场景。为联盟链上节点企业提供统一的数字资产结算服务，促进数字资产在联盟平台内的使用与流转。二是链接数字资产与融资场景。以联盟链上核心企业为中心，将供应链上下游企业资产数字化、标准化。解决供应链中关键节点的信息不对称、信任不互通、资金不匹配的问题，为资产持有方提供融资服务，为金融机构提供可靠的数字资产。以产业平台为依托，基于交易过程中应收账款、库存、订单等资产的数字化，以及平台产生的认证、交易、物流、仓储数据，结合外部第三方数据交叉验证，开发针对产业特点的场景化金融产品，如订单融资、存货质押、交易数据贷、税金发票贷等。以产业交易为场景，解决金融机构在融资贸易背景真实性、融资产品适配性和融资需求持续性等方面的核查和认证痛点。三是链接数字资产与征信服务。以机器学习、大数据、云计算等技术手段为支撑，全面整合联盟平台的企业数字资产，结合第三方数据源的信息，提高信用、信息共享程度，及时揭示和反映企业信用状况。搭建融数据收集、模型预警、指标评级、风险监测为一体的征信体系。

5.6　区块链的主要应用领域

区块链是未来发展数字经济、构建新型信任体系不可或缺的技术之一。区块链技术上，公有链和联盟链发展齐头并进，不断完善，效率提升。区块链应用正在从加密数字货币向数字金融、物联网、智能制造、供应链管理等垂直领域延伸，有望成为数字经济信息基础设施的重要组件，将改变诸多行业发展图景。然而，区块链技术并非一项“普适性”技术，并不是所有领域都适合融入区块链进行“改造”。区块链的适用场景与其核心特点密切相关，需要找准应用领域与区块链的切入点。作为一种分布式账本技术，区块链最具创新性的特点就是用户节点共同记账机制，在多用户节点网络中，安全地共享网络中产生数据的同时，还可以保证用户节点平权，每个用户节点可拥有全网的共享数据。根据网络中是否有中心节点，以及用户节点间平权关系，区块链的适用场景可归纳为三类。一是无中心，节点平权。区块链适用于无中心、节点地位平等的应用场景。当前完全无中心的场景较少，比特币为代表的加密数字货币体系是依托区块链创造出来的典型的无中心应用场景。二是多中心，中心节点平权。区块链适用于多中心、中心节点地位平等的应用场景。涉及多节点协作、交易的场景基本均为多中心，是最适宜使用区块链的场景，如供应链管理等。三是中心化成本显著过高。区块链适用于可去中心、节点分摊权利的应用场景。当前大部分应用场景存在中心节点，中介信任成本较高，若可去中心或分散为多个中心，也适合使用区块链，如投票、资产公证等。由于区块链实质上是通过达成一致共识并多方冗余存储来实现网络信任的，所以并不适合记录和传输所有的数据，仅针对“账本类数据”，即那些对真实可信、不可篡改有着强烈需求的，与资产相关的数据类型。

5.6.1 司法存证

在传统司法审判过程中存在取证难、存证难、认证难等问题，特别是在现有复杂的互联网环境下，网络维权案例日益增多，电子证据的确权与取证难。当数据仅有真实记录并防止篡改的诉求时，区块链作为存证系统发挥作用，如图 5-4 所示。尤其当多个主体对于数据有真实可信且一致性更新同步的需求时，区块链不可篡改，有利于提升数据的可信度，区块链作为共享透明账本的意义突出。最高人民法院印发的《关于互联网法院审理案件若干问题的规定》中，明确了区块链存证在互联网案件举证中的法律效力。目前包括北京、杭州、广州等在内的 7 省市法院构建了区块链电子证据平台。

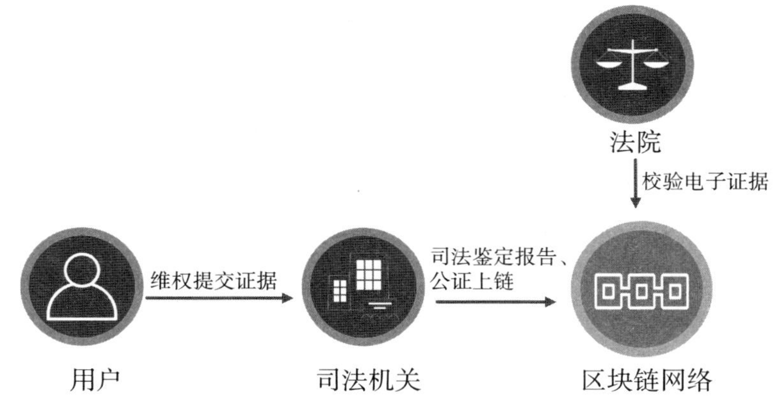

图 5–4　区块链赋能司法取证流程

区块链可以应用在存证领域的原因有以下几点：一是去中心化。区块链是一种分布式账本技术，数据存储在多个节点上，没有中心化的控制机构。这意味着存证数据不会集中在一个中心服务器上，而是分散在多个节点上，提高了数据的安全性和可靠性。二是不可篡改性。区块链使用加密技术和共识机制来确保数据的不可篡改性。一旦数据被记录在区块链上，就很难修改或删除。这使得存证数据能够长期保存，并且可以被证明没有被篡改。三是透明性。区块链上的数据是公开可查的，任何人都可以查看和验证存证数据的真实性。这提高了存证的透明度和可信度，减少了存证中的争议和纠纷。四是时间戳。区块链可以提供精确的时间戳功能，将存证数据与特定的时间点关联起来。这使得存证数据具有时间可追溯性，可以证明某个事件或文件的存在和发生顺序。综上所述，区块链的去中心化、不可篡改性、透明性和时间戳功能使其成为存证领域的理想技术。它可以提供安全可靠的存证服务，减少纠纷和争议，并提高存证数据的可信度。区块链应用于数据存证，可以降低存证成本，提高效率，为司法存证、知识产权、电子合同管理等业务赋能。

飞洛印存取证服务平台，是趣链科技为诉讼、取证场景设计的司法服务平台，提供司法取证、版权确权存证、司法服务通道等多维服务。平台具备数据存证、网页取证、App 取证、司法服务功能，满足法律工作者、版权从业者等各类场景下的存取证需求，目前已经对接杭州互联网公证处、杭州互联网法院等公证司法机关。

5.6.2 产品溯源

区块链记录商品各项数据，留痕留证，审计透明。“京东区块链防伪追溯平台”实现商品原料的生产、加工、物流运输、零售交易等数据上链追溯；百度推出“区块链 + 大闸蟹”溯源应用；佛山市打造“区块链 + 疫苗安全管理平台”，实现疫苗流通全过程的可视化监管。

部分科技机构搭建可信溯源 Baas 平台，帮助农产品构建防伪溯源产品体系。江苏金湖县推出基于区块链的农村金融服务平台，首次开展农村土地经营权抵押贷。江苏省是最早推进农村产权交易市场建设的省份之一，率先将区块链技术应用于农村产权交易。然而，土地经营权流转过程中，资产产权不清晰、资产交易流程复杂、土地价值评估不明确、流转体系不健全、抵押物处置流程不顺畅等问题，仍是当前制约农村产权交易发展的瓶颈问题。

江苏金湖县在全省率先试点应用蚂蚁链搭建的“基于区块链的农村产权交易平台”，以农村产权交易市场为依托，把土地的经营流转信息搬上区块链，并通过引入银行机构进行链上助农贷款发放，打造了农村产权“区块链 + 交易鉴证 + 抵押登记 + 他项权证”抵押融资链条，实现了农村金融服务的模式创新。区块链技术的去中心化多方协作、链上数据真实可靠、防篡改等特性使土地经营权交易全流程可信，所有信息都在链上登记，农户仅需通过身份核验后，就可以在线发起贷款申请；江苏农村产权交易市场、金湖农村商业银行、蚂蚁链等作为链上主要节点，提供信息的实时调取和可信验证；智能合约依据相关约定，自动执行存证、核验、抵押等动作。

2020 年 9 月 25 日，江苏射阳一土地产权交易流转通过蚂蚁链完成链上签约，为日后区块链在农村金融领域的尝试建立了信任基础。金湖县的“区块链 + 农村土地 + 金融”模式打通了农户、产权交易中心和银行金融机构的信任通道，为链上农村信用体系建设打下了基础。对农户来说，土地经营权抵押贷款从申请到发放完成仅需花费半天时间，大幅提升了农户和经营主体获取贷款的便捷性和效率。金融机构也不再需要进村入户去核实土地经营权来源合规性、合同真伪性、交易有效性，直接基于链上数据即可完成核验。同时，农业经营主体、金融机构、保险机构、各级政府部门围绕土地经营权形成监管链条，形成穿透式监管能力，并且基于链上数据，为农村金融补贴发放、贷款贴息、风险补偿提供了有效支撑。

此外，恒丰银行应用区块链在山东菏泽曹县开展“好牛快贷”生物活体抵押贷款试点。福建省武平县上线试运行福建首个林业金融区块链融资平台，破解林农申贷难的问题。

基于区块链技术的可溯源，连接数字与物理，通过安全开放的数据，得知产品的前世今生。一是数字与物理连接。每个物理产品都拥有唯一的电子标签、具有数字化的历史，可以跟踪和验证其起源、属性及所有权等。二是记录产品的旅行，可追溯到所有物理产品生命周期旅程记录，防止假冒商品的销售，以及当前系统中存在的“双花”认证问题。三是让消费者放心。只有真品，绝无假货。通过强大的加密技术及共识机制建立品牌公信力，实现品牌价值传递。四是增加透明度，提供公开透明的供应链数据平台，帮助我们预防和减少损失，深度挖掘每个环节的财富。

5.6.3 资产登记与资产证券化

当数据传输具有防止双花的需求，即数据本身代表价值符号，对应某一类资产标的，则区块链体现其作为资产登记及交易系统的价值。这主要因为传统资产交易往往涉及多个独立账本，交易信息在多个账本之间传输以及联动更新存在巨大的时间和运营成本，往往依赖第三方中介。基于区块链的由所有交易相关方共同维护的账本，能够实现任意两个交易方点对点转移资产，交易即结算，不需后续的对账工作。

具体来说，区块链可以应用在资产登记领域的原因有以下几点。一是去中心化。区块链是一个去中心化的分布式账本系统，所有参与者共享同一个账本，没有单一的中央机构控制。这意味着在资产登记领域，不再需要依赖中央机构或第三方机构来进行资产的登记和验证，而是通过网络中的节点共同验证和记录资产的所有权和交易信息。二是透明性。区块链上的所有交易和资产记录都是公开可见的，任何人都可以查看和验证。这种透明性可以防止潜在的篡改和欺诈行为，提高资产登记的可信度和公正性。三是不可篡改性。区块链使用密码学技术确保每个区块的数据不可篡改和修改。一旦一个交易被记录在区块链上，就无法被更改或删除。这种特性可以防止资产登记中的数据被篡改或删除，增加了资产登记的安全性和可靠性。四是快速和高效。使用区块链进行资产登记可以实现实时的交易确认和记录，无须等待中介机构的处理和验证。这可以大幅缩短资产登记的时间，并提高登记的效率。五是降低成本。传统的资产登记通常需要中介机构的参与，涉及多个环节和费用。而区块链可以通过去除中介机构和简化流程来降低登记的成本（林永民，等，2020；林永民，等，2021）。此外，由于区块链的自动化和智能合约功能，可以减少人为错误和纠纷，进一步降低成本。

综上所述，区块链在资产登记领域的应用可以提供去中心化、透明、不可篡改、快速高效和降低成本等优势，使资产登记更加安全、可信和便捷。区块链在数字资产发行与流通中扮演资产确权、交易、记账、对账和清算的角色，而区块链技术的防篡改能力，将有效防止数据篡改，规避内部作弊风险。其主要价值在于，一是缩短发行周期，提高效率。联合多方参与者建立多中心平台，提高业务操作效率。二是信息共享，交叉验证，增强信息透明度；实现多个参与方之间信息交叉验证、信用相互背书。三是提高产品流动性，降低融资成本。为参与者提供全流程管理功能，形成多方参与的正向证券化生态圈。

资产证券化（Asset-backed Securities，简称 ABS）是融资市场的重要构成。其通过未来可预测的、稳定产生现金流的资产进行打包组合，并开展信用增级等一系列工作流程，依照标准规定发行可流通有价证券，从而促进资产融资，大幅提升优质资产的流动性。区块链赋能资产证券化（ABS）为传统工作流程提质增效。一是提高信息透明度。“区块链 +ABS”模式下，产品形成信息、存续变动信息、购买赎回信息等均被完整写入区块，凭借链式结构得到保障，外部主体或者是链中的某个节点若想对数据进行篡改或伪造具有相当大的挑战。同时，链上各类数据信息透明公开，消除原有中心化模式下的信息不对称，促进 ABS 产品定价更为合理。二是实现有效风控。链上数据公开透明防篡改，再结合借助智能合约技术，可为风控、尽调等环节提供可信、可靠的数据录入及共享。此外，评级、定价环节中的各项信息、流程均公开透明。上链后，ABS 发行方委托评级的客观性与独立性能够得到提升。同时，便利审计流程，提升产品合规性。三是提升效率。区块链技术基于分布式账本，多个主体共同维护链上数据并可进行资产信息的及时流转与共享，既保证了资产的时效性，同时也确保业务的真实性。

“区块链 +ABS”实现多方共赢。从项目方层面，引入真实底层资产，可降低融资及沟通成本，加速资金流转并提升分配效率；从中介机构层面，可提升尽调效率，快速掌握资产违约风险；从投资者层面，使所投资产透明度增加，也使估值及定价更为合理；从监管层面，强化穿透式监管要求，提前防范金融风险。

5.6.4　跨境支付结算

随着全球一体化进程的不断加快，跨境贸易规模持续增大，跨境支付的交易量也在不断攀升。随着跨境贸易活动的快速发展，跨境支付规模日益扩大，传统支付产品面临流程长、效率低的挑战，特别是记账过程是交易双方分别进行，由于信息不对称，通常需要耗费人力物力完成跨多个机构对账，容易出现对账不一致的情况，影响结算效率。

目前，金融机构大多通过 SWIFT（Society for Worldwide Interbank Financial Telecommunication，环球同业银行金融电讯协会）来完成跨境支付金融和结算。SWIFT 成立于 1973 年，主要业务是以可靠的方式交换标准化的金融报文帮助用户安全地通信，目前报文传送平台、产品和服务已对接全球超过 1.1 万家银行、证券机构和企业用户，覆盖 200 多个国家和地区。SWIFT 建立了统一的账户的表达方式，加入 SWIFT 的机构都会有自己的身份代码，它又被称为银行识别码（Bank Identifier Code，BIC）。每个 SWIFT 成员机构也会有统一的客户账户的表达标准，即国际银行账户号码（International Bank Account Number，IBAN）。通过 SWIFT 网络进行跨境支付交易时，收付款银行须同为 SWIFT 会员机构，若有一方不是 SWIFT 会员，则需要借助第三方 SWIFT 会员代理银行完成支付交易。

但是，由于跨境金融机构间系统不相通，同时业务占比低以及对手方存在不确定性，很难构建直接合作关系，因此，直接结算成本高、结算周期长。传统跨境支付存在交易时间长、交易受不同国家地区限制、交易成本较高以及缺乏透明度等痛点，具体来说，主要存在六方面的主要问题。其一，交易时间长。传统跨境支付需要经过付款、清算、收款等多个环节，以及审查、清结算、对账等流程，可能受到各国、各地区时差及营业时间限制，最长可达数天以上。其二，安全性差。跨境汇款相关信息在各环节、各机构均有停留，此外信息保护水平受不同国家监管、技术、市场等因素影响。SWIFT 系统持续被攻击，造成的损失也越来越大。这些事件中黑客都瞄准 SWIFT 银行间转账系统，对相关银行实施攻击和窃取。其三，稳定性差。由于存在的环节、节点较多，其中一方的变动容易带来对整体的较大影响。其四，透明度差。信息共享流程与监管流程较为复杂，难以实现透明性。其五，成本高。传统跨境支付模式包括支付处理成本、接收费用、财务运营成本和对账成本。麦肯锡报告显示，银行使用代理银行完成一笔跨境支付的平均成本在 25 美元到 35 美元，该成本是使用自动票据交换所（Automatic Clearing House，ACH）完成一笔国内清结算支付成本的 10 倍以上。依赖传统的中介，如商业银行等机构以提供信用证明、记账服务等，中介成本高。其六，会员制可进入门槛高。传统跨境支付模式中，并不是所有银行都能加入 SWIFT，非会员银行开展跨境支付业务只能通过中间代理银行开展，造成不便。因此，传统跨境支付由于流程众多，涉及多中间机构的划转，由此带动相应的支付费用上升。此外支付、清结算流程更为复杂，导致后续资金清分过程过于冗长。

将区块链技术应用于跨境支付领域相当于创建了一个跨国金融机构间的点对点网络，汇出行和汇入行的交易需求可以直接匹配，大幅缩短结算周期，降低了 SWIFT 体系中的流动性损失，资金运作和换汇成本。区块链在跨境支付的应用主要体现在，通过一种金融交易的标准协议，实现全世界的银行、企业或个人互相进行点对点金融交易，无须类似 SWIFT 的中心管理者，直接实现跨国跨币种的支付交易。相较于传统的跨境支付模式，基于区块链的跨境支付模式拥有效率更高、成本更低、流动性更强、权利更平等的优势。

区块链可以应用在支付结算，特别是跨境支付与结算，主要原因集中在以下七个方面。一是去中心化。区块链是一个分布式数据库，没有中心化的控制机构。这意味着没有单一的中介机构需要参与支付和结算过程，减少了中间环节和相关的费用。二是透明性和可追溯性。区块链上的交易记录是公开可查的，所有参与者都可以查看和验证交易的有效性。这种透明性和可追溯性可以提高支付结算的安全性和可信度。三是安全性。区块链使用密码学和分布式共识算法来确保交易的安全性。每个区块都包含前一个区块的哈希值，这使篡改数据变得极其困难。此外，区块链上的交易需要通过多个节点的验证才能被确认，进一步增强了安全性。四是效率高。传统的跨境支付通常需要多家中介机构和银行参与，导致时间延迟和高额手续费。而区块链可以提供快速和廉价的跨境支付解决方案，因为它可以直接连接不同的参与者，减少了中间环节和相关费用。传统跨境支付模式中银行会在日终对支付交易进行批量处理，银行间需要进行人工对账，通常一笔跨境支付需要至少 24 小时才能完成。而基于区块链的跨境支付接近于实时，并且是自动的，它可以 7×24 小时不间断服务。汇款方可以很快知道收款方是否已经收到款，从而了解这笔支付是否出现了延迟或者其他问题。全球第一笔基于区块链的银行间跨境汇款在传统支付模式中需要 2 到 6 个工作日，但使用了 Ripple①的技术，8 秒之内就完成了交易。五是成本低。麦肯锡报告称区块链技术在 B2B 跨境支付与结算业务中的应用将使每笔交易成本从约 26 美元下降到 15 美元，其中约 75% 为中转银行的支付网络维护费用，25% 为合规、差错调查，以及外汇汇兑成本。Ripple 称基于区块链的跨境支付应用能将支付处理成本降低 81%，通过更少的流动性成本和更低的交易风险将财务运营成本降低 23%，通过即时确认和实时进行流动性监控将对账成本降低 60%。六是智能合约。区块链可以支持智能合约的执行，这是一种在交易发生时自动执行的计算机程序。区块链的智能合约能够依照事先制定的规则自动执行，从而提质增效。例如，跨境支付须依照 KYC 政策审核客户身份，而借助区块链智能合约限定价值传输的条件，能够提升交易自动化程度。智能合约可以自动化支付和结算过程，提高效率，并减少人为错误和欺诈的可能性。七是降低了跨境支付参与方的门槛。传统跨境支付模式中，并不是所有银行都能加入 SWIFT，而且加入 SWIFT 的经济性有待商榷。而基于区块链的支付模式则更为平等，无论大小银行、大小金融机构，都能成为平等交易的主体，而这种平等对接的实现所仰仗的是所有使用区块链技术的机构对区块链技术的信任。综上所述，区块链的去中心化、透明性、安全性、快速和廉价的跨境支付以及智能合约的支持，使其成为应用在支付结算领域的理想选择。

2018 年 9 月，中国人民银行金融区块链平台在深圳上线运行。利用区块链可以解决跨境贸易中信息孤岛问题，降低数据获取门槛，提升政府多部委之间的数据共享，加强金融对实体经济的服务能力。央行贸易金融平台将发挥中立性、专业性和权威性特点，现已落地跨境融资、国际贸易账款监管、对外支付税务备案等多项业务。

① Ripple 是跨境支付区块链应用最早也是最成熟的解决方案，由 Ripple 实验室（RippleLabs, Inc.）于 2012 年开发出来，是一个开源的用于金融交易结算的互联网协议。Ripple 通过 RippleNet 连接银行、支付服务供应商、数字化货币交易平台和企业，使用数字货币 XRP 为全球支付提供流畅体验。

5.6.5 供应链金融

传统供应链金融场景存在较多业务痛点，例如参与环节过多、交易链条过长、企业之间信息割裂、交易场景真实性难以识别等。区块链具有分布式、防篡改、可追溯等特征，可使供应链参与方提前设定好规则，实现数据互通及信息共享。目前，区块链＋供应链金融在企业采购、票据、融资担保、保理、三农、乡村振兴等领域得到广泛、科学的应用，给传递核心企业信用、丰富可信贸易场景带来全新发展动能。金融行业应用数字化程度高，且具有参与者之间信任度较低，交易记录安全性和完备性高的特点，与区块链技术应用特点十分契合。各类金融资产，如股权、债券、票据、仓单等都可以被整合到区块链账本中，成为链上的数字资产，在区块链上进行存储、转移、交易，使金融交易更加便捷、直观、安全。企业供应链中的资金流，现金只是一小部分，绝大多数采用“票据”进行结算，大量应收账款躺在账上难以流动，因此，供应链企业盘活应收账款的金融需求客观存在且需求量大。处于弱势地位的中小企业面临“融资难、融资贵”的困境。传统供应链金融服务使用应收账款保理、质押等融资方式，操作手续复杂、融资成本高、道德风险难以防范，利用区块链技术的高可信、防篡改、防抵赖特性，使信用能有效在核心企业与上下游供应商之间传递，实现信用传递的可信、可靠流动。供应链金融多方参与业务的特性与区块链技术框架高度契合，区块链可以解决供应链金融中信息的“存”和“证”难题，高效融合实物流、数据流、信息流、资金流，进一步响应区块链赋能实体经济的号召。区块链将信息流、物流、资金流整合，实现“三流合一”，有助于提升信任穿透水平，解决中小微企业“融资难、融资贵”问题，赋能中小企业，降低企业融资成本，提高融资效率。

浙商银行于2017年8月推出了业内首个基于区块链技术的应收款平台。应收款链平台将企业供应链中沉淀的应收账款改造成为高效、安全的线上化的“区块链应收款”。对核心企业来说，其签发的区块链应收款可在供应链商圈内流转，实现圈内“无资金”交易，减少整个产业链条的外部资金需求，有利于构建健康稳定的供应链生态圈；对下游中小企业来说，其收到核心企业签发的区块链应收款后，不仅可以向上游供应商进行支付，还可随时转让给银行进行融资变现，能够有效缓解企业“融资难、融资贵”问题，降低企业负债。此外，蚂蚁区块链发布基于区块链技术的供应链协作网络蚂蚁双链通，这项应用将解决供应链上下游，特别是制造业中小企业的融资难题；腾讯云发布区块链供应链金融仓单质押解决方案，搭建了一个能够快速担保、可信确认的融资平台，融资效率得以大幅提升；联想集团在区块链与产业链的“双链”融合基础上推出区块链供应链金融平台；度小满基于区块链等技术构建出供应链科技平台等。

因此，以金融机构、核心企业、上下游企业为组织成员构建联盟链，并在该联盟链上通过智能合约实现供应链金融业务，通过安全可靠的去中心化的跨链机制打通不同核心企业、不同产业的供应链壁垒，消除了供应链金融中的信息不对称，降低欺诈、虚假交易、重复融资的风险，解决了金融机构与核心企业、上下游小微企业之间数据共享问题，通过去中心化跨链实现了从单一产业供应链到多产业供应链之间的信用传递、管控了智能合约管控履约风险、提升了监管便利性、降低了融资成本、提高了融资效率，达到构建规模更大、生态更完整的供应链金融体系的目的。

5.6.6　数据共享

区块链技术可以推动医疗、征信、公益等行业数据共享，推进在公共服务、社会治理、市场监管等领域的应用，促进跨部门的数据交换和共享。共享数据涉及隐私问题，需要平衡监管与隐私。

上海第一人民医院和安徽省医院率先上线区块链电子病历，制定了统一的电子病历展现标准。阿里健康将区块链技术应用于常州市医联体，以解决长期困扰医疗机构的“信息孤岛”问题。贵州省扶贫基金会的区块链智慧公益平台，实现了公益活动过程中信息与行为的全流程存证、全周期追溯与审计。蚂蚁金服未来区块链公益场景，让更多的公益组织、审计机构进来，让项目便于审计，方便公众和社会监督，让区块链真正成为“信任的机器”。

5.6.7　信任计算

区块链在信任计算领域的应用，是指通过区块链技术来建立和计算参与者之间的信任度和信任关系的过程。传统的信任模式通常依赖中心化的第三方机构或权威机构来验证和维护信任，而区块链的信任计算则通过去中心化和分布式的机制来实现信任。信任计算主要依靠区块链的四方面优势。一是共识机制。区块链网络中的节点通过共识机制来达成一致，验证和记录交易与数据。不同的共识机制，如工作量证明（Proof of Work）、权益证明（Proof of Stake）等，可以确保网络中的参与者遵守规则，并排除恶意行为，从而建立信任。二是去中心化。区块链是一个去中心化的网络，没有中心化的控制机构。参与者通过共同维护和验证区块链的完整性和一致性，建立了点对点的信任关系。三是透明性。区块链的交易和数据是公开可查的，任何人都可以查看和验证。这种透明性使得参与者可以自行验证交易和数据的真实性，从而建立信任。四是不可篡改性。区块链上的数据是以区块的形式链接在一起，并使用密码学技术保证不可篡改。这种不可篡改性确保了交易和数据的真实性和可信度，增强了信任。

通过信任计算，区块链可以在没有中心化机构的情况下实现信任的建立和维护。这为各种应用场景提供了新的可能性，包括金融服务、供应链管理、身份验证、物联网等。在彩票、摇号抽签、游戏装备领域，中心化系统无法“自证清白”，区块链为可证公平的随机数生成提供了天然的基础。利用智能合约，将开奖、兑奖环节在区块链上完成，保证公平、公正、公开。然而，区块链的信任计算也面临一些挑战，例如性能问题、隐私保护和合规性等，需要综合考虑和解决。

5.6.8 慈善公益

在慈善公益领域一直存在着虚假慈善项目、善款被盗用挪用、诈捐、慈善机构管理不善等问题。其背后的根本原因是公益领域的信息公开不及时、不透明、缺少第三方监管与审计。利用区块链技术，可以将公益领域中爱心人士、公益平台及受捐助者三方的数据上链，如图 5–5 所示。基于区块链具有的防篡改、分布式、数据透明等特性，可以使善款的捐赠、调配、使用等各个环节的数据可信并且透明，落实每一笔善款的用途。而利用区块链的智能合约自动化的特性，能有效解决传统公益项目中流程复杂、暗箱操作等问题。并且相关监管机构、社会公众可以对公益项目整个生命流程进行监管和审计，促进公益事业的良性发展。

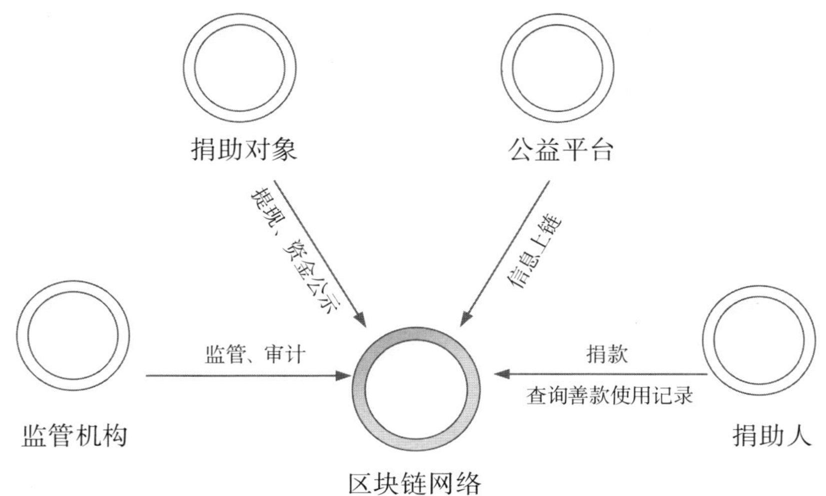

图 5-5 基于区块链的慈善捐赠管理平台

2020 年 3 月，雄安集团上线基于区块链的慈善捐赠管理平台。在新冠疫情期间，雄安集团利用区块防篡改、可追溯等特性，向防疫物资捐赠提供记账服务。捐赠人可以通过公共节点填报捐赠信息上链，平台负责将物流信息、接收情况等上链，并接受社会监督，提高了捐赠信息的透明度和公信力。

5.6.9 智慧城市

智慧城市（Smart City）的概念，最早起源于 2008 年 IBM 公司提出的“智慧地球”这一理念。2008 年 11 月，IBM 在美国纽约发布的《智慧地球：下一代领导人议程》主题报告中提出了“智慧地球”的概念，其核心内容是把新一代信息技术充分运用于城市建设与管理中。随着信息技术的进一步发展，智慧城市的内涵也不断丰富，其实质可归纳为：利用大数据、物联网、人工智能等先进信息技术，实现城市建设、城市管理和运营的智慧化，进而为城市提供更好的服务，促进城市的可持续发展和健康协调发展。

智慧城市的愿景与目标，一是透明高效的在线政府；二是精细精准的城市治理；三是无处不在的惠民服务；四是自主可控的安全体系；五是融合创新的信息经济。然而，当前智慧城市的建设面临三大挑战。其一，接入设备的身份认证和通信安全问题。各种传感器采集城市方方面面的信息，接入设备涉及身份可信度辨识、访问控制、设备互联互通。海量设备的接入使身份认证和通信安全成为安全隐患。其二，数据共享和交换时的个人隐私信息保护问题。个人隐私包括个人的基本信息，如年龄、性别、姓名、身份证、单位等；属性偏好信息，如性格偏好、出行情况、个人收入等；其他多样信息，如社保、医保、家庭信息等。在实现数据的共享、交换和融合的过程中，如何保护个人隐私信息，是当前智慧城市建设亟待解决的关键问题。其三，跨部门、跨机构间数据共享和交换困难问题。由于数据是分散的，跨部门数据调动、业务协同困难，造成数据孤立和隔离。实现数据共享、交换和融合的难度很大，大大降低了智慧城市的建设和效益，违背了智慧城市“有机融合”的理念。

趣链科技采用“核心链 + 应用链”多层链网融合的新型区块链底层架构搭建人民链、雄安链，并在吞吐量、跨链协同、数据可信交换、安全等痛点问题方面实现创新突破，已达到国际领先水平。其中，趣链科技主导建设支持异构多链的跨链互操作系统，加快构建横纵贯通、覆盖雄安新区的价值互联网体系。

5.7　小结

区块链，是一种在对等网络环境下，通过透明和可信规则，构建不可伪造、不可篡改和可追溯的块链式数据结构，实现和管理事务处理的模式。通过应用区块链技术，能够保证信息的完整性与可靠性，有效解决信息交互过程中存在的信任和安全问题。区块链本质是一种特殊的分布式账本技术，以去中心化或多中心化的方式集体维护分布存储的可信数据，提供一种在没有权威中心见证的环境中进行可信信息与价值传递交换的机制。区块链的基本技术原理可以归纳为：一个基本概念、两个关键要素、三项核心机制和四个主要特征。

一个基本概念，是指区块链是多种传统技术的整合创新。区块链是多种技术的创新整合，是点对点网络、数据加密、分布式数据存储、共识机制等一系列技术的融合。区块链将各项相关技术要素集成，带来了全新的分布式协作模式，资产、权属、流程在分布式协作网络中被重新定义，这是区块链最大创新所在。

两个关键要素是区块和智能合约。区块作业是区块链数据存储的基本单元，通过一种巧妙的密码学机制进行串联，如同一条编号的链条，必须按照顺序组装，试图修改内容、调整顺序的企图都将被机器识别和拒绝，因此区块链上的数据一旦被记载，即成为一个可靠、可信、公开、无法被修改的记录。这是区块链上数据、合约不可篡改、可追溯的核心技术。智能合约可视作一段部署在区块链上可自动运行的程序，是机器自动执行双方或多方约定的协议，一旦约定的条件得到满足，没有任何人能阻止协议的履行。智能合约的执行不需要也不能被任何人干预，不可篡改，让所有人都可以参与验证智能合约的执行，这是对社会信用的一大变革。

三项核心机制包括分布式账本机制、安全和隐私保护机制、共识机制。分布式账本机制，是指区块链平台由多个参与方组成，每个参与方都有一套账本记载数据，分布式账本就是将数据以一致的方式记载在每一个参与方持有的账本中的技术，确保了各参与方能够及时、准确地获得并记录区块链中发生的所有活动。安全和隐私保护机制由区块链平台通过多种密码学原理进行数据加密实现，通过对数据加密及进行数字签名，防止出现未经授权的数据访问以及篡改数据的情况。共识机制是区块链平台中各个节点达成一致的策略和方法，根据系统类型及应用场景的不同灵活选取。公有链如比特币采用的是 Pow 算法，而许可链往往采用 BFT、类 BFT 共识协议等共识机制，具备更好的系统健壮性、更高的性能。

区块链技术可以归纳为四个主要特征，即去中心化 / 多中心化、不可篡改、高安全性和智能合约。一是去中心化 / 多中心化。公有链由所有参与者共同记录数据，由共识机制保证数据记载的一致性，并以加密机制保证数据不被篡改，三位一体地构建一个在没有权威中心的场景下由所有者共同记账的机制，实现了去中心化。联盟应用模式下，对于参与者的加入、退出存在一定的管理，并且参与方数量可控，去中心化转化为参与方都是中心的多中心概念。去中心化和多中心化是一个同源的概念，对应不同规模和形态的区块链模式。二是不可篡改。对某一时间点的交易信息生成区块，区块首尾相连形成可完整验证、可追溯历史的数据链，用特定的数学算法确保链的顺序以及链上的数据可以唯一确定、不能篡改，并支持为每一笔数据提供检索和查找功能，可逐笔验证，证明数据原始信息，不可伪造、篡改、删除。三是高安全性。存储在区块链上的数据由所有参与者共有且公开。在许可链上，记载上链的数据可以加密、带有权限属性，只有在数据拥有者授权的情况下才能访问、解密，从而保证数据的安全性和隐私性。四是智能合约。智能合约是内嵌于区块链上自动运行的程序，在各参与方节点运行，其涵盖的范围包括编程语言、编译器、虚拟机、事件、状态机等。在满足合约条件时，智能合约会根据约定的规则，自动触发执行约定的指令（如资产清算、赔偿、交割等）。

从作用上来看，区块链技术可促进数据共享、优化业务流程、降低运营成本、提升协同效率、建设可信体系。从推进任务上来看，要加强基础研究，制定标准体系，促进产业发展、推动技术融合，培养人才队伍。从现有领域来看，聚焦数字金融、物联网、智能制造、供应链管理、数字资产交易。从应用场景来看，集中在金融业、商业、民生、智慧城市、城际互通、政务服务。从风险防范来看，强调自律和依法治理。

当前，区块链处于发展初期，企业尚未建立成熟模式。我国拥有强大的内需市场和丰富的应用场景，在区块链领域拥有良好基础，特别是联盟链发展迅速。多数区块链企业仍以项目开发为主，行业应用有待深入、产业基础还须夯实、生态培育有待加强。因此，要持续打造基础设施，深化实体经济和公共服务领域融合应用。一是打造基础设施。从研发“城市级”底层、打造区块链基础设施、促进链网融通发展三个方面着力。二是提升公共服务。从政务服务方面，促进业务协同办理；从存证取证方面，建立新型存证取证机制；从智慧城市建设方面，促进生产要素有序流动。三是赋能实体经济。从供应链管理方面，构建协作生产体系；从产品溯源方面，提高质量管理服务水平；从数据共享方面，促进数字经济模式创新。

第 6 章　“区块链 + 物联网”及其价值

区块链作为一种“信任提升”的技术工具，为供应链金融业务提供一个可信的数据流转环境，还需要辅以业务流程约束设计，明确各关联方的责任和权利，对全流程各环节信息进行多方验证，并结合物联网等其他技术进行控制与校验，才能实现数据真实性的逻辑闭环。

6.1　物联网技术

物联网的关键基础技术包括感知层技术、网络层技术、应用层技术。

6.1.1　感知层技术

感知层将各类物体和环境的感知信息采集并接入物联网网络中，其分支包含传感技术、标示与识别技术、视频技术与定位技术等。传感技术实现从自然信源中获取信息，借助传感器与传感网络，将物理世界中的温度、压力、流量、位移等信息转变为数字信号。标示与识别技术的典型代表是条码、RFID 标签等，可将物理世界中的对象进行唯一的标示与识别连接。视频技术基于摄像机与智能化图像处理技术，可对拍摄的画面进行分析识别，进而实现识别、计数、比对、入侵检测等功能。定位技术借助卫星、蜂窝网络、传感器节点定位等手段，感知人和物体的位置与移动关系。

6.1.2　网络层技术

网络层包含各种感知数据与控制信息的通信功能。无线通信技术支持各类终端设备以灵活的方式接入网络，包括短距离的 Wi-Fi、蓝牙、ZigBee，长距离的

4G/5G 蜂窝移动通信、LoRa、NB-IoT 等。网关技术是感知网络与通信网络的纽带，具备数据汇聚与控制现场设备的功能。网关向下对接感知层的海量异构终端，向上统一对接物联网平台层，实现灵活性组网。

6.1.3 应用层技术

应用层实现对数据的处理、存储、查询、分析，最终提供行业智能化解决方案，其支撑技术包括中间件、云计算、边缘计算与大数据。中间件实现了物联网中异构网络互相通信的功能。云计算分布式并行的模式具备高规模、低成本、好扩展、易开发的特点，高度符合物联网业务平台的部署需求。借助边缘计算技术设计的“端—边—云”协同架构可降低网络传输成本，提高时效性与安全性。海量物联网数据经过汇聚和储存后，可通过大数据相关技术实现深入分析与挖掘，通过规则与建模，形成业务指导结论。

6.2 政策环境

2016年，国务院发布《“十三五”国家信息化规划》，首次将区块链与物联网纳入新技术范畴并作前沿布局，标志着我国开始推动区块链技术和物联网技术的融合应用发展。2020 年，国家发展和改革委员会首次明确了“新基建”的范围，区块链与物联网被纳入“新基建”信息基础设施中；2021 年，“十四五”规划发布，区块链与物联网被纳入数字经济重点产业，发展区块链技术与物联网技术正式被上升为国家战略。各地产业政策密集出台，对区块链与物联网技术的应用及发展进行了鼓励和引导。政策文件的密集发布显示出了我国各地对积极发展区块链、物联网技术与产业的决心。区块链、物联网相关主要国家和各部委的产业政策汇总如表6–1所示：

表 6-1 国家和各部委区块链与物联网产业政策

发布单位	发布日期	政策或规范	主要内容
国务院	2016 年 12 月 27 日	《“十三五”国家信息化规划》	加强区块链等技术基础研发和前沿布局；积极推进物联网发展，推进物联网感知设施规划布局，发展物联网开发应用
网信办	2019 年 1 月 10 日	《区块链信息服务管理规定》	规范了我国区块链行业发展所需的备案依据，意味着我国对于区块链信息服务的“监管时代”正式来临
银保监会	2019 年 7 月 14 日	《关于推动供应链金融服务实体经济的指导意见》	鼓励银行保险机构将物联网、区块链等新技术嵌入交易环节
国务院	2019 年 11 月 18 日	《关于推进贸易高质量发展的指导意见》	推动互联网、物联网、大数据、人工智能、区块链与贸易有机融合，加快培育新动能，增强贸易创新能力
人民银行	2020 年 2 月 5 日	《金融分布式账本技术安全规范》	规定了金融分布式账本技术的安全体系，是国内金融业第一个区块链规范
工业和信息化部	2020 年 5 月 7 日	《关于深入推进移动物联网全面发展的通知》	加快移动物联网网络建设、加强移动物联网标准和技术研究、提升移动物联网应用广度和深度、构建高质量产业发展体系和建立健全移动物联网安全保障体系
人民银行	2020 年 7 月 13 日	《推动区块链技术规范应用的通知》	要求金融机构建立健全区块链技术应用风险防范机制，推动区块链技术在金融领域的规范应用
人民银行	2020 年 7 月 13 日	《区块链技术金融应用评估规则》	从顶层设计的角度给出一整套区块链金融应用的评估规范
全国人大	2021 年 3 月 12 日	《中华人民共和国国民经济和社会发展第十四个五年规划和 2035 年远景目标纲要》	加快数字发展，建设数字中国，进一步发展云计算、大数据、物联网、工业互联网、区块链、人工智能、虚拟现实和增强现实七大数字经济重点产业
工业和信息化部等八部门	2021 年 9 月 27 日	《物联网新型基础设施建设三年行动计划（2021—2023 年）》	到 2023 年年底，在国内主要城市初步建成物联网新型基础设施，社会现代化治理、产业数字化转型和民生消费升级的基础更加稳固

此外，区块链与物联网也已经成为各省、直辖市发展数字经济的重要驱动力，各地出台了大量涉及区块链、物联网技术应用与产业发展的相关政策。

6.3　仓单与动产质押的融资痛点分析

在动产监管、动产融资等产业金融服务场景中，金融机构需要监管抵押、质押物，但经常面临货物无法有效监管，价值无法有效跟踪等痛点及难点。一是看不清,在库货品情况不清晰。二是摸不透,资产价值盘点难,跟踪难。三是管不了，无法进行有效的出入库监管。四是卖不掉，资产处置难，主体信用不足，操作有风险。

6.4　“区块链 + 物联网”解决方案

区块链的去中心化、可追溯特征与“万物互联”的物联网技术结合，可以构建“物理世界 + 链上数据”的产业链金融体系。“区块链 + 物联网”解决方案通过物联网设备采集数据，并由区块链固化、共享数据，物联网技术与区块链技术的结合弥补了各自的短板。物联网技术可以将现实世界数字化，在区块链中形成不可篡改的数字资产，实现数字孪生，并在数字世界利用物与物的数据信息创造更多价值；而区块链技术可以解决物联网中心化架构下安全性低、拓展性差等问题，提升物联网边缘计算能力、安全防护能力、隐私保护能力、拓展能力等。运用区块链 + 物联网可在工业生产、仓储物流等领域打造更为客观的企业信用体系，强化企业物资及经营动态的高效监测，从而使企业增信更为可靠。

6.4.1　仓单质押融资平台解决方案

将区块链技术与仓单质押融资场景融合，结合智能仓储、物联网、人工智能、大数据分析等技术，解决传统仓单质押融资过程中的仓单造假、一单多押、虚假抵押、贸易商挪用资金、确权难，估值难等问题，实现多方确权和协同，助力金融机构监控融资风险，切实解决中小微企业融资难问题。基于区块链的仓单质押融资平台如图 6–1 所示。首先，通过物联网、大数据、人工智能技术联动，对进场货物进行识别、采集、监控或警告，并将相关事件记录在区块链上。物联网是万物互联的“神经突触”，取代人工输入数据，确保数据的真实性、客观性、多维性，实现仓单记载货物信息的多样性交叉验证、真实可信。其次，将仓单转化为链上数字资产，关联映射真实资产与数字信息及操作，实现质押交易流程数字化管理，一定程度上规避了货物重复融资的风险，实现可信金融凭证（仓单）穿透底层资产。

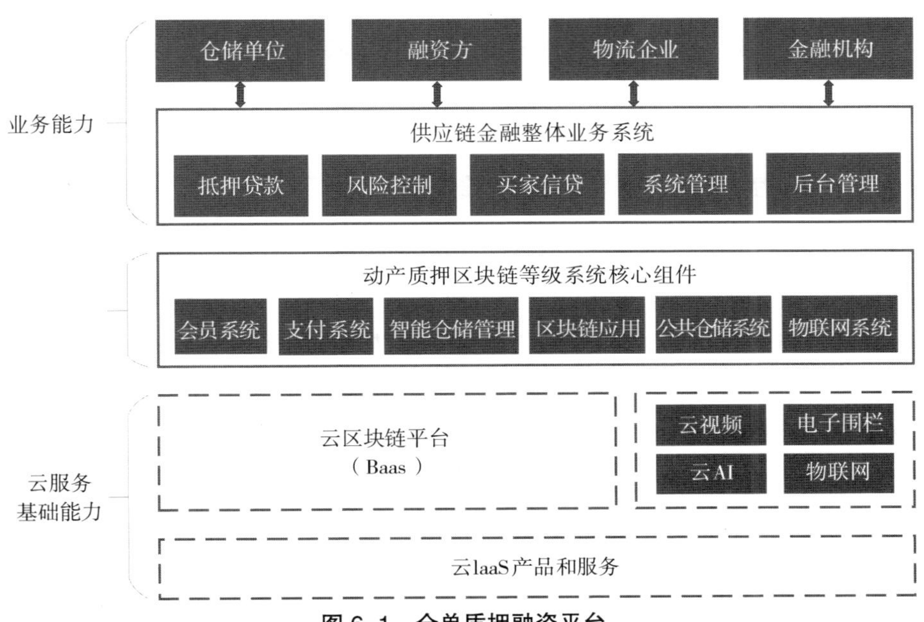

图 6-1　仓单质押融资平台

基于区块链 + 物联网技术打造多机构参与的仓单质押融资平台，能够连接商户、金融机构、仓储管理、物流公司、监管机构，将交易过程中的货物、单据、物流、监管信息等数据流上链，让真实世界中的货物信息与电子单据信息进行相互验证，满足企业对在途和仓储实物商品融资的需要。通过区块链 + 物联网，一方面，实现对在仓、在途货物监控的实时穿透底层资产的电子仓单，解决动产融资权属不清、重复质押等难题；另一方面，融合主体信用及技术信用，CFCA 数字身份认证，上链数据满足司法鉴定要求。实现的主要价值集中在三方面。一是提高效率。通过多方共享，统一账本信息，打通贸易相关数据流，实现贸易各环节的实时跟踪和贸易融资的全流程管理；通过数字加密和智能合约自动执行，简化贷前调查、贷中审核、贷后管理等贸易融资相关流程；通过纸质文件的电子化，提高单据的流转速度，进而提高效率。二是降低风险。基于区块链的仓单质押融资平台打通多方贸易相关数据流，有利于银行快速准确地进行信息的验证和对比，提高对贸易背景真实性的把握，极大地减少相关方人为造假的风险，避免重复融资及融资诈骗。三是降低成本。流程的简化和信息的实时掌握将极大地减少银行人力成本的投入，解决投入产出比的效益问题。线下转线上免去了多渠道搜集信息的高成本，银行可以以更少的人力投入去做更多客户的更多业务，从而实现巨大的规模效益。同时，成本的降低有利于提高银行为客户提供个性化服务的积极性，允许银行根据客户实际需求制订个性化解决方案。

6.4.2 赋能期货交易中的仓单质押

期货交易所及中介机构在期货服务中，会提供仓单质押、仓单流转等服务，但存在货物难定位、归属难认定、价值难评估等问题。区块链与物联网的结合能够有效破解这些难题。借助联盟链的数据集体维护、不可篡改、可追溯性等特征，可防范仓单重复质押等问题。联盟链开展仓单确权后，银行等机构可放心为企业放贷，再利用物联网技术使货物状态多点接入、实时监控等，能够保障货物的真实性。典型应用：大连商品交易所作为区块链底层架构提供方，与交通银行和中粮贸易辽宁有限公司三方共同打造的仓单质押区块链联盟链平台，如图 6–2 所示。商品交易所、商业银行、仓储企业、物流企业、第三方合作机构、产业客户等多方共同组建联盟链，基于区块链技术与物联网技术的有机融合，实现仓单质押的真实性、有效性。

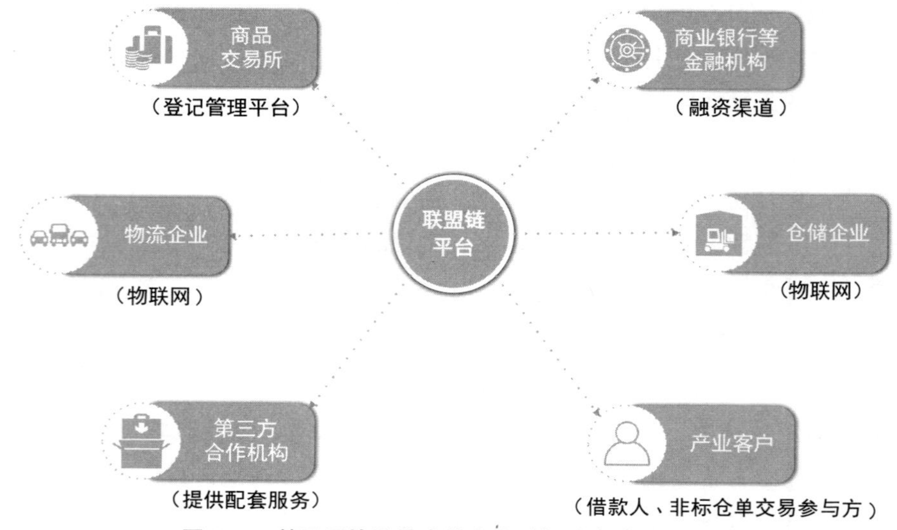

图 6–2　基于区块链技术的仓单质押融资联盟链平台

区块链＋物联网赋能仓单，可实现四方面的价值：一是实时提供仓单质押过程中货物归属认定、货物物理状态参数及定位跟踪等信息。二是解决商业银行在传统仓单质押融资过程中货物监管及所有权认定方面的问题。三是通过引入第三方专业合作机构，可为仓单提供质检、保险、套期保值和仓单处置等其他配套服务，使得仓单资产的信用等级得到提升，同时提高仓单流动性。四是有效打通大宗商品企业仓单质押融资的融资堵点，同时填补此前商业银行在非标准仓单质押领域的空白。

第 7 章　区块链赋能供应链金融的理论分析

供应链金融就是以供应链为基础，银行将核心企业和上下游企业联系在一起，提供灵活运用的金融产品和服务的一种融资模式，其整个融资过程涉及银行、供应链核心企业及其上下游企业为实现商流、信息流和资金流的统一而带来的频繁协作。在供应链金融流程中，供应商、核心企业、银行、金融机构等多方并存，这类多主体、非高频交易是较为适合区块链技术应用的场景。供应链金融领域区块链应用创新并非将传统业务直接迁移上链，而是利用区块链信任提升的特性简化业务流程、节约人力物力成本，对金融业务进行赋能与增效。区块链技术应用于供应链金融领域，充分发挥了区块链作为“信任机器”的优势，即区块链从技术层面保证链式账本所存储数据无法被恶意篡改，有助于解决多方业务协作场景中为维护信用而导致的成本居高不下的问题。基于区块链技术，可实现应收账款、票据、仓单等资产数字化，并且留下数据存证，降低票据作假、重复质押等风险，缓解信息不对称的问题，并基于智能合约属性使供应链金融业务顺利开展。

7.1　传统供应链金融的痛点

供应链金融主要是基于供应链上下游的业务数据实现风险评估，数据流的透明度与流畅性是供应链金融发挥作用的重要基础。供应链金融在消费品、汽车、传媒与 IT、能源行业、制造业、物流与运输以及专业服务领域都有广泛应用，行业前景巨大。在供应链金融业务实际运行过程中，还需要解决四大痛点：一是多家系统整合对接效率低；二是贸易背景真实性审核难度大；三是基于第三方认证的中介成本高；四是中心化存储安全隐患高。

7.1.1　多家系统整合对接效率低

供应链运行过程中，各类信息分散保存在各个环节中。供应商的货物信息存储在供应商的仓储信息中，发货信息掌握在物流公司手里，资金信息分布在银行系统内，信息流信息则由核心企业掌握，整个供应链信息不透明、不流畅，各个参与主体难以了解交易事项的进展情况。供应链金融的开展主要基于核心企业的信用，需要技术手段把供应链中的信息流、物流、资金流进行整合，实践中多采用系统直联的方式，实现数据交互，涉及核心企业 ERP、银行供应链前置系统、供应商 ERP、供应链服务平台等。由于各参与方之间非统一的数据标准，实现系统直联需要各参与方进行系统改造，耗费大量的人力、财力。实践中，也有部分核心企业出于系统安全的考虑，不愿开放 ERP 系统，无法共享数据。

核心企业信用只能传递至一级供应商，上游的多级供应商难以直接获取核心企业的信用背书。供应链上游的中小微企业单凭自身条件往往难以满足银行信贷融资标准，导致金融服务无法向供应链更深层次渗透，限制了供应链金融业务规模的发展，信息的高度不对称影响了整个链条的效率，最终也导致整个供应链信用体系难以建立。针对供应链贸易背景而提供的金融服务，也因为信息的不对称而难以高效开展。金融机构往往会出于风控的考虑较为谨慎。因此，亟待新的技术解决方案，以实现更经济、更高效地共享数据。

7.1.2　贸易背景真实性审核难度大

为了明确没有直接合同关系的间接供应关系，金融机构需要投入大量额外的成本来校验相关信息的真实性，导致风控成本居高不下，业务扩展范围受限。在供应链融资中，金融机构是以实体经济中供应链上交易方的真实交易关系为基础，利用交易过程中产生的应收账款、预付账款、存货为质押（抵押），为供应链上下游企业提供融资服务。金融机构通过对供应链上的商流、物流与资金流等历史交易数据进行分析，以此来分析商业逻辑，制定风险控制模型，为供应链客户核定合理的授信额度。虽然供应链金融是基于核心企业的信用，但在融资过程中，真实交易背后的存货、应收账款、核心企业补足担保等是授信融资实现自偿的根本保证，一旦交易背景的真实性不存在，出现伪造贸易合同，或融资对应的应收账款的存在性、合法性出现问题，或质押物权属、质量有问题，或买卖双方虚构交易恶意套取银行资金等情况出现，银行在没有真实贸易背景的情况下盲目给予借款人授信，就将面临巨大的风险。为了核实贸易背景的真实性，金融机构仍会投入大量的人力、物力，多维度验证上述信息的真伪，降低了供应链金融的业务效率。供应链涉及的节点不一，多的时候甚至能跨越十多个地理区域，金融机构很难跟踪、调查清楚所有环节，难以验证产品和服务的真正价值，因此融资时间变长，手续费变贵，中小微企业难以承受。如果能够实现供应链历史数据全程可视，并且不可篡改，将大幅降低金融机构的尽调成本，提升供应链金融业务的整体效率。

7.1.3 基于第三方认证的中介成本高

供应链金融通过自偿性的交易结构设计，专业化的操作环节流程安排，以及独立的第三方监管引入等方式，构筑了独立于企业信用风险的第一还款来源。但这无疑对操作环节的严密性和规范性提出了很高的要求，容易出现操作性风险，因此操作制度的完善性、操作环节的严密性和操作要求的执行力度将直接关系到第一还款来源的效力，进而决定信用风险能否被有效屏蔽。由于缺乏技术手段把供应链生态中的信息流、商流、物流和资金流打通，导致信任传导困难、流程手续繁杂、增信成本高昂。

目前越来越多的金融科技公司依托互联网技术，为核心企业、供应商、经销商以及金融机构提供线上供应链金融服务，一旦出现交易纠纷，需要进行责任划分。因此，需要确保原始交易记录的全生命周期可追溯，保证原始交易数据未被篡改。平台为提高数据的权威性，通常需要借助公证处这类第三方权威机构进行见证，但这种模式必然会增加交易成本、影响效率，可操作性不强。实践中，需要一种安全、高效、便捷和低成本的多方存储解决方案，确保各方都完整保存了数据信息，同时保证数据的安全性、真实性和可靠性。

7.1.4　中心化存储安全隐患高

目前多数供应链金融平台采用中心化 C/S 或 B/S 架构，供应链金融平台的系统应用、交易数据、账户数据采用中心化存储，由企业独立维护。中心化存储模式有较大的数据安全隐患，一方面容易出现数据被内部人员篡改，另一方面可能面临被外部攻击造成整个平台瘫痪的风险，影响系统服务的连续性和可靠性。

与中心式存储相对应的分布式存储，其优势在于每一方都保存了完整的交易信息，不依赖某一个“中心”机构保存信息，相对更加安全、不容易篡改，而且信息的查询和交易理论上都能以更低的成本进行。

7.2　区块链赋能供应链金融模式创新

传统供应链金融场景下的业务痛点，正是区块链等新兴技术的施展之处。通过区块链技术，能确保数据可信、互认流转，传递核心企业信用，防范履约风险，提高操作层面的效率，降低业务成本，如图 7–1 所示（林永民，赵欣，2022）。当前，企业间应收账款规模庞大，行业分布十分广泛，客户数量众多，在流动资产中的占比高，对企业现金流的影响巨大。利用区块链技术不可篡改、去中心化等特征，可实现应收账款的全生命周期管理，解决应收账款存在的真伪难辨、确权难办等痛点，同时达到为应收账款增信的目的，提升参与机构的清算效率。仓单常用于大宗商品的交易，受到国家严格监管，因此仓单的登记和流转过程非常复杂，需要仓库、金融、监管等多家平台协作完成，其安全性和透明性至关重要。将区块链技术应用于仓单业务，建立安全的运行模式，可有效解决票据造假问题，同时提高仓单流通效率。此外，区块链技术还可用于企业全流程的生产经营过程，包括采购、仓储、销售、还款等应用场景。区块链对供应链金融模式的创新主要包括五方面。

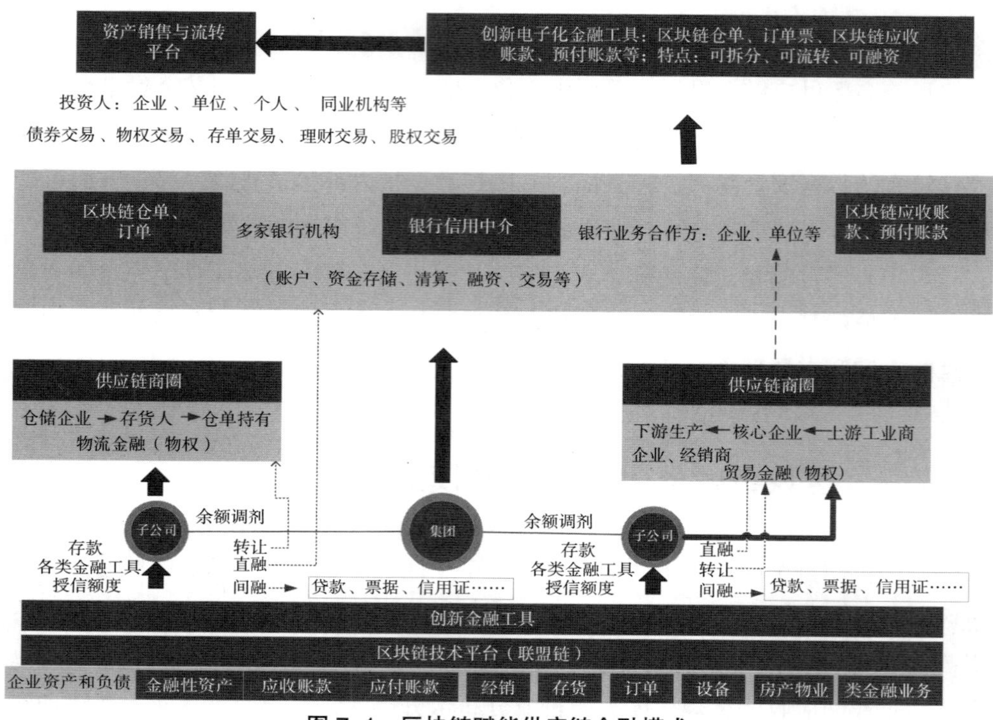

图 7–1　区块链赋能供应链金融模式

7.2.1　重构供应链金融的信任体系

中小企业基于供应链金融融资难的第一个难题是信任体系不完善。传统供应链金融企业融资依靠的是核心企业的控货能力和销售调控能力，银行只信任核心企业的一级供应商，导致供应链上中小微供应商的融资需求得不到满足，其根本问题是银行与中小微供应商无法建立信任体系。供应链金融平台的出现，能够对接银行、保理公司、核心企业、中小微供应商等企业，利用平台的公信力和业务能力为中小微企业信任背书，其实质是为供应链金融上下游企业建立信任体系，即对供应链金融公司、平台及其相关背书企业的信任。但是，供应链金融所构建的这种信任依然存在着脆弱性。随着供应链金融平台的对接企业不断增多，平台业务量和交易金额不断上升，这种基于企业或平台的信任体系极易遭到破坏。

区块链技术将重构供应链金融的信任体系。一是采用多方维护共同写入的分布式账本技术将供应链上的合同、单据、发票等多种信息分享给有权限的企业，利用 P2P 网络将核心企业及上下游企业、金融机构等连在一起，解决供应链金融信息无法传递、数据无法存证鉴权的问题。传统供应链金融中，存在多个中介机构，例如银行、保险公司等，这些中介机构需要进行信息验证、信用评估等烦琐的流程，导致融资时间长、成本高。而区块链技术可以建立去中心化的信任机制，使参与方可以直接进行交易和合作，无须中介机构的介入，从而提高融资效率。二是引入密码学技术使每个参与者都具有各自的身份证书，区块链账本中的内容可追溯但不可篡改，任何有权限的参与者对账本的操作都会记录在案。供应链金融中的各个环节包括订单、发货、收款等信息都可以被记录在区块链上，参与方可以实时查看和验证这些信息，减少了信息不对称和欺诈的可能性，降低了供应链上多方贸易真实性调查的成本。提高了融资的安全性和效率。三是通过共识机制能够确保链上共同协作的节点达成安全、有效、民主的一致性认识，从而代替或升级传统的供应链金融平台。四是利用智能合约实现合同的自动执行，避免主观因素的干扰。区块链技术通过将交易数据以分布式账本的形式存储在多个节点上，实现交易数据的透明和可追溯。

7.2.2 助力电子票据的分割流转

中小企业基于供应链金融融资难的第二个难题是票据的分割与可信流转。供应链金融本质上是为中小微企业提供快速灵活的贷款服务，中小微企业之所以出现“融资难、融资贵”的问题，其原因在于上游供应商及核心企业之间的合同及债权难以拆分，供应商没有得到应收账款凭据且自身又缺少可用于抵押融资的资产，导致来自核心企业的信任无法沿供应链条传递到末端。包括银行在内的金融机构受政策限制及风险控制等因素影响，对供应链金融中小微企业贷款也持谨慎态度，经常以较高的利率和复杂的审核机制来降低信贷风险。虽然传统的供应链金融平台可以依靠自身有限的公信力实现债权拆分，为供应商提供融资凭据，但随着供应链条的延伸，这种信任度将加速下滑。其背后的根本原因在于中心化的信息平台还存在数据篡改、数据泄露等问题，难以自证清白，更增加了银行信贷风险。

区块链的引入能够有效解决现有债权凭据难拆分问题，且可以沿供应链条做无衰减的流转。首先，区块链采用 P2P 网络结构，任何有权限的节点企业均可以获得与其相关的完整账本信息，实现多方参与，共同管理，避免传统中心化系统数据篡改、数据泄露等问题。其次，核心企业产生的债权凭据可以在区块链上按不同的应收账款额度灵活拆分，任何拆分行为都会通过有效的共识，全网广播后记录在链上且不可篡改，银行可以完全信任链上业务数据。基于区块链将应收账款转化为电子支付结算和融资工具，可实现签发、承兑、保兑、支付、转让、质押、兑付等业务，盘活了原本流动性较差的应收账款资产，为供应链核心企业及其成员单位、上下游企业拓展了创新型融资渠道，构建了供应链金融生态。最后，区块链具有严格的身份认证体系和权限隐私体系，链上所有节点和用户均具有相对应的身份标志，不可抵赖、不可篡改，核心企业及其供应商不必担心其商业数据在链上被公开，区块链将限制账本访问权限并维护交易人的隐私，即在链上，某节点只能看到与其业务相关的业务信息及其他节点允许其看的信息。区块链技术通过将供应链上的资产进行数字化，电子凭证在多级供应商之间充当结算工具的信用凭证，可以提高资产的可流通性。这意味着供应链上的资产可以更容易地被转让、交易和融资，提高了融资的灵活性和效率。总之，业务方面，利用区块链难篡改、可溯源的特性将核心企业的信用（票据、授信额度或应付款项确权）转化为数字凭证，使信用可沿供应链条有效传导，降低合作成本，实现信用打通，同时通过智能合约还可以实现数字凭证的多级拆分和流转，极大地提高了资金的利用率，降低了金融机构风控难度，解决了中小企业融资难、融资成本高等问题。

7.2.3 提高供应链金融业务多主体协同效率

中小企业基于供应链金融融资难的第三个难题是业务审核效率低。供应链金融相关业务大部分涉及多方协同处理，如合同签订、数据审批、融资申请、企业担保等业务，线下审核机制严格、流程复杂，由于必须由信任机构完成相应的认证和账务处理，资金通常至少要耗费数周时间才能到账，且手续费用昂贵。即使是采用供应链金融平台，也大多需要线上申请、线下审批，数据跑在人后面，大大降低了业务处理效率。

数据方面，将业务流程中供应链的四流（信息流、商流、物流和资金流）数据与融资数据上链，利用区块链难以篡改与分布式的特性，提高数据可信度，解决信息割裂的痛点。可以将联盟链看作“跨企业的业务协同办公系统”，区块链共识机制会将上链数据按照一定的规则进行同步，且确保链上内容不可篡改、可追溯，在办理供应链金融相关业务的时候可以灵活快速地获取账本中相关的证据，避免了传统业务流程线上申请、线下审批的烦琐流程，可以以较高的效率处理业务。

区块链技术支持智能合约的执行，智能合约是一种预先设置好的、自动执行的合约，可以根据特定的条件自动触发相应的交易。此外，利用区块链特有的智能合约功能，银行、保理公司等金融机构可以在满足融资要求的前提下做到实时放款。在供应链金融中，智能合约可以根据预设的条件自动完成融资、放款、还款等操作，减少了人为干预和操作的时间和成本，自动执行降低了供应链上复杂协作流程可能带来的操作风险，提高了融资效率。

智能合约为供应链金融业务执行提供自动化操作的工具，依托高效、准确、自动地执行合约，可缓解现实中合约执行难的问题。以物权融资为例，完成交货即可通过智能合约向银行发送支付指令，从而自动完成资金支付、清算和财务对账，提高业务运转效率，一定程度上降低人为操作带来的潜在风险与损失。在一个融资流程中，从申请融资到资料审核，如果完全满足智能合约的约束条件，即刻触发智能合约的放款命令，这一过程中减少了办理者的信息审核、身份核验和放款流程的办理时间，大大提高了业务办理效率。

7.2.4 降低供应链金融信息系统扩建成本及复杂度

供应链金融信息系统的扩建成本及复杂度是制约供应链金融发展的第四个难题。传统的中心化供应链金融信息系统在发展到一定阶段后需要与银行、保理公司、核心企业、券商等企业进行业务对接，一方面能够扩大系统业务范围，另一方面也会增加系统的公信力。但是，这一对接过程较为复杂，尤其针对银行、券商等金融机构，数据对接更为困难，且这一过程中产生的成本较高，大部分为重复工作。由于区块链采用 P2P 网络结构，系统的对接只需将该企业以节点的形式纳入区块链网络中，如需要还可为其开发上层去中心化应用程序。区块链与供应链金融的结合能够有效降低与第三方系统交互复杂度，提供多种数据共享模式，规范数据共享接口，节约现有平台业务扩展成本，为数据真实性提供保障。

7.2.5 增强供应链金融平台安全性

传统的供应链金融平台是由企业独立维护，采用中心化 C/S 或 B/S 架构，供应链金融数据中心化存储，带来了较大的数据安全隐患。采用区块链技术后，具有权限的链上节点均按照一定规则参与维护各自账本数据，数据的分布式存储可以避免单一节点数据丢失或被攻击所造成的平台瘫痪和经济损失，若某个节点出现宕机状况，数据不会轻易丢失。此外，区块链数据存储的特点能确保账本数据的不可篡改和可追溯，结合完整的时间戳机制也能够确保数据的连续性，这对于后续平台进行大数据分析、人工智能等拓展应用提供了有力的数据支持。

7.3 基于区块链的供应链金融技术解决方案

7.3.1 解决方案的流程

区块链赋能供应链金融解决方案流程如图 7-2 所示，遵循“建立联盟链→贸易数据上链→资产权益数字化→数字资产权益传递”的流程。

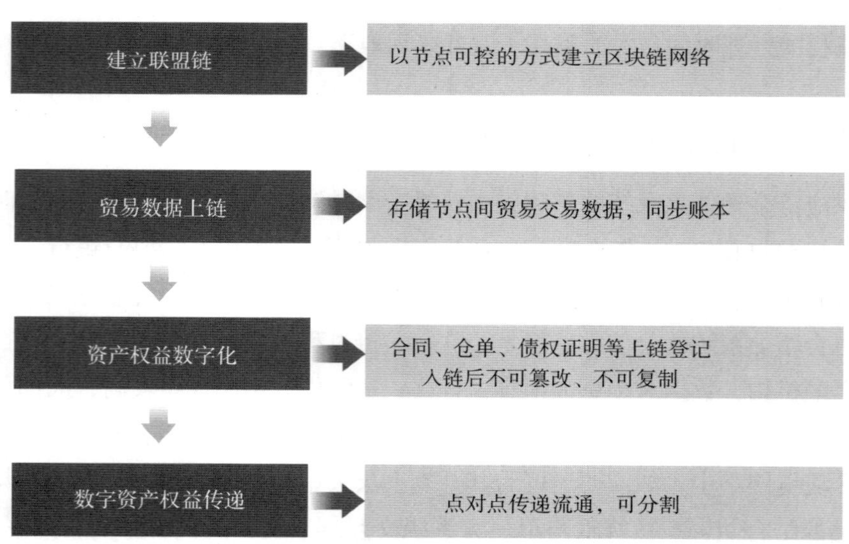

图 7-2 区块链赋能供应链金融的流程图

第一，区块链技术自带的时间戳与数据不可篡改性，可从一定程度上破解贸易背景真实性的问题。构建供应商、核心企业、分销商到物流企业、仓储监管公司、金融机构等共同参与的联盟链，共享该供应链各环节中的各种交易信息，物流信息通过货物的地理位置信息体现，资金信息通过回款信息的更新及时通知收款方与金融机构，应收账款信息与应付账款信息及时准确更新给交易双方以及金融机构，仓储监管信息通过数字化信息及时提供给企业以及提供动产质押融资的金融机构。各方从源头上获取了第一手真实有效的数据，构建了全新可靠的供应链信用体系，从而缓解了供应链金融服务中的信用风险问题。

第二，区块链技术可提升供应链金融业务中各主体的信用资质，重塑信用体系。在传统的供应链金融模式中，始终存在对核心企业的依赖，这是中心化的模式。而区块链技术具有去中心化的显著特征，能够保证链条中各个主体之间的信息完整和通畅，提升各个主体整体的信用资质，建立分布式的信用体系。通过区块链技术，有望将传统的 1+N 模式的供应链金融扩展到 M+N 模式的供应链金融。让核心企业不需要专门为供应链金融而做供应链金融，而是通过区块链技术在供应链业务中，自然获得供应链金融服务。

第三，区块链的智能合约属性可融入供应链金融业务中，提升全链的运营效率和风控等级。智能合约可提供项目立项、尽职调查、业务审批、保理协议 / 合同签约、账款登记及转让、贸易融资（贷款发放）、贷后管理、账款清算等保理业务全过程的应用服务，助力保理企业构建及完善互联网 + 金融的经营模式，从而更为有效地提高其获客、展业、风险识别与控制的能力，为供应链上下游企业提供更优质的金融服务，进而形成完整的供应链金融生态圈。

7.3.2 加密与隐私

联盟链为适应供应链金融业务机密和隐私必须保证加密与隐私。加密，是指对区块链账本内容进行加密，进而保证只有具有权限的用户或节点才能解开相关内容。隐私，是指对业务发起者的保护，即做到不可追踪和不可关联。

首先，交易内容加密。目前各区块链平台对内容的加密多采用对称加密与非对称加密相结合的方法，将用户的交易信息进行对称加密，并将随机对称密钥进行非对称加密，从而发送给接收端用户。具体加密解密的方法如图 7–3 所示：

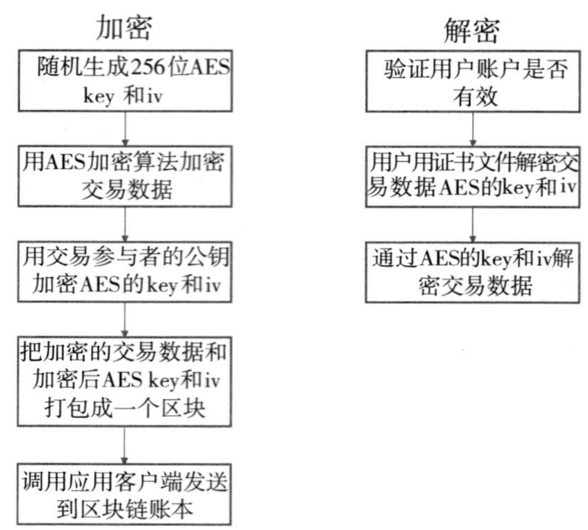

图 7–3 链上内容加密及解密方法示意

链上业务数据内容的加密满足了供应链上多主体对节点账本权限的要求，即业务相关用户可以通过自己的私钥解开加密内容，而不涉及业务相关内容的节点和用户则无法看到具体内容。因为交易数据已经经过对称加密，如果业务相关方希望将数据分享给其他节点，只需要将对称随机密钥用接收方的公钥进行一次加密即可。也就是说，采用非对称加密与对称加密相结合的办法，可以将同一文件分别发送给不同的接收方，避免了传统的仅利用接收方公钥对内容加密而导致的大量算力消耗，提高了交易处理速度。

其次，对交易人进行加密。基于区块链供应链金融平台要求对交易人的加密做到不可追踪和不可关联，目前区块链平台采用的比较主流的对交易隐私的加密方法，如环签名、群签名、零知识证明等，从灵活性和易用性角度考虑，采用环签名的方法对交易人进行加密保护更具优势。环签名过程中签名者首先选定一个临时的签名者集合，然后签名者利用自己的私钥和签名集合中其他人的公钥就可以独立产生签名，无须他人的帮助。

7.3.3 权限控制

权限控制是联盟链为满足供应链金融业务场景所必需的功能。由于供应链金融上下游企业本身具有不同的职责和功能，如核心企业和保理商等企业的参与度和重要性要大于中小微供应商，区块链的权限控制分为两部分，包括了节点功能权限控制及节点账本访问权限控制。

节点功能权限的控制是限制节点在网络中的行为权限，如共识、路由、全账本、交易等，在联盟链中一般通过共识机制来限制节点行为权限，如DPoS、PoA等共识机制。DPoS参与共识节点采用社区投票选举制度，同时还会在共识节点中嵌入拜占庭容错共识确保安全性和有效性。但是，这种方法比较复杂，需要较大的社区基础和节点基数。PoA共识机制同样能够控制加入网络的节点的权限，共识初期形成可设定具有投票权和签名权的核心节点，区块链上的新发生交易须经过核心节点签名后才能够完成上链广播。对于后期新加入的节点，核心节点也可通过签名投票的方式来决定是否允许新节点的加入。PoA整体共识机制流程大体可以分为三个部分：区块的产生、区块的验证和投票机制。PoA共识机制为平台提供了更加严格的权限控制。核心节点有权提出投票将任一节点纳入或移除已有的共识节点，核心节点超过51%数量同意后才能共识出块。为确保核心节点出块具有平均性，共识机制采用随机算法实现核心节点中随机打包出块，并且限制同一核心节点连续出块次数。PoA共识机制具有灵活轻量的特点，基于以太坊框架进行部署较为方便和实用。除通过共识机制限制节点权限外，还有如Hyperledger Fabric这种底层区块链框架，通过预先设定节点身份角色来控制节点权限，区块链网络中各节点按不同分工规范各节点任务及权限，并协同完成链上业务操作。

节点访问账本权限的控制一般有三种方法。一是通过智能合约在上链数据接口中添加允许访问节点，从而限制账本读写权限。二是通过加密算法对账本内容加密，拥有密钥的节点或用户可以解锁加密数据。三是Hyperledger Fabric提供多链机制划分不同的业务通道，实现账本隔离。通过智能合约严格管理核心节点的加入与移除，并利用智能合约严格控制上链数据的读写权限，平台节点虽然拥有全部的账本数据，但只能读取权限范围内的账本信息，超越权限外的访问将被拒绝，实现平台账本的权限控制。此外，利用Fabric的多链技术，通过设定不同的交易通道实现账本隔离，是实现账本访问权限的另一种方法。在共识服务上支持多通道消息传递，使节点可以基于应用访问控制策略来订阅任意数量的通道，也就是说，在应用程序指定节点的子集中架设通道。这些节点组成提交到该通道交易的相关者集合，而且只有这些节点可以接收包含相关交易的区块，与其他交易完全隔离。

7.3.4 数据上链

区块链平台大多通过智能合约将数据写入区块链中。将业务数据上链能够扩宽供应链金融业务范围，为用户提供数据存证、单据业务状态流转、数据溯源等功能。供应链金融平台业务数据分为单据、合同、文档、交易信息及图片等多媒体文件，依据数据文件类型及数据大小进行分类存储。涉及业务单据状态流转、签发及重要单据存证的数据不论大小都将进行数据加密后上链，不涉及重要业务单据存证且占用过大存储空间的数据将原价存入本地关系数据库，同时将文件进行哈希计算后加密上链，具体流程如图 7–4 所示。不涉及重要存证信息且占空间较大的数据需要先将数据原文存入文件服务器，然后读取文件的 Hash 值和存储地址，并对文件的 Hash 值和存储地址进行加密。加密后的 Hash 值及存储地址通过智能合约写入区块链。此外，消息发送者发送加密数据到区块链系统，区块链系统验证交易发送者是否有权限，如果有权限，则数据上链成功，否则提示权限不足，上链失败。

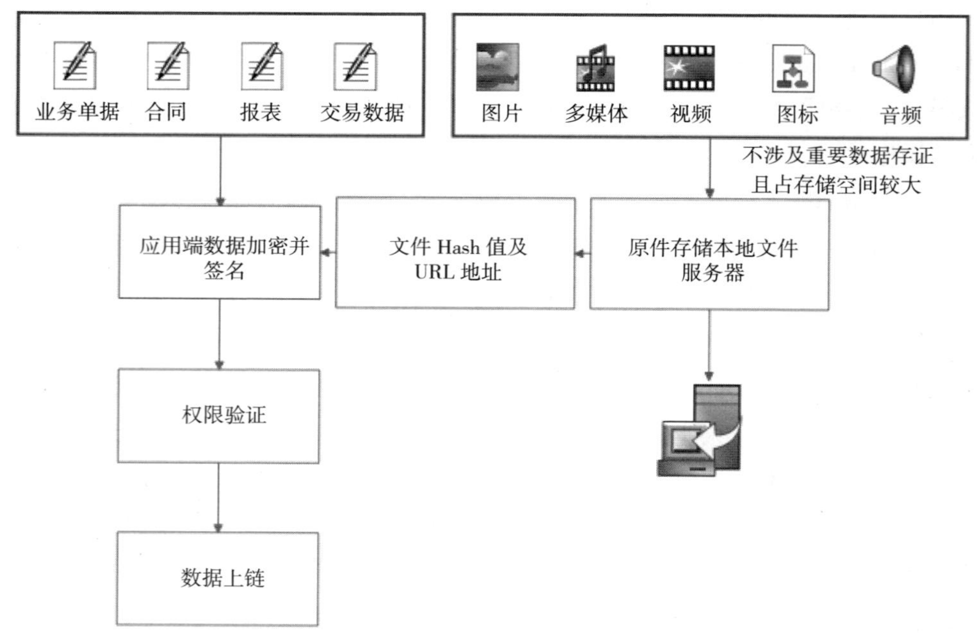

图 7–4 数据上链流程图

7.4　主要应用场景

金融解决方案主要以高可控性、高安全性的联盟链为主，链上的主要成员有核心企业、上下游供应商，还涵盖了金融机构、银行、券商等金融资产企业。将各个主体的业务数据和贸易数据上链并存储，以区块链技术作为信任传递的基础，赋能供应链金融中的各个中小微企业，具体业务包括了合同签约、债权确权、企业融资、债权转让、资金清收、ABS 融资等。

7.4.1　合同签订与存证

基于区块链技术的电子签名为合同签订提供了基本的保证，多方共识与分布存储为合同存证提供了技术支撑。供应链中的上下游企业通过节点认证后参与联盟链中进行公示和业务交易，在合同签订过程中，上下游企业通过节点应用程序上传合同原件，经双方认定无误后进行电子签名认证，同时将合同进行广播得到全网共识后写到区块链上，提高了传统合同签订效率并利用区块链技术进行合同存证。

7.4.2　债权确权

合同签订双方在确定应收和应付权利后将生成债权应收应付合约，并将合约写入区块链。在供应链金融联盟链中引入第三方金融机构及保理机构节点，在债权合约共识生效后为其进行债务担保及资产托管等业务，并将相关数据写入区块链。基于区块链技术的债权确权解决了传统财务改造过程烦琐的弊端，同时利用区块链的存证及业务溯源的优势解决了债权纠纷及债权变动等问题。

7.4.3　企业融资

基于区块链技术的解决方案能够解决供应链上中小微企业融资信任问题。区块链可以将核心企业与一级供应商以及上游供应商之间的供应关系、合约及债务关系全部公开，从而建立基于技术的信任体系，联盟链中的金融机构可以通过区块链中的数据进行合理可控的信贷业务，解决了中小微企业融资难、融资贵、信任度低的问题。

7.4.4 债权转让

借助区块链技术可以使供应链上下游企业债权透明化流动，企业间债权的拆分可以通过区块链技术记录并保证不可篡改，债权可以在有效额度内进行有效拆分并记录。一旦出现债权纠纷，同样可以借助区块链溯源功能实现全生命周期的债权追溯及责任划分。

7.4.5 资金清收

借助区块链智能合约技术，企业间可以指定双方都接受的清收条件，一旦满足条件触发智能合约，将自动进行资产清收。联盟链对接银行系统，合约触发后直接向有效凭据持有人兑付，提高了债务清收效率，避免了企业间坏账、烂账等问题。

7.4.6 ABS 融资

ABS 融资模式是以项目所属的资产为支撑的证券化融资方式。资产证券化过程中存在环节多、流程复杂、底层资产透明度差等问题。利用区块链技术可以将大型项目相关材料进行存证，同时将保理公司、券商囊括在整个联盟链生态圈里，通过链上的业务互通形成核心企业—保理公司—券商—供应商的 ABS 融资生态，提高协同业务效率。利用区块链技术，确保项目数据和资产的真实可信。

7.5 价值分析

区块链是目前除传统 ICT 外普及度最高的技术，主要为供应链金融解决信任问题。由于目前应收账款是供应链金融业务的主要贡献模式，而传统应收账款模式最大的痛点之一在于票证的验真难度大，区块链技术的应用有效解决了这一问题。根据统计，目前金融科技公司建设的供应链金融平台中，67% 都采用了区块链技术，区块链成为目前除 ICT 外普及度最高的技术。区块链的本质是由分布式数据存储、点对点传输、共识机制、加密算法、智能合约等技术组合构成的技术体系，这些技术通过新的组合方式，可以完成防篡改的数据存储、可追溯的数据查看、可信任的点对点传输，并由此实现价值的存储与量化流通。对比传统模式，区块链在供应链金融业务中的应用优势主要体现为：（1）最大化实现四流合一，区块链难篡改使数据可信度高，降低企业融资及银行风控难度；（2）风控数据获取、合同签订、票据流转等业务执行线上化，周期短、效率高；（3）凭证可多级拆转融，解决非一级供应商融资难、资金短缺问题；（4）智能合约固化资金清算路径，极大减少故意拖欠资金等违约行为的发生。

7.5.1　中小微企业的收益

区块链供应链金融给中小微企业带来的收益主要集中在三方面。一是融资成本显著降低，秒级放款。区块链供应链可以显著改善中小微企业的融资困境，由于授信基础并非基于供应商自身，而是基于核心企业，因此二级、多级供应商能够以更低的融资成本获取金融服务。二是凭证上链便捷，可分拆转让。凭证上链全流程线上化，无须线下提交资料，真正实现无论“你在哪儿”都可受益于区块链技术带来的普惠金融成果。数字债权凭证支持自由拆分，分享核心企业信用，无须提供多层贸易背景资料层层审核。三是移动端手机操作，可快速接入。供应商可支持全程微信小程序操作，注册即可加入，业务接入零成本，全线上化操作，无须面对面开户、提交纸质资料等烦琐流程。

7.5.2　核心企业的收益

区块链供应链金融给核心企业带来的收益主要集中在优化账期、提升供应链效率、分享服务收益三方面。一是优化账期，改善现金流与负债表。通过供应链金融平台，供应商能够以更低成本进行融资，同时时效性极大增强，核心企业能够因此优化账期，减轻贸易谈判与兑付压力，改善自身的现金流与负债表。二是提升供应链效率，加强供应链管理。通过区块链接多层供应商，以自身信用支持上游小微企业，帮助供应商顺利开展生产，扩大规模，体现社会责任。同时还可结合大数据能力，对上游企业进行画像，加强质量管控、风险防范等，优化供应链管理。三是分享服务收益。线上注册确权操作，无须线下烦琐盖章审批流程，可有效防止票据 / 合同造假，更可分享服务收益。资产到期仅需一次打款，无须层层清算。

7.5.3 金融机构的收益

区块链供应链金融给金融机构带来的收益主要集中在提升获客能力、提升收益、线上操作三方面。一是获取小微业务抓手，提升获客能力。新增业务来源获客渠道，扩大业务规模，丰富对小微企业的数据画像，进而使风险更加透明可控，扶持实体经济，响应政策号召，赋能小微企业健康发展。二是自主定价，提升收益。与传统业务相比，在保证资产高评级低风险的同时，对多级供应商享有更多自主定价权。提升业务收益。三是线上操作，无须复杂流程。业务开展无须自建平台，注册即可使用，无新增工作量与流程，全部业务采用线上操作无纸化办公，方便金融机构开展全国业务。

7.6 挑战

区块链能帮助解决供应链金融的风控问题，并搭建产业链中企业间的信任桥梁，但在实际运行融资中，区块链供应链金融平台仍有很多问题需要突破。

7.6.1 合规问题

在将区块链技术融入各行各业的供应链金融服务过程中，需要明确这种方案能否适应不同行业和法规的需求，要解决合规性的问题，解决法律的问题。比如在供应链金融实际操作中，银行非常关注应收账款债权“转让通知”的法律效力，都会要求一级供应商或核心企业签回“债权转让同意书”，如果无法签回，会造成银行不愿授信。因此，基于区块链的解决方案需要严格遵守供应链金融现行的法律规则开展研究应用。

7.6.2 企业数据隐私安全管理面临挑战

用于供应链金融的联盟链拓展了企业高效协作的边界，与此同时，带来的问题是核心企业担忧数据泄露。由于担忧财务、税务、员工工资等核心数据共通之后，在同行竞争中失去竞争优势，供应链金融业务中涉及的多主体不愿上链。在区块链公有链中，每一个参与者都能够获得完整的数据备份，所有交易数据都是公开和透明的，在很多场景下，对商业机构而言，账户和交易信息是重要资产和商业机密，不希望公开地分享给同行。区块链供应链金融项目涉及交易信息、信用信息等敏感性商业信息，因此授信平台对数据隐私保护要求很高，数据存储必须有很强的防截获、防破解能力。因此，基于区块链的供应链金融解决方案需要提升隐私管理技术手段，如增加分组、分层的访问控制，设置成员节点权威身份认证，避免贸易往来数据的泄露。

7.7　政策建议

7.7.1　扎实推进区块链技术应用型研究

区块链技术与金融市场的结合，现阶段还存在较多不确定性，有待于市场主体通过持续、深入的实践验证和分析研究加以论证。推进区块链技术应用研究，应关注以下三个层面的问题：一是突破技术自身瓶颈，包括数据处理和存储规模、系统之间的互联互通、技术标准化、信息安全和隐私保护等问题。二是与各类金融场景结合，将技术创新成果转化为实实在在的产业活动，真正为金融市场的提质增效和改革创新提供服务和支持。三是加强技术与金融复合型人才培养，鼓励相关企业设立高校实习和培训基地等，形成产学研相结合的联合培养机制。此外，在区块链应用发展过程中，应将“币”与“链”区分对待，区块链产业主体应增强自律意识，坚决杜绝如部分ICO项目打着“区块链金融创新”旗号，从事非法金融活动的行为。

7.7.2　着力促进产业主体的协调与合作

从技术研发到实际应用过程中，区块链产业容纳了大量不同类型的市场主体。主体类型的多样化，客观上增加了产业链的复杂性和协调难度，须探索建立顺畅、高效的沟通和协调机制。一是探索搭建政府与市场之间的政策传导和信息反馈桥梁，深化政府和企业多层面合作机制。部分中央银行的概念验证项目的成功部署，正是得益于技术联盟、金融机构、系统运营者、监管部门之间的密切合作。二是可通过行业协会、联盟等平台，推动产业链上下游主体联动与合作，加快产业整体的自主研发和创新能力，进一步解决网络外部性、互联互通、标准化等方面的问题。三是加强与国外产业主体的交流，探索开展多形式、多领域的双边或多边示范性项目合作，提升国际标准制定的话语权，实现我国金融科技创新的价值输出。

7.7.3 密切关注新兴技术给金融监管体系带来的挑战

作为金融科技的细分业态，区块链在金融领域的应用也应遵循金融业的核心原则与规则。“守住不发生系统性金融风险的底线”是金融领域的永恒主题，也是习近平新时代中国特色社会主义思想在金融领域的根本要求。现阶段由于缺乏先例、长期实践不多，区块链技术可能给金融体系带来的风险和挑战，仍具有较大的不确定性。因此，一方面，应结合相关产业实践，深入研究新兴技术对现有金融市场结构、风险管理模式、监管及法律框架产生的影响；另一方面，适时为区块链技术的应用提供必要的法律基础，明确现有法律和监管规则的适用性问题。此外，金融科技全球化发展的趋势，对建立一致的监管体系提出了全新的要求。我国应加强与各国金融监管主体及国际组织的协调，积极开展合作，在区块链技术的国际监管协调领域发挥积极作用。

7.8 小结

区块链技术在供应链金融领域应用落地，解决了供应链金融领域信任难传递、票据资产难分割、多方沟通协作效率低等诸多问题，反映了区块链技术易于构建多方业务协作平台，主要体现在四个方面。一是区块链降低系统对接复杂性，跨系统间的数据交互统一在区块链账本层实现；二是资产上链有助于提高数字资产流动性，方便价值传输；三是区块链有助于保证数据信息在安全的情况下进行全流程监控；四是多方协作可信，使跨主体间业务协作变得极为方便。

第 8 章　区块链赋能中小企业碳账户融资创新研究

基于非交易用途的碳账户融资能推动中小企业节能减排，形成低碳能源融资模式，以实现碳减排目的。但仍面临着数据真实性难以保障、数据调查成本高等问题，降低了金融机构的信贷意愿。区块链的可溯源、防篡改等技术特征，为解决上述问题提供技术支持。本文基于技术赋能视角，在分析区块链给中小企业和金融机构带来信用价值的基础上，构建中小企业与金融机构的博弈模型，探究罚款、物质奖励和信用收益三种激励机制的效果差异。研究发现：罚款能促进企业诚信融资，但会降低金融机构的尽职调查概率，物质奖励在提高企业诚信的同时会降低金融机构的期望收益，而信用收益在促进中小企业诚信融资的同时提高双方的期望收益（林永民，等，2023）。本文为应用区块链技术促进中小企业节能减排的研究提供了新思路。

8.1　引言

应对气候变化是我国经济社会可持续发展的内在要求，“双碳”目标已上升为国家战略。当前，我国减少二氧化碳的排放任务主要通过自上而下的行政程序分配到省市层级，其实施和执行主要限于关键部门和大型企业，而对中小企业在减少碳排放中的重要作用关注不足。统计数据表明，我国中小企业的碳排放量占总排放量的一半以上，是我国进行碳减排的主力军。但由于中小企业普遍面临融资难、融资贵的发展困境，阻碍了中小企业开展绿色技术创新的进程。因此，在“双碳”目标下，为支持中小企业主动节能减排，金融助力至关重要。碳账户金融作为金融机构面向“双碳”目标设计的全新金融产品，为解决中小企业融资问题提供了全新的解决方案。然而，由于数据真实性难以保障、数据调查成本高，导致碳账户融资的发展受阻。区块链作为新型信息技术，凭借其去中心化、可溯源、防篡改等特征在信任建立、价值表示和信任传递方面展现出巨大优势，为破解碳账户金融发展痛点提供了技术可能。因此，本文旨在厘清区块链赋能碳账户融资的内在机理，丰富和发展碳账户金融理论，拓宽区块链技术的应用领域，为推动中小企业节能减排提供依据。

8.2 相关研究文献评述

企业碳账户担负着记录社会主体碳排放信息的功能，按照构建主体和用途的不同分为交易所碳账户和非交易用途企业碳账户（传旺、魏晓楠，2022）。虽然两种碳账户都有记录碳排放、碳减排的基本功能，但其附加功能差异大。交易所碳账户的构建主体主要是高排放行业的规模企业，其构建的主要用途是通过碳市场实现降碳减排，主要服务于碳市场交易。而非交易用途企业碳账户的构建主要以政府为主导、金融机构参与的方式展开，覆盖广大中小企业，其主要用途在于对接绿色金融产品，通过优惠利率等方式激励中小企业节能减排（何起东，2021）。因此，碳账户融资，当前主要针对的是非交易用途的碳账户。通过记录企业的碳足迹，非交易型用途的碳账户为企业的碳征信评价提供定量数据，并根据综合评价结果对接碳金融产品。浙江省衢州市、广东省广州市花都区与肇庆市高新区开展的非交易用途碳账户的实践已取得一定的成效，然而，在推进过程中还面临着碳排放数据真实性难保证、金融机构的风控难、政府监管难等困境（徐韶华，2022）。针对上述问题，前期的研究主要聚焦于负激励机制与正激励机制设计上。负激励主要通过罚款提高不诚信行为的成本，正激励通过补贴、减税等物质奖励提高诚信的收益，虽取得一定的成效，但治理成本高，因此亟须借助数字技术赋能破解难题。

作为多种技术的集成创新，近年来越来越多的学者将区块链的应用研究延伸至碳金融领域，主要集中在两个方面：其一，区块链赋能金融的机理。区块链是分布式共享数据库，具有去中心化、不可篡改、全程留痕、可追溯、集体维护、公开透明等特点，为破解长期困扰金融机构的风险控制提供了技术支撑（刘思璐、李华民，2019）。由于区块链技术的信息透明性，中小型企业借助区块链技术可以实现自我担保，从金融机构获得贷款（Yu Y G，Huang G Q，Guo X L，2020）。其二，区块链赋能碳金融的路径。由于区块链上的数据是不可篡改和可追溯的，应用区块链记录碳配额的发放、上报和履约等全过程数据，这将降低企业瞒报排放量、个人或者数据管理机构篡改数据等行为发生的概率，尽可能避免虚假数据、虚假交易的产生，从而使政府部门的核查成本极大地降低（张宁、王毅、康重庆等，2016）。因此，基于区块链技术构建完整的碳交易平台，连通互相独立的企业、金融机构、第三方认证机构和相关政府主管部门，可有效促进碳金融产品的创新（吴银海、黄妍、秦浩，等，2019），发现碳交易价格（刘涛，2020）。虽然区块链技术与碳金融市场具有高度兼容性，但目前基于区块链的碳金融还属于实践探索阶段，相关应用仍然面临着巨大挑战。

综上所述，现有研究在碳减排方面大多关注碳市场中大型企业间的碳交易，但基于非交易型碳账户进行绿色融资进一步促进中小企业碳减排的研究不足。同时，前期研究虽将区块链的应用研究延伸至碳领域，但多聚焦区块链碳交易模式的整体构架和设计，而对区块链赋能碳账户融资的激励机制研究尚欠缺。因此，本研究基于技术赋能的视角，构建中小企业和金融机构之间的博弈模型，探讨负激励、物质激励和应用区块链后基于信用激励的效果，旨在揭示区块链赋能碳账户融资的机理，为促进实现双碳目标的激励机制设计提供依据。

8.3　区块链赋能中小企业碳账户的信用价值理论分析

8.3.1　激活企业碳资产价值与优化发展空间

区块链赋能非交易用途企业碳账户可以为中小企业提供全周期碳管理服务，在保障数据隐私安全的同时，帮助企业规划碳中和目标，利用碳资产管理创造业务价值，具体表现在四个方面。一是激活企业碳资产价值。碳账户本质上是从“碳维度”对经济主体进行价值评估，通过对企业碳排放情况进行检验和量化分析，完成全方位碳盘查，实现对能源的智能管理，促进企业自觉减排，实现净零排放，走上高质量发展之路。二是精准对接金融产品。为支持基于非交易用途企业碳账户进行绿色融资，金融机构不断地创新碳金融产品。中小企业可根据自身碳资产状况与发展需求，适配相应的金融产品来促进自身节能技术创新与绿色产品的生产。三是提高绿色信贷融资效率。基于区块链构建的信用体系，破解了银企之间的信息不对称，企业在线提交申请，银行线上受理，完成企业碳账户信息与贷款金融、利率、期限及担保方式的匹配和审批，降低了交易成本，极大提高了融资效率。四是提升产品绿色竞争力。通过记录产品碳足迹，提升消费者对绿色产品的信任与满意度，激活绿色产品的潜在需求市场，提高绿色产品的品牌形象。综上所述，基于区块链可重塑银企的信用生态，为守信节能减排的中小企业提供更好的发展空间。

8.3.2 拓展金融机构业务与细化风险控制

从金融机构维度看，区块链可促进金融体系深度参与经济绿色低碳转型，助力金融机构业务的拓展与风险控制。其一，拓展信贷业务范围。一方面，基于企业碳账户中的碳排放数据对企业进行画像，可形成真实可信的企业碳征信报告，为金融机构开展投融资业务提供了可操作、可计量、可验证的抓手；另一方面，从“碳维度”重新衡量评估企业价值，依据绿色金融配套优惠政策，可精准授信发放绿色金融贷款，针对企业资产状况实施差别约束激励机制。其二，精准化风险控制。传统意义上，绿色金融主要从产业层面进行粗颗粒的定性划分，导致金融机构的风险控制高，使金融机构难以支持中小企业，致使中小企业融资难融资贵。而基于区块链构建的多主体参与的联盟链，可以畅通追踪、核查、监督和管理的数据流路上的卡点堵点，使数据的流转过程透明可视，为金融机构分析贷前、贷中、贷后的碳效打通监测、核查等关键环节，实现对信贷风险的精准动态评估，为差异化信贷政策与风险控制提供可信的量化数据依据。因此，基于区块链构建企业碳账户，为金融机构业务拓展实现了绿色金融标准从粗略的产业级到精准的企业级、从定性到定量的转变，从而为金融之水滴灌中小企业促进双碳目标的实现提供了有效路径。

8.4 负激励、物质激励和信用激励的比较

从信息不对称视角来看，中小企业是否节能减排以及节能减排数量，政府和金融机构都不是信息拥有的优势方。因此，在中小企业基于碳账户向金融机构融

资的过程中，如何设计激励机制让拥有信息优势的中小企业保持诚信成为关键。

8.4.1　模型假设

博弈的双方是基于非交易用途企业碳账户融资的中小企业和金融机构，双方都是理性的经济人，都需要追求利润的最大化。在博弈中，中小企业的策略是诚信和说谎，金融机构的策略是调查和不调查。由于中小企业与金融机构之间存在信息不对称，二者之间是说谎与反说谎的关系。只有使诚信融资的净收益大于不诚信行为的净收益时，中小企业才会保持诚信行为。

8.4.2　负激励分析

负激励机制主要是指运用罚款、拒绝贷款等措施威慑中小企业保持诚信。假定贷款企业说谎时，金融机构进行尽职调查就能发现其说谎行为。此时，该模型的参数为：

M：为企业碳账户资产；

T：企业因说谎可以从金融机构处获得的融资，$T \leqslant 1$；

C：金融机构的尽职调查成本；

d：罚款率（0.5 ～ 5）；

需要贷款的中小企业基于碳账户向银行申请抵押贷款，企业的贷款金额单位化为 1。金融机构通过贷款风险的评估，会要求贷款的企业提供价值 M 的碳资产抵押品（$M>1$），并设定本金和利息还款总额为 R。金融机构的资金来源于储户，金融机构需要为 1 单位存款支付本息和 r（$1<r<R$）。

第一阶段，企业将碳账户资产抵押给银行，根据收益最大化原则选择策略性行为："真实抵押"或"欺诈抵押"。

第二阶段，金融机构对企业进行尽职调查，尽职调查的成本为 C。根据调查结果进行批准贷款或拒绝贷款。同时，如果在金融机构调查发现需要贷款的企业说谎的情况下，向监管部门举报，监管部门将对说谎的企业进行罚款 d，且 $d>C$。为简化计算，假设监管部门将处罚获得的罚款 d 全部奖励给金融机构。

第三阶段，得到贷款的企业生产制造并销售货物，以此偿还贷款本息。如果贷款企业进行真实抵押，在货物销售结束并取得回款后，将按期履约还款。企业会把真实抵押而来的资金用于生产经营的资金周转并产生收益 π，且 $\pi>R$。企业收益的一部分用于支付贷款本息和 R 给银行，剩余收益 $\pi-R$ 归企业所有。如果贷款企业的目的是骗取贷款，会进行欺诈抵押，在获得贷款后，不会加大节能减排技术的创新与绿色产品的生产，同时没有还款意愿，无法在贷款还款日赎回抵押品，抵押品将由银行自行处置，企业的贷款账单形成坏账，出现这种情况后，金融机构会将该企业的坏账信息上传到区块链中，这样在链上的金融机构都将了解到该企业的不良信息，将该企业列入黑名单，从此不再为该企业提供任何贷款。

假设条件：$C<(r-1)$，$\pi>R$，$\pi-R<1$。双方的收益矩阵如表 8–1 所示：

表 8–1　负激励机制下贷款企业与金融机构的收益矩阵

		金融机构	
		不检查	检查
贷款企业	说谎	-*d*，*d*-*C*	1，-*r*
	诚信	π-*R*，*R*-*r*-*C*	π-*R*，*R*-*r*

如果金融机构检查，企业的最优策略是诚信；如果金融机构不检查，则企业的最优策略是说谎；如果贷款企业说谎，则金融机构的最优策略是检查；如果贷款企业诚信，则金融机构的最优策略是不检查。所以该模型不存在纯策略纳什均衡，根据奇数定理，该博弈一定存在混合策略纳什均衡。

企业的收益矩阵：

$$A=\begin{bmatrix} -d & 1 \\ \pi-R & \pi-R \end{bmatrix}$$

金融机构的收益矩阵：

$$B=\begin{bmatrix} d-C & -r \\ R-r-C & R-r \end{bmatrix}$$

假设贷款企业选择“说谎”的概率为 x；金融机构选择“检查”的概率为 y。贷款企业和金融机构各自对每一个纯策略的期望收益如表 8–2 所示：

表 8–2　负激励机制下贷款企业与金融机构的期望收益

贷款企业		金融部门	
说谎的期望收益	$-dy+(1-y)$	检查的期望收益	$(d-C)x+(R-r-C)(1-x)$
诚信的期望收益	$\pi-R$	不检查的期望收益	$-rx+(R-r)(1-x)$

根据“合理性原则”，x 的选择应满足关系式（8–1），即在这个概率下，金融机构检查与不检查的收益相等：

$$(d-\mathrm{C})\,x+(R-r-C)(1-x)=(-r)x+(R-r)(1-x) \qquad (8\text{–}1)$$

解得 $x=\dfrac{C}{d+r}$，$1-x=\dfrac{d+r-C}{d+r}$

同理，y 的选择应满足关系式（8–2），在这个概率下，企业说谎与诚信的期望收益相等：

$$-dy+(\ \ -y)=\ \ -R \qquad (8\text{–}2)$$

解得 $y=\dfrac{1-(\pi-\mathrm{R})}{1+d}$,$1-y=\dfrac{d+(\pi-\mathrm{R})}{1+d}$

贷款企业以混合策略

$X^{*}=\left(x_1^{*},\ x_2^{*}\right)=\left(\dfrac{C}{d+r},\dfrac{d+r-C}{d+r}\right)$的概率选择策略“诚信”和“说谎”。

金融机构以混合策略

$Y^{*}=(y_1^{*},\ y_2^{*})=\left(\dfrac{1-(\pi-\mathrm{R})}{1+d},\dfrac{d+(\pi-\mathrm{R})}{1+d}\right)$的概率选择策略“检查”和“不检查”。

在混合策略$X^{*}=\left(x_1^{*},\ x_2^{*}\right)$，金融机构的期望收益为：

$$E_2\,(X^{*},Y^{*})=\sum_{i=1}^{2}\ \sum_{1=j}^{2} b_{ij}\,x_i^{*}\,y_j^{*}=(d-C)x_1^{*}y_1^{*}+(-r)x_1^{*}y_2^{*}+(R-r-C)x_2^{*}y_1^{*}+(R-r)x_2^{*}y_2^{*}$$

$$=R-r-\frac{RC}{d+r}$$

由 $x=\dfrac{C}{d+r}$，可知，说谎的概率与罚款率成反比，这代表可以通过提高罚款率来降低企业说谎的概率，似乎说明遏制企业的说谎行为仅仅依靠严厉的处罚制度就够了，但并非如此。由$y=\dfrac{1-(\pi-R)}{1+d}$，可知，检查的概率与罚款率也成反比，罚款率越高，金融部门检查的概率就越低。而且，当金融机构的检查率较低时，如果应用最高的处罚标准，一定会加剧社会的不公，造成这种现象的原因是被检查的企业和未被检查的企业会有完全不同的结局。对那些胆大妄为或已成习惯的欺诈抵押企业而言，在检查率低的情况下，即使处罚力度再大，也会有很多胆大的企业选择欺诈抵押。因此，要促进企业基于碳账户诚信融资，只有负激励机制还不够，还需要正激励机制等。

8.4.3 正激励分析

假设引入一个物质奖励变量，考量博弈双方的收益。m 是贷款企业未被查出说谎时，金融部门给予的奖励，且 $m<C$。

由于贷款企业选择策略“说谎”的概率为 x，金融机构选择策略“检查”的概率为 y，则贷款企业未被查出说谎的概率为 $1-xy$，包括三种类型：一是贷款企业诚信，金融机构检查；二是贷款企业诚信，金融机构不检查；三是贷款企业说谎，金融机构不检查。基于此设置激励机制，如果贷款企业连续三年未被查出说谎，则可以享受固定的贷款利率扣除额 m，则引入物质奖励后的博弈矩阵如表 8–3 所示：

表 8–3 物质激励机制下贷款企业与金融机构博弈的收益矩阵

		金融机构	
		不检查	检查
贷款企业	说谎	$-d$，$d-C$	$1+m$，$-r-m$
	诚信	$\pi-R+m$，$R-r-C-m$	$\pi-R+m$，$R-r-m$

当 $d+r>R$，$d+r+m>C$，$-\mathrm{R}<1$，由于该模型不存在纯策略纳什均衡，根据奇数定理，该博弈一定存在混合策略纳什均衡。

企业的收益矩阵：

$$A=\begin{bmatrix} -d & 1+m \\ \pi-R+m & \pi-R+m \end{bmatrix}$$

银行部门的收益矩阵：

$$B=\begin{bmatrix} d-C & -r-m \\ R-r-C-m & R-r-m \end{bmatrix}$$

物质激励机制下，贷款企业和金融机构各自对每一个纯策略的期望收益如表8–4所示：

表 8–4　物质激励机制下贷款企业与金融机构的期望收益

贷款企业		金融部门	
说谎的期望收益	$(-d)y+(1+m)(1-y)$	检查的期望收益	$(d-C)x+(R-r-C-m)(1-x)$
诚信的期望收益	$(\pi-R+m)y+(\pi-R+m)(1-y)=\pi-R+m$	不检查的期望收益	$(-r-m)x+(R-r-m)(1-x)$

根据“合理性原则”，x 的选择应满足关系式（8–3），即在这个概率下，金融机构检查与不检查的收益相等：

$$(d-C)x+(R-r-C-m)(1-x)=-1-mx+(R-r-m)(1-x) \quad (8\text{–}3)$$

解得 $x=\dfrac{C}{d+r+m},1-x=\dfrac{d+r+m-C}{d+r+m}$

同理，y 的选择应满足关系式（8–4），在这个概率下，贷款企业说谎与诚信的期望收益相等：

$$(-d)y+(1+m)(1-y)=\pi-R+m \quad (8\text{–}4)$$

解之得 $y=\dfrac{1-\pi+R}{1+d+m},1-y=\dfrac{d+\pi+m-R}{1+d}$

得该博弈的混合策略纳什均衡为$\left(X^{**},Y^{**}\right)$，其中

$$X^{**}=(x_1^{**},x_2^{**})=\left(\frac{C}{d+r+m},\frac{d+r+m-C}{d+r+m}\right) \quad (8\text{–}5)$$

$$Y^{**}=(y_1^{**},\ y_2^{**})=\left(\frac{1-\pi+R}{1+d+m},\frac{d+\pi+m-R}{1+d+m}\right) \quad (8\text{–}6)$$

即贷款企业以$x_1^{**}=\dfrac{C}{d+r+m}$的概率选择说谎；

金融机构以$y_1^{**}=\dfrac{1-\pi+R}{1+d+m}$的概率选择检查。

由于$(x_1^{**}=\dfrac{C}{d+r+m})<(x_1^{*}=\dfrac{C}{d+r}),(y_1^{**}=\dfrac{1-\pi+R}{1+d+m})<(y_1^{*}=\dfrac{1-\pi+R}{1+d})$

其中(x_1^{**},y_1^{**})是该机制下博弈模型的混合策略均衡解，可以发现物质奖励可以降低贷款企业的说谎概率和金融机构的检查概率。

在纳什均衡混合策略$\left(X^{**},Y^{**}\right)$下，由

$$B=(\bar{b}_{ij})=\begin{bmatrix} d-C & -r-m \\ R-r-C-m & R-r-m \end{bmatrix}$$可得，

金融部门的期望收益为

$$E_2\,(\mathrm{X}^{**},\ \mathrm{Y}^{**})=\sum_{i=1}^{2}\sum_{j=1}^{2}\bar{b}_{ij}x_i^{**}y_j^{**}=(d-C)x_1^{**}y_1^{**}+(-r-m)x_1^{**}y_2^{**}+$$

$$(R-r-C-m)x_2^{**}y_1^{**}+(R-r-m)x_2^{**}y^{**}$$

$$=R-r-m-\frac{RC}{d+r+m}<R-r-\frac{RC}{d+r}$$

即 $E_2(X^{**},Y^{**})<E_2(X^{*},Y^{*})$，表明金融机构的期望收益降低了。综上分析，物质奖励虽然可以降低贷款企业的说谎概率，促进贷款企业诚信，减轻金融机构的检查压力，但是金融机构期望收益降低了。因此，在激励贷款企业诚信时，应将物质奖励控制在一定的范围内，否则金融机构信贷意愿将会降低。

8.4.4　信用激励分析

区块链通过分布式存储、非对称加密、链式存储与共识机制确保上链数据不可篡改和可溯源，加大了企业造假的成本，形成良好的信任生态。基于区块链所形成的信用可以给企业带来更多的合作伙伴、更好的订单、更多的消费者，形成信用收益。同时，金融机构也会得到一定的奖励，如增加获客数量、扩大经营规模、提升利润空间。因此，基于区块链所构建的非交易型企业碳账户，可以给融资的中小企业和金融机构带来信用收益。为简化计算，假设基于区块链的信用价值给中小企业和金融机构带来的收益是相等的，货币化为 m，引入信用收益后企业与金融机构博弈的收益矩阵如表 8–5 所示：

表 8–5　信用激励机制下贷款企业与金融机构的收益矩阵

		金融机构	
		不检查	检查
贷款企业	说谎	$-d$，$d-C+m$	$1+m$，$-r$
	诚信	$\pi-R+m$，$R-r-C$	$\pi-R+m$，$R-r$

由于该模型不存在纯策略纳什均衡，根据奇数定理，该博弈一定存在混合策略纳什均衡。

企业的收益矩阵：

$$A=\begin{bmatrix} -d & 1+m \\ \pi-R+m & \pi-R+m \end{bmatrix}$$

金融机构的收益矩阵：

$$B=\begin{bmatrix} d-C+m & -r \\ R-r-C & R-r \end{bmatrix}$$

信用激励机制下中小企业和金融机构各自对每一个纯策略的期望收益如表8–6所示：

表8–6　信用激励机制下中小企业与金融机构的期望收益

贷款企业		金融部门	
说谎的期望收益	$(-d)y+(1+m)(1-y)$	检查的期望收益	$(d-C+m)x+(R-r-C)(1-x)$
诚信的期望收益	$(\pi-R+m)y+(\pi-R+m)(1-y)$ $=\pi-R+m$	不检查的期望收益	$(-r)x+(R-r)(1-x)$

根据“合理性原则”，x 的选择应满足关系式（8–7），即在这个概率下，金融机构检查与不检查的收益相等：

$$(d-C+m)x+(R-r-C)(1-x)=-rx+(R-r)(1-x) \tag{8–7}$$

解得 $x=\dfrac{C}{d+r+m},1-\quad=\dfrac{d+r+m-C}{d+r+m}$

同理，y 的选择应满足关系式（8–8），在这个概率下，贷款企业说谎与诚实的期望收益相等：

$$(-d)y+(1+m)(1-y)=\pi-R+m \tag{8–8}$$

解之得 $y=\dfrac{-\pi+R}{1+d+m},1-y=\dfrac{d+\pi+m-R}{1+d}$

得该博弈的混合策略纳什均衡为$\left(X^{***},Y^{***}\right)$，其中

$$X^{***}=(x_1^{***},x_2^{***})=\left(\frac{C}{d+r+m},\frac{d+r+m-C}{d+r+m}\right) \tag{8–9}$$

$$Y^{***}=(y_1^{***},\ y_2^{***})=\left(\frac{1-\pi+R}{1+d+m},\frac{d+\pi+m-R}{1+d+m}\right) \tag{8-10}$$

即，贷款企业以$x_1^{***}=\dfrac{C}{d+r+m}$的概率选择说谎；

金融机构以$y_1^{***}=\dfrac{1-\pi+R}{1+d+m}$的概率选择检查。

$$x_1^{***}=\frac{C}{d+r+m}\ <\ x_1^{*}=\frac{C}{d+r},\ y_1^{***}=\frac{1-\pi+R}{1+d+m}\ <\ y_1^{*}=\frac{1-\pi+R}{1+d}$$

这表明信用激励可以降低贷款企业的说谎概率和金融机构的检查概率。

在纳什均衡混合策略$\left(X^{***},Y^{***}\right)$下，

由$B=(\bar{b}_{ij})=\begin{bmatrix} d-C+m & -r \\ R-r-C & R-r \end{bmatrix}$可得，

金融部门的期望收益为

$$E_2(X^{***},\ Y^{***})=\sum_{i=1}^{2}\sum_{j=1}^{2}\bar{b}_{ij}x_i^{***}y_j^{***}=(d-C+m)x_1^{***}y_1^{***}+(-r)x_1^{***}y_2+$$

$$(R-r-C)x_2^{***}y_1^{***}+(R-r)x_2^{***}y_2^{***}$$

$$=R-r-\frac{RC}{d+r+m}>R-r-\frac{RC}{d+r}$$

即$E_2(X^{***},Y^{***})>E_2(X^{*},Y^{*})$，这表明金融机构的期望收益提高。综上分析，信用激励可以降低贷款企业的说谎概率，促进贷款企业诚信，减轻金融机构的检查压力，此时的金融机构期望收益比单纯负激励时的期望收益高。因此，使用信用激励会提高金融机构的期望收益，有效调动金融机构的积极性，与金融支持“双碳”实现的目标一致。因此，在促进企业诚信的激励机制设计过程中，不仅要应用负激励手段、物质激励手段，更要重视基于区块链信用激励的运用，从而使企业的诚信行为得以巩固和加强。

8.5　结论与政策建议

8.5.1　结论

区块链技术为破解中小企业与金融机构之间的信息不对称问题提供了新的解决思路，本文围绕“如何激励中小企业基于非交易型碳账户诚信融资，推动双碳目标的实现”得出以下结论：①本文将基于区块链产生的信用价值归为激励机制范畴，认为将中小企业、金融机构、政府相关部门纳入一个联盟链中会获得信用激励。从信任激励视角对中小企业碳账户融资进行了研究，丰富了融资理论体系。②研究发现：负激励、物质激励、信用激励都能提高中小企业的诚信，但是过度的负激励可能会导致不公，物质激励会降低金融机构的期望收益，而信用激励可以提高金融机构的期望收益。③为促进双碳目标的实现，要综合运用负激励、物质激励和信用激励，发挥各种激励机制的优势。

8.5.2　建议

通过区块链技术构建广泛、具有公信力的基础设施和治理体系，可为中小企业碳账户融资提供信用激励，服务于双碳目标的实现。基于上述结论，要统筹协调技术、产业、资本多方资源，共建共享多方协同的可信产业生态。

首先，充分调动各参与方的积极性及禀赋优势，鼓励区块链技术供给方建设可信新型信息基础设施和技术的自主创新与赋能，完善第三方服务机构的碳资产认证及咨询创新服务，支撑金融机构的金融服务创新及信贷资源倾斜。

其次，以行业应用需求为导向，打造行业示范应用标杆，探索形成一批可复制、可推广的模式。

再次，充分发挥行业主管部门及政府政策支持和引导作用，加大经验总结及宣传推广力度，进一步推动金融助力中小企业碳排减行动。

最后，强化区块链、双碳人才体系构建，开设区块链等数字技术与能源、制造、交通、建筑、物流等行业结合课程，培养出区块链＋双碳的实践创新型人才。

第三篇

实践篇

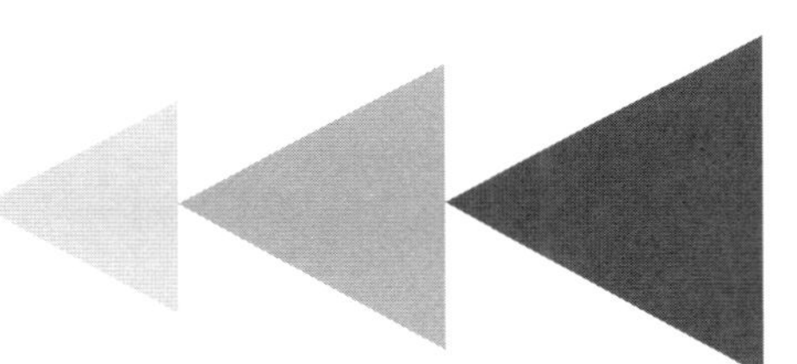

第 9 章　区块链赋能：可信数据流转助推金融产品创新

金融产品创新是金融机构满足外部市场需求和降低内部风险控制成本的重要方式，但难以获得企业真实可信的生产经营数据成为制约金融产品创新的重要因素。基于数据赋能视角，运用区块链构建数据共享模型，探究区块链赋能金融产品创新的机理；通过对数据共享平台在实践中所形成的“‘三农’政务数据 + 金融”“结算数据 + 金融”“能源消耗数据 + 金融”三个典型模式的比较分析探讨三种模式在实施条件、困难性、创新成效方面存在的显著差异。研究发现：基于区块链构建的数据共享平台能够重构信息共享模式、构建数据可信网络、优化可信协作流程，赋能金融机构探索新型金融产品进程。基于研究结论，从技术、生态、意识三个角度提出建议，助力数据共享平台的落地实施（林永民，等，2022）。

9.1　引言

银行等金融机构通过产品创新，一方面，可以有效打通民营企业融资通道（张洁，2021）；另一方面，在拓宽业务范围、满足自身利润需求的同时，能够有效降低金融业务风险，提升自身综合竞争力。自 2016 年 8 月，国务院印发《“十三五”国家科技创新规划》（国发〔2016〕43 号），指出要大力推进银行等金融机构创新信贷产品与金融服务。近年来，金融机构紧跟国家政策导向，盈税贷、知识产权抵押贷款等一系列新型金融产品陆续出台，拓宽了金融机构信贷业务的范围。然而，金融机构面临企业数据质量不高、利用数据的能力不强等问题，导致现有金融产品未能达到预期效果，风险控制难度依然很高。区块链作为多种数字技术的集成创新，主要应用于低信任度领域、高交易成本领域和高不确定性领域。2019 年 10 月 25 日，中共中央政治局开展关于区块链技术的第十八次集体学习，提出："要推动区块链与实体经济深度融合，解决中小企业贷款融资难、银行风控难、部门监管难等问题。"截至2021年，中央、各部委及各省市地方政府发布关于区块链的政策数量达1101部，其中金融领域为主要关注对象。探究区块链技术如何推动金融产品创新，降低金融机构风险控制难度成为当前研究的重要议题。区块链凭借其防篡改、可溯源、去中心化等技术优势，能够保障数据的真实性，实现对企业经营状况的动态追踪，从根源上降低金融机构的业务风险。但是如何基于区块链技术实现数据的可信流转、基于企业的生产经营数据进行金融产品创新的理论逻辑与实践路径尚不明晰。

综上所述，本研究将尝试探讨两方面的研究问题：第一，区块链技术如何解决金融产品创新过程中所需要的可信数据问题？第二，如何基于多维度数据进行金融产品创新？通过回答上述两个问题，本研究将有助于拓宽金融机构设计金融产品的路径，降低金融机构信贷风险。同时，本研究解构了区块链技术助力金融产品创新的机制，深化了区块链赋能金融领域的研究。

9.2 文献综述

9.2.1 数据驱动下的金融产品创新

在数字技术加速迭代的背景下，金融机构进行信贷业务的环境不断发生改变。为了满足外部市场需求和降低内部风险控制成本，金融机构迫切需要进行金融产品创新，改变仅依靠质押物的单一融资模式，以数据要素驱动新型金融产品研发。数据要素已成为全球公认的赋能经济发展的新引擎，是当今时代下重要的战略性资源和关键性基础生产力（何琨玟、赵景峰，2022）。因此，以企业多维度数据为依据进行金融产品创新符合当前经济发展态势。纵观近年来国内外学者有关数据要素驱动金融产品创新的研究，主要集中在以下三个方面：一是数据要素赋能金融产品创新的优势。数据要素与金融产品创新的深度融合，能够有效缓解金融排斥问题，提高金融产品的可得性（姜明宇、周晓红，2019）。二是数据要素助力金融产品创新的机理。基于企业行为理论和新制度理论，发现数据要素发展导致的"经济压力"和"社会压力"促进了商业银行的产品创新（王诗卉、谢绚丽，2021）；三是数据要素驱动下金融产品创新的类型。随着金融机构的不断探索，新型金融产品不断地出台，如苏宁金融以数据要素为核心，结合客户在生态圈中的表现设计“信速融”“账速融”等新型金融产品。根据数据的类型和来源，新型金融产品可分为以下四种：第一，以企业结算信息为依据的“结算流水类”产品；第二，以商业交易信息为依据的“交易信息类”产品；第三，以企业资产信息为依据的“资产价值类”产品；第四，为银行内部筛选出的客户提供的“移动快贷类”产品（袁道强、王燕，2018）。

9.2.2　区块链构建全新信任范式

信任是人类活动的基础。在传统的信任模式下，不论是依赖熟人构建，还是依赖政府等“中介”构建，其本质都是基于对人的信任，这就导致传统信任的构建成本高且容易受主观因素影响。区块链作为构建“智能化”生产关系的关键支撑技术，使人类从个人信任、制度信任进入机器信任的新时代（黄晓波、王英婷、胡晓馨，2019）。凭借其防篡改、可溯源、去中心化的技术优势，区块链已被应用于众多领域解决信任问题，尤其在政务、医疗、金融三大领域最为显著。其一，区块链赋能政务领域。随着数字政府建设对数据要素提出了更高的要求，区块链在政务领域发挥的作用越来越显著。区块链可以满足政府部门对政务数据安全、真实等的要求，构建可信的政务数据环境（王娟娟，2022），同时，基于区块链能够提高政府部门和非政府部门之间的协作效率，实现行政流程的数据化、可信化。其二，区块链赋能医疗领域。医疗信息数据规模大且往往涉及大量的患者隐私。区块链与医疗领域深度融合，不仅可以实现医疗数据的可信流转，而且能够有效缓解医患问题中的信任危机（刘子昂、黄缘缘、马佳利，等，2021）。其三，区块链赋能金融领域。金融领域作为与区块链高度契合的应用领域，成为探究区块链应用场景的重点研究方向。区块链作为新一代集合创新技术，可以消除金融交易参与方因信息不对称带来的风险、提高金融领域数据的真实性、简化金融业务流程，有助于在金融领域建立统一征信体系，促进共享经济的发展（高锡荣、石颖，2019）。同时，将区块链的组成部分和特点融入供应链金融的各个环节，可有效解决供应链金融的发展困境，例如，凭借区块链防篡改等技术优势，生成可信、可拆分、可流转的电子凭证，能够实现核心企业的信用沿供应链无损传递（林永民，等，2021）。

以上的研究都关注到了区块链的技术优势，阐明了区块链构建全新信任范式的机理，深化了学术领域对这一研究主题的看法，但仍存在可拓展的空间。虽然学界针对区块链赋能金融领域已展开了充分的研究，但忽视了区块链技术在金融产品改革创新和融合拓展方面发挥的重要作用（刘丹丹，2020），区块链助力新型金融产品创新的机理还有待从学理上进一步探索。本研究从数字技术赋能的视角，探究区块链技术如何破除金融产品创新的数据获取与可信障碍，并通过三个典型案例的比较分析探讨应用落地的实践模式，拓展区块链赋能金融产品创新研究的广度。

9.3　金融产品创新堵点及成因分析

金融产品创新摆脱仅通过质押物进行融资的单一模式，依靠企业生产经营中产生的多维数据来判断企业的绩效，并据此来发放贷款。因此，金融机构如何充分掌握融资企业生产经营中所消耗的电力信息、收支流水信息等多维度数据，并据此对经营主体进行画像分析成为控制信贷业务风险的关键一环。但从实际运行情况看，新型金融产品在设计中存在以下三个问题。

9.3.1　数据质量把控困难导致不确定性加剧

数据要素是金融产品创新的主要驱动力。金融机构根据融资主体生产运营过程中产生的多维度真实数据对企业信用进行画像分析，从而确定企业的授信额度。然而，很多企业没有上市，经营年限较短，导致金融机构难以获取其经营信息。数据的缺失导致金融机构无法有效地判断企业的经营情况。已有金融机构采取平台化方式获取企业经营信息，然而，一方面部分企业由于信息化程度不高难以全面提供生产经营数据；另一方面，由于担心平台安全问题而主动提供数据的意愿不高。因此，当前金融机构获取企业生产经营信息的方式仍大量依靠业务人员线下的尽职调查。但由于业务人员不了解融资主体的经营背景，难以获取真实的经营信息，容易做出错误的判断，给金融机构带来风险。例如，当融资主体在经营中遭受严重损失时，为获取金融机构贷款，可能会隐瞒自身真实经营信息，导致金融机构增加坏账风险。同时，经营主体相关业务透明度低，导致数据存在被篡改的可能性，数据的真实性与完备性较差，加剧了金融机构提供贷款前可能面临的逆向选择和贷后面临的不确定性。

9.3.2 经营情况多变导致持续追踪繁难

在传统的信贷业务中，银行等金融机构主要依靠财务报表等信息对企业的经营情况进行评估，这实际上是对企业进行静态的分析。但企业经营是一个不断变化的过程，仅依靠财务报表等信息对企业提供融资服务导致金融机构难以实现对风险的有效控制。首先，从融资主体自身来看，提出融资申请的多为中小微企业，其抗风险能力较差，与大型企业相比，更容易出现经营波动，但其担心影响自身授信额度等，不愿向金融机构提供动态数据，导致金融机构在贷前难以准确判定企业的真实经营情况，贷后难以进行风险管理。其次，当前产业链上各企业之间的联系日益密切，融资企业易受到产业链上其他企业的影响，当其竞争合作关系发生变化时，势必会影响融资企业的发展。最后，在数字技术加速迭代的背景下，不断变动的发展环境向企业资金、人才等资源提出更高的挑战。企业必须不断探索全新的发展模式以适应快速变化的市场需求。这三方面原因共同导致金融机构难以对企业经营状况进行持续追踪，二者之间存在严重的信息不对称问题。这不仅影响了信贷业务的效率，而且当信贷过程出现问题时，无法锁定出现问题的真正环节。

9.3.3 信息共享模式受限导致信贷效率低下

在当前信贷模式下，金融机构与各融资主体的信息系统标准不同、交互性弱，导致信息孤岛现象大量存在，难以实现低成本的数据获取。金融机构需要耗费大量的人力资源以全面了解企业的经营情况，造成了信贷业务的运行效率不断下降。首先，随着企业数据越来越多元化、审核环节不断增加，银行业务人员在获取数据、审核数据过程中需要多部门协作进行，影响了贷前企业信息核查阶段的效率；其次，在融资服务过程中，对企业授信额度的测算、风险系数的评定、贷款资金的发放等环节涉及多个业务部门，各部门之间信息的流动性差，更新滞后，导致贷中业务链条运作效率低下；最后，由于信息系统不同，金融机构和融资企业无法实现实时的数据共享，金融机构难以把握贷款资金的去向、了解企业是否满足还款条件。这使借款人因没有还款意愿而导致金融机构收款困难的事件时常发生。面对这种情况，金融机构通常会采用催收甚至是诉讼的方式进行收款，影响信贷业务的效率。

9.4　基于区块链的数据共享平台模型构建

数据要素是金融机构进行产品创新的关键基础，因此，解决“数据获取与核实”问题成为当前金融机构亟待完成的工作。在数字经济背景下，建立一个全方位、多主体的数据共享平台就显得尤为重要（陈炫燕，2018）。区块链作为一种构建“智能化”生产关系的集成创新技术，凭借其防篡改、可溯源、去中心化等技术优势，已被广泛应用于不同领域。考虑到区块链自身技术特性与金融机构进行产品创新痛点的高度适配，尝试构建基于区块链的多主体数据共享平台架构，以解决金融机构进行产品创新过程中所需的数据问题，从根源上降低金融机构信贷业务的风险。

9.4.1　数据共享平台应用于金融产品创新的耦合度分析

首先，重构信息共享模式。平台化的信息共享模式将数据的获取方式由线下调查转向线上读取，同时区块链的 P2P 网络架构为数据的实时共享提供了保障。在传统的信贷模式中，金融机构主要通过业务人员线下调查的方式获取企业的经营数据，但是部分企业数据的碎片化程度高，业务人员难以低成本获取系统的、全面的数据，而且以财务报表等静态数据为标准判断企业的经营情况，往往容易造成金融机构的错误判断，致使其进行信贷业务的风险进一步加大。与传统的信贷模式相比，依托数据共享平台实现了企业经营数据的线上共享，突破了传统数据获取受到的空间限制，解决了业务人员线下尽职调查的成本问题；平台凭借区块链的 P2P 网络架构，可保障各参与方数据的实时共享，实现对企业经营情况的动态追踪，消除各主体之间的信息不对称问题；此外，平台参与方还包括国家电网、委办局等第三方数据源，丰富了金融机构参考数据的维度。数据共享平台实现了结果数据向过程数据的转变，重构了信息共享模式。动态数据与静态数据的结合为金融机构全面把控风险提供了基础。

其次，构建数据信任网络。数据共享平台凭借区块链可溯源、防篡改、去中心化的技术优势，可有效提高数据的真实性，实现平台参与方之间可信数据的流转。在以往金融机构设计的金融产品中，由于所获信息的真实性无法得到保障，并未取得良好的效果。金融机构主要以融资企业所提供的合同等纸质凭证为依据评估其经营状态及授信额度。但由于相关业务透明度较低，融资企业存在联合合作企业篡改数据的可能。同时，线下的尽职调查涉及大量人为因素，也会给数据的真实性带来影响。与传统的信贷模式相比，平台依托区块链的共识机制、加密算法及时间戳技术可构建平台参与方之间的数据可信网络。基于共识机制，企业上传的数据只有经过平台其他参与者的核实和验证后，才能够存入区块，提高了数据的真实性和完整性；基于区块链特有的加密算法，平台会对上传的数据实现加密，生成对应的哈希值，当企业对其经营数据进行篡改时，哈希值会发生变动，防止了数据的篡改；基于时间戳技术形成的块链式存储结构可以实现交易过程的追溯与重现。因此，利用区块链技术可保障平台数据的完整，防止数据的篡改，实现数据的溯源，降低因数据虚假给金融机构带来的风险。

最后，优化可信协作流程。数据共享平台实现了金融机构业务线上的转移，资金的自动发放与回收，凭借区块链技术构建的“去中介”陌生信任，提高了信贷流程的效率。在传统的信贷模式下，不管是在贷前审核、贷中放款还是贷后监督中，都需要涉及多个业务流程，导致操作流程繁杂、消耗人力资源巨大。同时，当面对融资企业不愿还款的情况时，金融机构需要采用催收、诉讼等方式来回收资金，给金融机构带来了不必要的交易成本。与传统信贷模式相比，数据共享平台凭借区块链的 P2P 网络架构，做到了数据在平台参与方之间点对点地流转，缩减了业务对手方的信息交互流程；基于共识机制降低了数据检验成本，缩短了数据审核周期；依托智能合约技术，可省去传统纸质合约签署的烦琐流程，凭借智能合约自动执行的特点，当融资企业满足借款、还款条件时，将触发智能合约，实现金融机构的自动放款和融资企业的自动还款，从而降低合同的执行成本。

9.4.2 数据共享平台模型框架及运行流程

在构建基于区块链技术的数据共享平台时，首先应当根据数据共享平台的目标设计包括金融机构、政府、企业、国家电网等多主体参与的联盟链。区块链可分为公有链、私有链和联盟链三种类型。公有链中节点相对较多，这虽然提高了数据的安全性，但是交易信息需要所有节点验证通过后才可以上链，导致公有链交易速度过慢。私有链由于节点较少，导致私有链的中心化程度较高，数据的安全性较低。而联盟链介于二者之间，普适性更强。鉴于新型金融产品研发涉及企业、金融机构、政府等多主体参与，联盟链部分去中心化的特点能够以较快的速度帮助金融机构实现数据的获取。因此，选择联盟链进行数据共享平台的构建。模型总体框架如图 9–1 所示。该平台以打破金融机构、企业、政府等主体之间的信息壁垒为目标，实现企业经营数据的开放共享，助力金融机构发掘数据潜在价值，设计新型金融产品以降低信贷业务风险。

数据共享平台的基础层为企业经营数据的开放共享构建了一个去中心化的、对等的互联网架构。基于 P2P 通信技术改变了由于系统标准不同而广泛存在的信息孤岛现象；加密算法、共识机制、时间戳技术实现了记录信息的真实性及可溯源；智能合约技术凭借其高度的自主性提升了平台的运行效率。数据共享平台的数据层主要负责数据采集、整合和存储。首先，平台通过数据采集机制可全方位获取不同维度的经营数据；其次，数据组织处理机制将采集而来的初始数据依据标准进行清洗与整合；最后，利用数据上链存储机制将整合后的数据存入区块。数据共享平台的应用层是基于基础层和数据层的一个应用门户，平台通过评分模型、额度测算模型、风险预警模型深度挖掘数据的潜在价值，同时为金融机构开展信贷业务提供参考。

在上述基础上，本研究提出基于区块链的数据共享平台运行流程，如图 9–2 所示：（1）政府部门、各金融机构、经营主体以及国家电网等其他数据源将相关数据上传至数据共享平台；（2）有融资需求的经营主体向金融机构发布贷款申请；（3）金融机构基于数据共享平台申请获取经营主体多维度数据；（4）利用多维度数据对经营主体进行画像分析，并通过评分模型、风险预警模型等确定其授信额度；（5）对发布融资需求信息的经营主体进行身份验证，验证通过后利用智能合约技术进行贷款发放；（6）融资主体满足还款条件时，将触发智能合约，自动向金融机构进行还款。全过程由中国人民银行负责权限管理和监督审核。

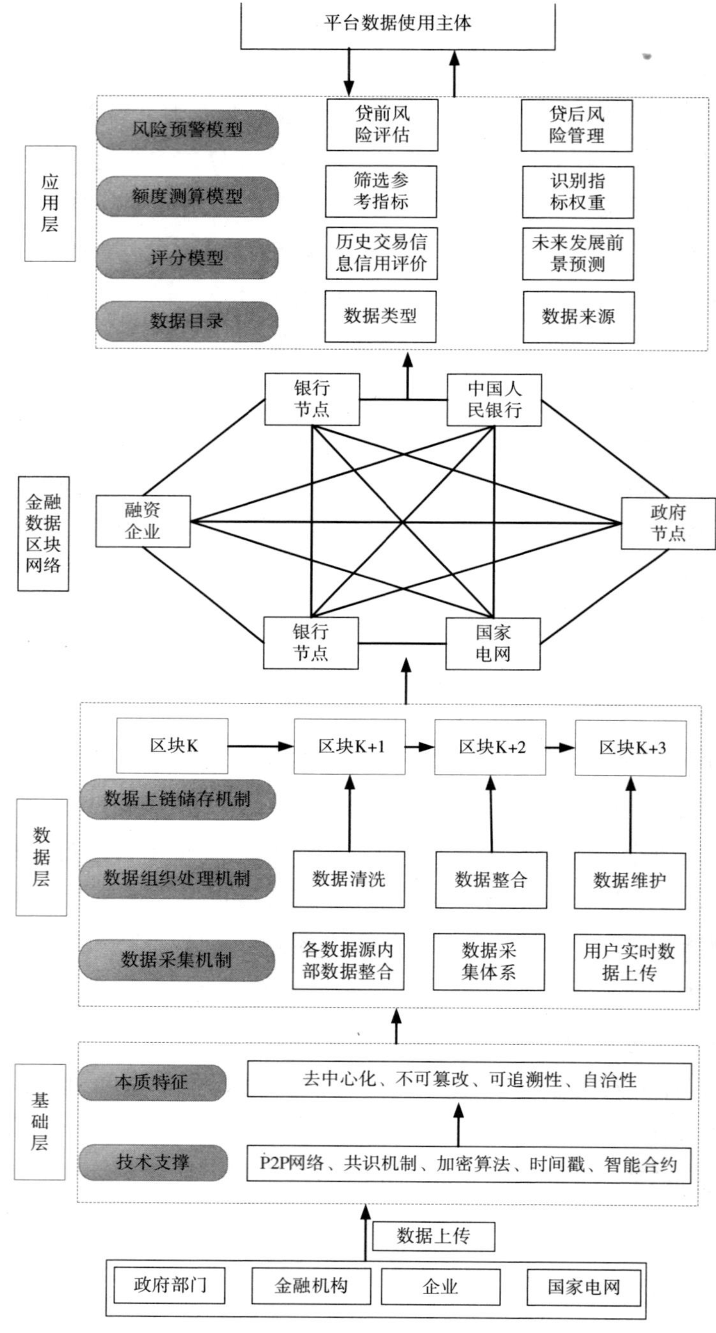

图 9–1　基于区块链的数据共享模式框架

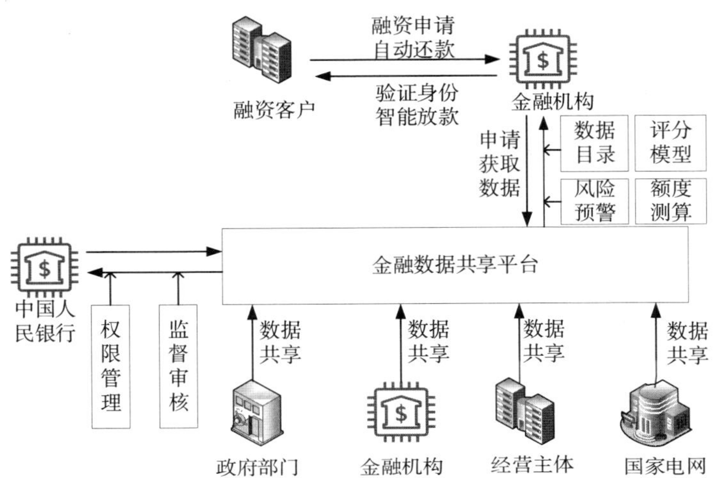

图 9–2 数据共享平台运行流程

9.5 数据共享平台的落地实践

在传统信贷模式下，企业各维度的经营信息均被企业内部或相关政府部门所掌握。企业担心隐私情况、各机构数据系统交互性弱等问题，导致企业的经营信息处于封闭状态，不对称现象严重存在。金融机构难以对企业的信用进行画像分析，也就无法对其提供金融服务。依托区块链构建的数据共享平台，实现了可信数据流转，提升了数据的利用价值。金融机构利用数据共享平台核实企业的经营情况，使单纯依靠抵押物进行融资的模式逐渐发生改变，根据不同维度数据设计的新型金融产品创新模式不断涌现，并取得良好成效。

9.5.1 “‘三农’政务数据 + 金融”模式：农户信用信息联网核查平台

“‘三农’政务数据 + 金融”模式是指依托数据共享平台上关于农村经营户的农机具、土地林地使用权、农作物市值、社保信息等政务数据全面分析其还款能力、还款意愿和风险指数，进而为农户群体开展金融产品创新活动。江西省农户信用信息联网核查平台打破中国农业银行、农村商业银行等金融机构与政府部门之间的数据壁垒，成为"'三农'政务数据 + 金融"模式的典型代表。基于该平台可实现涉农数据的实时共享，降低涉农金融机构获取农户各维度数据的成本，从而助力金融机构为农户这一特殊群体研发新型金融产品。在此之前，农村经营户信用信息十分分散，这不仅导致了金融机构的农村金融信息采集成本居高不下，而且使得农业贷款不良率无法有效控制，大大降低了金融机构对农户的放贷意愿。为此，中国人民银行南昌中支探索搭建了农户信用信息联网核查平台，并取得显著成效。其主要流程如图 9–3 所示：（1）农户向涉农金融机构发起贷款申请后，金融机构向数据共享平台发起针对申请融资农户的信用信息查询；（2）江西省政府各部门接收申请信息后，发送该农户的资产评估信息、社保信息、处罚信息等信用信息专项报告；（3）涉农金融机构接收信用信息专项报告后，结合自身数据审查申请融资农户的信贷信息、流水信息，生成农户信用报告；（4）根据报告判定农户的授信额度，并发放贷款。

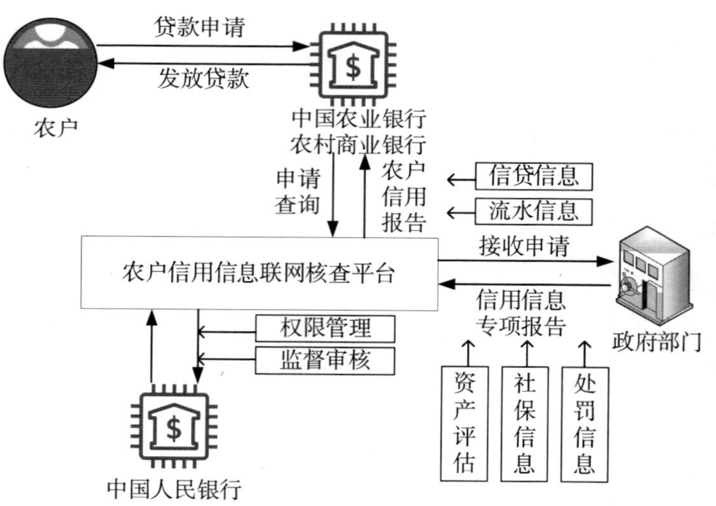

图 9–3　农户信用信息联网核查平台运行流程

江西省涉农金融机构依托农户信用信息联网核查平台不断探索新型金融产品，在综合分析自身能力、农户需求状况等条件后，"社保贷""乡村振兴贷"和"富民快贷"等新型金融产品不断出台，改善了农村金融环境，为农户解决融资难、融资贵的问题提供了全新的解决路径。截至 2022 年 5 月末，农户信用信息联网核查平台累计支持农户获得授信约 3.34 亿元。

9.5.2 “结算数据 + 金融”模式：企业收支流水大数据征信平台

“结算数据 + 金融”模式是指依托数据共享平台上的融资主体账户结算信息助力金融机构判断客户实际经营水平及授信额度，进而开展金融产品创新活动。江西省企业收支流水大数据征信平台在中国人民银行的牵头下，汇聚多家银行的企业收支流水信息，成为“结算数据 + 金融”模式的典型代表。基于该平台金融机构能够全面了解企业运行情况，降低风险控制成本。在传统的金融服务模式中，银行只能获得企业在本银行产生的流水信息，但一般企业会开设多个对公账户分散在不同的银行，这使得银行难以把握企业的真实经营情况，银行的风险控制成本很高。为降低银行的信贷风险，中国人民银行南昌中支从完善中小企业信用体系的角度出发，探索建立了企业收支流水大数据征信平台，并取得显著成效。其主要流程如图 9–4 所示：（1）企业向银行申请融资后，银行通过平台向中国人民银行申请查询企业流水报告；（2）中国人民银行在接收申请后，通过平台采集该企业在各银行的收支流水情况；（3）中国人民银行通过自身数据分析平台对采集的数据进行分析，生成企业收支流水报告；（4）将报告反馈给申请银行，申请银行分析报告数据，测算授信额度，并发放贷款。

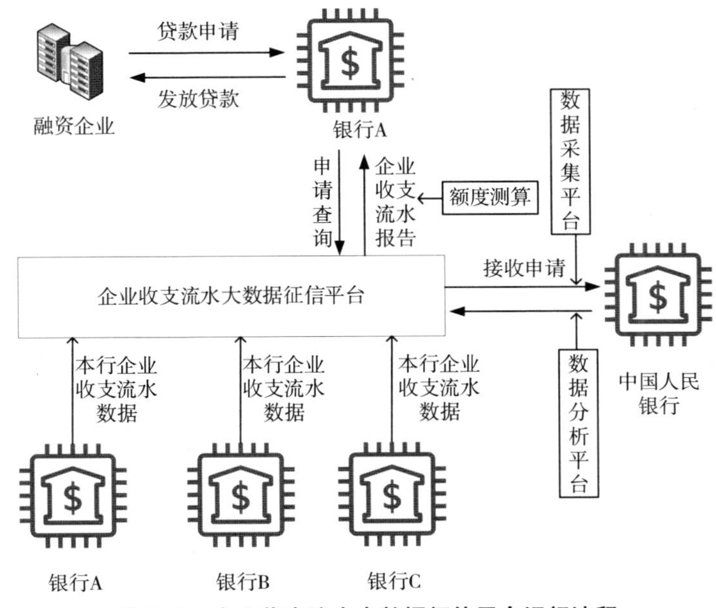

图 9–4　企业收支流水大数据征信平台运行流程

2021 年 9 月，建设银行、江西银行吉安分行基于企业收支流水大数据征信平台推出贷前、贷中、贷后全流程线上化的新型金融产品——“企业流水贷”，为企业融资发展提供了有效金融支持。随后，建设银行创新推出“收支流水云贷”等金融产品，有效契合企业短小频急的资金需求。截至 2022 年 2 月末，江西省金融机构依托企业收支流水大数据征信平台共投放贷款 1160 笔，金额 67.98 亿元。深化了普惠金融改革，有效解决了在从事企业信贷过程中银行间各类账户信息不透明、线下调查成本高的难题。

9.5.3 “能源消耗数据 + 金融”模式：企业电力信贷融资平台

“能源消耗数据 + 金融”模式是指依托数据共享平台上融资主体的电力、煤炭、燃气等能源消耗数据评估企业的运转情况，进而开展金融产品创新活动。长兴县企业电力信贷融资平台消除了金融机构与国家电网之间的信息不对称现象，成为“能源消耗数据 + 金融”模式的典型代表。基于该平台，金融机构可获取企业的用电数据，并结合自身企业数据，通过电力授信模型，把握企业的运转情况，预测企业发展前景。2020 年 4 月，疫情冲击下的长兴县企业陆续复工复产，但是由于不断增加的订单数量，企业的资金周转面临巨大挑战。而在生产制造业领域，很多企业的用电数据可以比较直观地反映其运转情况，用电数据可以在贷前客户营销、贷中额度测算、贷后风控预警等各方面起到比较好的作用。基于此，中国建设银行长兴支行联合国家电网长兴县供电公司共同探索搭建了企业电力信贷融资平台。其主要流程如图 9-5 所示：（1）生产制造业领域的企业向银行等金融机构提出融资申请后，金融机构通过数据共享平台获取企业用电数据；（2）金融机构将自身企业数据与用电数据结合，利用电力授信模型生成企业用电报告，进行授信额度测算及风险判定，并发放贷款；（3）依托贷后企业用电数据，对企业经营状况进行追踪，评定贷款风险。

2020 年 4 月，中国建设银行基于企业电力信贷融资平台推出新型金融产品——“云电贷”，并于 12 日成功发放首笔贷款。随后“电费贷”等新型金融产品也陆续出台并成功实现贷款发放。在“云电贷”“电费贷”等金融产品的助力下，2020 年 7 月，长兴县贷款余额达到 1005.04 亿元，突破千亿大关，贷款增量位居全市前列。

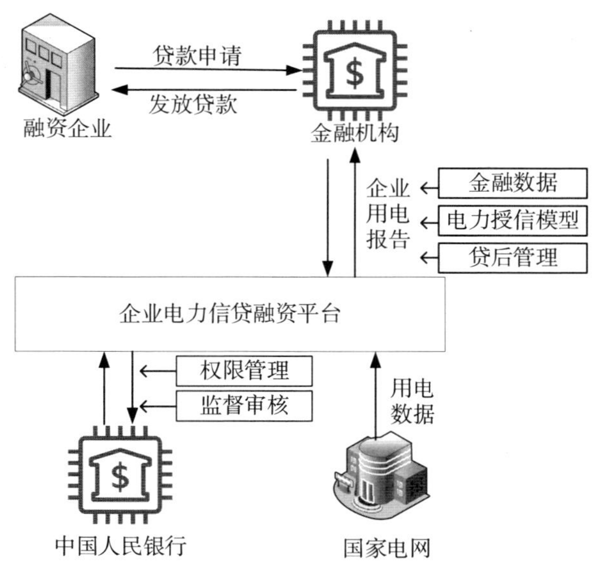

图 9-5 企业电力信贷融资平台运行流程

9.6 比较分析

基于数据共享平台模型所实现的三种典型模式，对推进金融机构进行产品创新发挥了重要的作用。如要继续创新与推广金融数据共享典型应用，应考虑现有模式的有效性和差异性，以更好地促进金融机构探索产品创新的路径。因此，需要从实施条件、困难性、创新成效三个维度对上述三种不同的金融产品创新模式进行比较，为其他金融机构开展金融产品创新提供有益借鉴与启示。

9.6.1 实施条件比较

三种不同的金融产品创新模式均借助数据共享平台实现数据的可信流转，进而开展金融产品创新活动，因此保障平台稳定性和高效性成为三种典型模式的实施前提。平台搭建方的智能化程度决定了平台能否稳定地运行，而平台参与方之间的合作水平又直接决定了平台的运行效果，所以选择从平台搭建方和平台参与方两个角度对其进行分析。(1）从平台搭建方来看，三种数据共享平台均由国家机关或国有企业探索搭建，这些机构的数字基础设施完善、科研力量雄厚，不仅维持了平台的秩序，而且为平台的稳定运行提供了技术支撑。（2）从平台参与方之间的合作水平来看，三个平台均由中国人民银行负责权限管理和监督审核，维护了平台的交易规则，提高了平台的运行效率。此外，农户信用信息联网核查平台由江西省政府主导，规范了参与方合作的行为，提高了合作的水平；企业收支流水大数据征信平台可在保障隐私的情况下，进行数据多方安全计算，实现数据的“可用不可见”，调动参与方合作意愿，提高合作水平；企业电力信贷融资平台由国家电网长兴县供电公司和中国建设银行长兴支行共同主导，参与方较少，有利于参与方进行充分的沟通，提升合作效率。

9.6.2 困难性比较

平台搭建方高水平的智能化程度和平台参与方良好的合作关系共同保障了平台的稳定及效率，为三种不同金融产品创新模式的落地实施提供了前提。但三种典型模式要想在更大范围内得到推广，就必须考虑实施的困难性。困难性程度主要涉及两方面：一是金融服务对象的信息化水平，二是金融服务对象的接受程度。（1）“‘三农’政务数据 + 金融”模式的服务对象为农户这一特殊群体，该群体的信息化水平较低，应用平台的能力较弱，影响了该模式的实施效果。从接受程度看，由于农户对新兴事物的接受速度较慢，降低了农户的参与热情，使该模式的推广范围受到限制。（2）“结算数据 + 金融”模式和“能源消耗数据 + 金融”模式的服务对象均为企业，信息化水平相对较高，对数据上传、贷款申请等操作流程较为熟悉，提高了模式的实施效果。从接受程度看，“结算数据 + 金融”模式是通过聚集企业在各行的账户结算信息来判定企业的经营状况，但企业由于担心在共享结算信息时出现隐私泄露的问题，因此，“结算数据 + 金融”模式在推广范围上有一定的局限性。而能源消耗信息往往不存在隐私问题，使“能源消耗 + 金融”模式的推广范围最广。

9.6.3 创新成效比较

金融产品创新是有效解决传统信贷模式中银行等金融机构风险控制难度大、金融服务针对性不强、数据利用效率不高等问题的重要路径。但是，由于不同金融产品创新模式的实施条件和困难性存在着一定的差异，所呈现的创新成效也不同。为了更好地比较三种典型模式的成效，主要从创新成效的受众范围和见效速度两个维度进行分析。（1）农村信用信息联网核查平台代表的“‘三农’政务数据＋金融”模式为农户这一特殊群体提供金融服务，模式的受众范围较小。同时，由于农户数据的碎片化程度高，收集与审核的流程相对复杂，且农户对数据化金融产品的使用能力有限，所以该模式创新见效速度较慢。（2）企业收支流水大数据征信平台代表的“结算数据＋金融”模式的服务对象为所有企业，模式的受众范围较广。由于银行等金融机构的信息化水平较高，促进了数据在其之间的高效流转，所以该模式创新见效速度较快。（3）企业电力数据融资平台代表的“能源消耗数据＋金融”模式的服务对象为制造业企业，模式的受众范围较小。但是由于该模式涉及的参与方较少、数据涉密性较低，所以该模式创新见效速度最快。

9.6.4 小结

通过比较分析，三种典型模式均依托稳定且高效的数据共享平台开展金融产品创新活动，都将降低金融机构的风险控制成本作为重要目标。各地区金融机构应根据金融服务对象与风险控制要求，将数据共享平台应用于不同的场景，选择不同的金融产品创新模式。但是，由于不同模式的参与方信息化水平、思想意识等的区别都在一定程度上影响平台的实施条件、困难程度以及创新成效。因此，为了降低金融产品创新模式实施的困难性程度，应提高融资需求方信息化水平和接受能力。同时，注重对不同类型的数据共享平台进行差异性和针对性的效果评价。由于平台的参与方不尽相同，应建立差异化的评价体系，有针对性地弥补不足，以促进金融产品创新模式的发展与应用。

9.7 结论与建议

9.7.1 主要结论

当前，金融产品创新成为金融机构满足外部市场需求和降低内部风险控制成本的重要方式，然而难以获得企业真实可信的多维度数据是制约金融产品创新的重要因素。区块链凭借其去中心化、防篡改、可溯源的技术特征在丰富金融产品内容领域发挥了重要作用（孙娜，2018）。本章围绕区块链技术如何解决金融产品创新过程中所需要的可信数据以及如何基于多维度数据进行金融产品创新两个核心问题，针对金融产品创新堵点，利用数字赋能理论，构建基于区块链技术的数据共享平台，系统探索了数据共享平台赋能金融产品创新的机理；同时，通过案例比较分析的方法，探究如何基于不同维度数据选择适合的金融产品创新模式。研究表明：（1）基于区块链技术构建的数据共享平台能够重构信息共享模式、构建数据信任网络、优化可信协作流程，实现数据的可信流转，解决金融产品创新过程中的数据问题；（2）金融产品创新模式的发展需要以稳定且高效的数据共享平台为基础，金融机构应根据金融服务对象和风险控制要求，选择不同的金融产品创新模式。本章解构了区块链赋能金融产品创新的机理，深化了区块链与金融领域融合发展的理论，对解决金融机构进行产品创新中的数据问题具有现实意义。

9.7.2 对策建议

基于区块链技术的数据共享平台可实现企业多维度数据的实时共享，激发金融机构进行产品创新的内生动能。但不可否认的是，我国区块链技术的应用还有待提高，区块链技术的潜能尚未完全释放。为了促进基于区块链技术的数据共享平台的落地与发展，从技术、生态、意识三个角度提出以下建议：第一，加快探索与研发区块链前沿技术，打破金融创新瓶颈。区块链自身技术的成熟度与新型金融产品的效果呈现正相关关系。金融机构应努力突破多方安全计算、联邦学习等区块链前沿技术，提高风险控制模型的设计能力，充分发掘数据的价值；建立针对区块链平台的评价系统，从核心技术、应用场景及监管治理等方面对平台的安全性和稳定性进行测试，并针对暴露的问题实施差异化方案。第二，优化“区块链＋金融”生态治理模式，提升金融服务质量与效率。去中心化程度、信用程度与运行效率之间呈负相关关系，平台审核节点越多，其运行效率越低。区块链平台应设立相关权限管理标准，根据上传的不同维度数据，将不同的相关对手方设立为审核节点，而不再需要区块链上所有节点进行审核，从而提高平台的运行效率，引导金融机构与区块链平台开发企业良性合作，探索区块链技术与金融领域融合新场景，完善“监管沙盒”模式，在风险可控的前提下，促进区块链与金融领域的深度融合。第三，正确树立新兴技术应用观念，夯实金融产品创新基础。目前，许多企业对新兴技术的认知存在很大误区，使新兴技术难以和企业经营活动深度融合。建议区块链平台开发企业安排相关技术人员深入企业内部进行专业化培训，纠正企业关于信息技术的错误观念；培养企业多重技术综合发展的意识，探索区块链底层技术与物联网、大数据等新兴技术融合发展的新业态。在实现企业经营数据自动采集的同时，利用数据交叉验证的功能从源头上保障上链数据的真实性，实现链上数据与物理世界的有效连接。

第 10 章　区块链赋能医疗收费电子票据的机理与案例研究

在健全多层次医疗保障体系的目标下，实行医疗收费电子票据改革愈发重要。然而，医疗收费电子票据在应用过程中存在的骗保风险高、流转链条脱节、监管追责繁难等现实困境制约了其规模化推广。基于数字技术赋能理论，探究了区块链赋能医疗收费电子票据管理的机理，构建了区块链医疗收费电子票据平台；通过对平台在实践中形成的“链盖章”模式进行系统分析探究了平台的实践进路。研究发现：（1）区块链技术通过塑造票据流通生态链、构建业务可信网络、更新监管治理模式三方面破除医疗收费电子票据应用中业务闭塞、监管僵化等现实难题。（2）平台在实际建设时应打造由政府部门主导、技术提供方参与的建设模式。同时，应注重协调各参与方间的合作水平、提升其技术应用能力与接受能力，建立多层次、多维度的评价体系，助力平台更好地发挥促进与保障作用。基于研究结论，从技术、标准、监管三个角度提出建议，助力区块链医疗收费电子票据平台的落地，加速医疗收费电子票据的发展（林永民，等，2023）。

10.1　引言

《“十四五”全民医疗保障规划》明确了“十四五”期间全民医保总体目标，指出要实现多层次医疗保障体系的健全。而传统纸质医疗收费票据由于印制成本高、交验效率低、共享能力差等问题使其成为健全医疗保障体系的瓶颈。以互联网技术为依托，实行医疗收费电子票据改革不仅是满足我国居民健康需求的重要一环，也是适应我国现代化财政改革的关键（马伊芳、高一红，2021）。早在2010 年，我国已经开展了财政票据电子化改革思路的探讨，其中，医疗领域作为财政票据最大的应用场景，成为改革的重点领域。2019 年财政部、国家卫生健康委和国家医疗保障局联合下发《关于全面推行医疗收费电子票据管理改革的通知》（财综〔2019〕29 号），决定于 2020 年年底前全面推行医疗收费电子票据管理改革，推广运用医疗收费电子票据。相较于传统纸质票据，医疗收费电子票据不仅具有相同的法律效力，而且能够有效简化患者应用流程、提高医疗机构服务效能、加大政府监管力度。然而，在实际应用过程中，由于医疗收费电子票据自身防伪性能缺失、交验效率低下、流转机制匮乏等原因，骗保风险高、流转链条脱节、监管追责繁难等顽疾依然存在，制约了医疗收费电子票据的规模化推广。如何破除医疗收费电子票据应用困境，成为当前学界与业界关注的重点内容。

当前，数字技术正在从根本上改变着经济社会发展方式，使物理空间与数字空间的边界逐渐模糊（郑江淮，等，2021），被称为具有熊彼特“创造性破坏”意义的经济发展新动能。工业界普遍认为数字技术应用于传统产业与新兴产业，并使其产业结构发生基础性、全局性、根本性变革的核心机制就是“赋能”（冯子洋，等，2023）。作为数字技术的一种，区块链凭借其防篡改、可溯源、去中心化等技术优势已被广泛应用于低信任度领域、高交易成本领域和高不确定性领域（林永民，等，2022；赵爽、张巧婕，2023），将其与医疗收费电子票据创新结合，可塑造票据流通生态链，构建可信业务网络，更新监管治理模式，解决医疗收费电子票据应用困境，为深化医疗收费电子票据改革提供全新路径。但如何基于区块链破除医疗收费电子票据堵点的机理还有待从学理上进一步阐释，基于区块链深化医疗收费电子票据改革的实践路径仍有待明晰。

综上所述，本章基于数字技术赋能视角，将尝试回答以下两个问题：第一，区块链破除医疗收费电子票据应用困境的理论逻辑是什么？第二，如何运用区块链深化我国医疗收费电子票据改革？通过回答上述两个问题，本章将丰富区块链领域相关研究，拓宽区块链技术应用场景，对深化我国医疗收费电子票据改革提供有益见解，并为进一步全面推进财政电子票据改革提供借鉴。

10.2　我国医疗收费电子票据应用困境

医疗收费票据是指非营利性医疗卫生机构从事医疗服务取得收入时开具的凭

证，与应税票据不同，医疗收费票据不仅是财政部门、卫生部门等对医疗机构进行管理与服务的依据，也是患者进行医疗报销的关键凭证。对医疗收费票据实行电子化改革就是以数字信息代替纸质文件、以电子签名代替手工签章，通过网络手段进行传输流转，通过计算机等电子载体进行存储保管，从而实现票据从印制到管理的全流程优化，其与传统纸质票据的比较优势见表 10–1。然而，从实际应用情况看，医疗收费电子票据在推行中仍存在以下问题。

表 10–1 传统票据与医疗收费电子票据的比较

项目	传统纸质票据	医疗收费电子票据
票据印制	资源消耗大、印刷成本高	绿色低碳、降低财政支出
票据领购	人工领取，费时费力	票种核定、线上发放
票据开具	人工填写，容易出错	线上线下开票；可批量导入、智能填充
票据交验	当面或快递邮寄，交验成本高且易丢失损坏	短信通知；网站或 App 下载交互查验
存储方式	人工存储保管，成本高且易遗失损毁	云端存储，容易查询
监督管理	统计、审计工作繁重，手动翻存根	电子信息系统管理，效率上升

10.2.1 骗保风险高

医疗收费电子票据虽有效破除了因票据遗失而导致的报销困境，但重复报销、虚假报销等骗保行为未得到有效规避。据统计，2022 年全国共破获医保骗保案 2682 起，抓获 7261 人，追缴医保基金 10.7 亿元。造成骗保事件频发原因主要聚焦于以下三个方面。首先，造假成本低。与传统纸质票据相比，医疗电子票据不再具有物理唯一的防伪性能，违法者仅利用 PS 软件或相关系统，便能够轻松开具出真假难辨的虚假医疗收费电子票据。其次，核验难度大。医疗收费电子票据的鉴别只能通过财政部门官网进行核实，然而，这种鉴别方式，一方面，智能化程度低下，只能手动输入票面信息，导致其难以适用于大批量核验；另一方面，去中心化的存储方式，导致数据源服务器压力过大，查验效率低下。最后，系统交互弱。根据《中华人民共和国保险法》规定，重复保险的各保险人赔偿保险金的总和不得超过保险价值。然而，由于各地区之间的医保系统交互性弱，医疗收费电子票据的报销状态难以实时共享，患者有机会打印多张电子票据进行重复报销，扰乱报销规则（顾红萍，2022）。

10.2.2　流转效率低

医疗收费电子票据作为一种重要的原始凭证，常用于跨部门医疗业务办理的信息共享，其流转速度与业务办理效率呈正相关关系。然而，医疗收费电子票据虽满足了流转过程中多方引证、反复使用的实际需要，破除了业务办理的空间障碍，在一定程度上促进了信息共享，但发放时效长、应用效率低等现象依然存在，医疗收费电子票据尚未发挥出真实价值。从票据开具视角来看，医疗收费电子票据的发放仍须票据人员手动操作，尚未实现智能化，繁杂的核对程序使票据人员难以实时掌握医疗机构的票据使用情况，造成未及时补充而导致医疗机构无票据可用的风险（李飞，2022）。同时，当开具的票据出现错误时，须人工对其修正，进一步降低了票据的开具效率。从票据应用视角来看，医疗收费电子票据的应用流转中涉及多个主体、多个环节，由于电子票据真伪查验效率低下，加之缺乏可信的流转机制，使各主体间难以共享审核数据，信息孤岛现象严重，无法进行多部门业务协同。数据流动性差、更新滞后等问题使业务链条整体运作效率低下，票据流转应用与信息共享速率受阻。

10.2.3　监管追责难

医疗收费电子票据以互联网技术为依托，具有高速、便捷、隐匿等特点，这使得相关部门在实施监管行为时既具有便利性，也充满复杂性与不确定性。第一，医院财政管理系统的特殊性增加了监管的难度。医院财政管理系统不仅通过医院内网与医院管理信息系统连接，又通过外网与财政票据管理平台、医保平台等相互连接，数据在各平台间不断交互共享的同时也给了违法分子可乘之机，由于软硬件条件，违法分子可在不泄露身份的情况下实现对票据信息的“调包”或篡改，这就造成了监管部门调查管理成本的几何式上涨。第二，医疗收费电子票据虽有助于监管部门实现对医疗机构的跨时空管理，但当前对其监督仍需要线下的尽职调查加以辅助。然而，由于监管人员不了解医疗收费票据产生的真实背景，容易作出错误的判断。第三，由于各机构间广泛存在的信息壁垒，一方面使监管部门难以准确掌握各机构的真实需求，无法对相关政策进行适度调整；另一方面难以对医疗收费电子票据的流转链条进行追溯与重现，当出现问题时，无法锁定出现问题的真实环节与责任主体，不仅增加了监管的成本，而且当造成误罚时，更影响了监管部门的公信力。

10.3 区块链赋能医疗收费电子票据管理的理论逻辑

数字技术赋能是指通过数字技术激发行动主体自身能力，开创问题的全新解决路径与方法，助力行动主体破除无力感，完成既定目标的过程。区块链作为新一代集成创新技术，赋能医疗收费电子票据管理，将通过塑造票据流通生态链、构建可信业务网络、更新监管治理模式三方面促进我国医疗收费电子票据改革的顺利实施。

10.3.1 塑造票据流通生态链

基于区块链技术可破除信息壁垒，打造医疗收费电子票据应用业务全闭环，重新塑造票据流通生态链。一方面，重塑票据发放流程。依托智能合约技术可替代电子票据管理人员对票据使用情况的审核工作，凭借其自动执行的特点，当医疗机构电子票据不足时，将会触发智能合约，实现电子票据的自动补充；另一方面，重塑票据应用流程。基于区块链的分布式存储与共识机制，可保障数据在各流转机构中的一致性，实现票据相关数据的实时共享，规避传统中心化服务器压力过大而造成的网络阻塞，而通过区块链的 P2P 网络架构，可实现数据在各部门之间点对点地流转。三者的有机结合，不仅可以为群众提供“一站式”服务模式，提升社会服务能力，而且能够解决因信息孤岛带来的重复核验问题，有效缩减相关部门间的信息交互流程，实现业务协同，降低票据流转成本，提升流转效率。

10.3.2 构建可信业务网络

利用区块链技术将实现对医疗收费电子票据全生命周期的记录与管理，构建可信业务网络，有效解决票据造假、重复报销等应用难题。首先，实现票据源头可信。电子票据由财政部门统一制样、赋码、发放和上链，并通过数字签名技术对其进行签名，有效保障了票据源头的可靠性和稳定性。其次，实现票据内容的可信。基于区块链的哈希算法，可对票据内容实现加密，生成对应的哈希值，当违法者对票据内容进行篡改时，哈希值会发生变动，从而抑制票据造假行为的产生，有助于建立票据内容与实际交易间的硬性连接。最后，实现票据状态可信。在区块链网络中，票据状态将在各地区医保部门、财政部门间共享，在实现异地业务协同的同时，使重复报销问题无处遁形。

10.3.3　更新监管治理模式

基于区块链不可篡改、可溯源的技术特征，可实现对医疗电子收费票据的全流程追溯与审计，有效降低监管部门的工作强度，助力监管部门实现实时穿透式监管。第一，变单一事后控制为事前事后双监督，打造智能监管模式。将医疗收费电子票据的业务规则与行业规范写入智能合约，不仅能够在违法者实施违法行为前进行预警与提示；而且在违法事件发生后会立即触发智能合约，通过跨链技术连接司法机关执行违法程序。区块链技术将协助监管方自动监管与智能分析，规范医疗收费电子票据各应用主体行为。第二，提供可信司法证据，及时确定作恶环节。时间戳技术与块链式存储结构的有机结合，可实现电子票据从生成、流转、储存到使用的全生命周期操作留痕，监管部门可对票据情况进行实时查看与溯源，当问题发生时，可迅速发现违法者的作恶行为。同时，利用区块链数字签名技术，可助力监管部门及时锁定违法人员并提供其无法否认的可信司法证据。

10.4　区块链医疗收费电子票据平台构建

在充分考虑区块链技术与当下医疗收费电子票据发展实际诉求高度耦合的基础上，本章尝试以数字技术赋能理论为指引构建区块链医疗收费电子票据平台，以期将各业务方所面临的痛点转化为满意点，促进医疗收费电子票据的健康持续发展。

10.4.1　区块链医疗收费电子票据平台系统架构

鉴于医疗收费电子票据应用流程的特点，在构建区块链医疗收费电子票据平台时，设计包含患者、医疗机构、医保部门、财政部门等多主体参与的联盟链。联盟链部分去中心化的特点不仅能够满足医疗收费电子票据应用过程中各利益相关者的真实诉求，而且能够保障数据的流通速度，兼顾公平与效率。区块链医疗收费电子票据平台系统架构如图 10–1 所示。该平台以补足医疗收费电子票据短板为目标，打破了电子票据的流通壁垒，满足了票据信息在各流转机构间实时共享的现实需求，重塑了医疗保障体系。

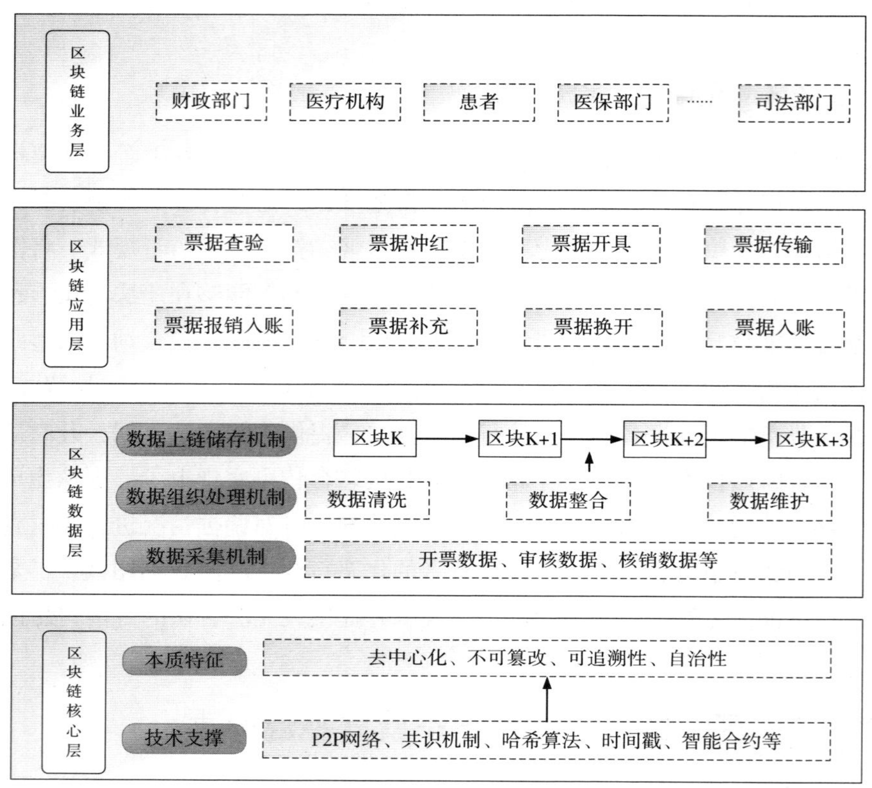

图 10-1　区块链医疗收费电子票据平台系统架构图

区块链医疗收费电子票据平台由核心层、数据层、应用层和业务层构成。核心层为电子票据的高效流转构建了一个去中心化的互联网架构。一方面，打造了开放式的平台接触规则，赋能医疗收费电子票据流转过程中各利益相关方与平台间的交互流程；另一方面，凭借其防篡改、可溯源等技术特性，规范了参与方的行为，提高了平台的运行效率，为应用层的高效安全运转提供必要的底层技术支撑。平台的数据层主要负责对数据的实时采集、整合和存储。首先，平台通过数据采集机制全方位获取开票信息、审核信息与核销信息等多维度数据；其次，数据组织处理机制将采集的初始数据按照标准进行清洗与整合；最后，利用数据上链存储机制将整合后的数据存入区块。平台的应用层与业务层是平台的应用门户，主要针对医疗收费电子票据痛点，更新其各应用环节，实现电子票据从开具到报销入账的全流程闭环化、管理智慧化，以满足各部门的利益诉求。

10.4.2　区块链医疗收费电子票据平台运行流程

为系统梳理复杂流程，呈现医疗收费电子票据流转链条，提出区块链医疗收费电子票据平台运行流程，如图 10–2 所示。第一，在诊疗结束后，医疗机构根据患者信息、缴费金额等内容开具电子发票，并上传至平台，患者可凭就诊信息通过手机等设备获取电子发票。第二，患者通过平台向医保部门等提出报销申请后，医保部门基于平台核实医疗收费电子票据开具、流转等信息，并将核实情况、报销数据反馈回平台，以便患者实时了解报销进度。同时，当满足报销条件时，将触发智能合约，实现报销金额的自动发放。报销完成后，票据将置于已报销状态并与平台各节点共享报销信息，避免重复报销事件的发生。第三，财政部门等通过平台实时审核票据使用数据、流转数据等信息。一方面，跟进医疗机构票据使用情况，通过智能合约实现票据的自动补充；另一方面，当票据流转过程中出现违法现象时，可通过跨链技术直接对接司法区块链，维护各主体权益，为票据高效流转提供安全稳定的环境。

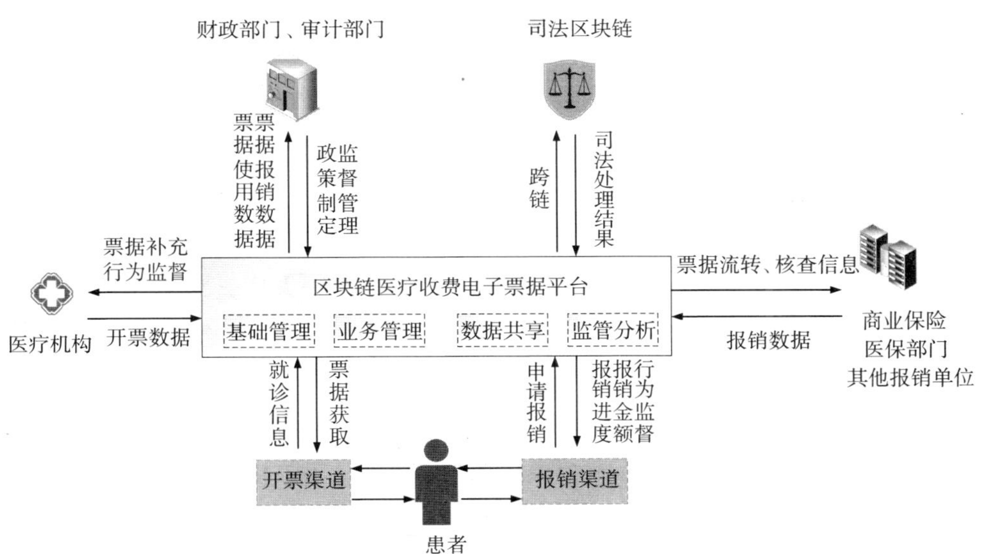

图 10–2　区块链医疗收费电子票据平台运行流程图

10.5 “链盖章”模式：浙江省区块链医疗收费电子票据实践

依托区块链构建的医疗收费电子票据平台，实现了各主体间的数据联通、业务联动，打造了穿透式监管模式，推动了我国医疗收费电子票据改革的步伐，形成了医疗收费电子票据管理的“链盖章”模式。近年来，浙江省、海南省、福建省等地纷纷将区块链医疗收费电子票据平台投入实践，并取得了初步成效，其中浙江省区块链医疗收费电子票据平台凭借其高效的运行流程、显著的改革成效，已在破解“看病烦、报销慢、监管难、成本高”等方面取得实质性突破，成为国内“链盖章”模式的典型代表。

10.5.1 案例描述

长期以来，传统医疗收费票据由于开票数量巨大、印刷成本高昂、管理效率低下等问题，给患者就医、医保报销、财政监管等带来诸多不便。浙江省财政厅深度把握医疗票据痛点、堵点，切实找准数字化改革着力点，聚焦规则重塑、流程再造、数据治理，与蚂蚁集团展开合作，探索搭建了区块链医疗收费电子票据平台，打通患者就医流程优化的“最后一公里”，全面重构了传统就医报销流程，实现了票据数据安全共享、业务协同、便捷报销、智能监管。浙江省区块链医疗收费电子票据平台所取得的机制创新主要集中在三方面。第一，构建智慧就医服务机制。在传统的医保体系中，患者就医须经挂号、就诊、缴费、取票、拿药、取报告等多个环节，就医流程烦琐。而浙江省区块链医疗收费电子票据平台实现了患者与医疗机构间各阶段的有效联通，患者只需通过“浙里办”App，便可一站式完成就医各个环节，无须窗口反复排队缴费。据测算，基于区块链医疗收费电子票据平台，患者平均看病环节从 6 个减少到 2 个，人均就诊时间从 170 分钟降低为 75 分钟，大幅缩减就医时长。第二，打造快捷报销服务机制。在传统的医保体系中，报销业务所需时间一般为 12 个工作日，当涉及异地就医的医保零星报销业务时，时间往往会进一步加长。而浙江省区块链医疗收费电子票据平台打通了各部门间的数据壁垒，各地医保部门可以通过平台直接对票据进行审核查验，患者通过“浙里办”App 进行网上申报，不再需要凭纸质票据到参保地医保部门报销，报销平均时间从 12 个工作日压缩到 5~8 分钟，大幅提升报销速度。

第三，建立智能监管服务机制。在传统的医保体系中，医疗收费电子票据鉴别真伪一般需要几天时间，各部门查验审核压力巨大，利用区块链的数字加密技术，在医疗电子票据上加印数字二维码，形成医疗电子票据的定制化数字指纹，大幅缩减票据的查验时长，鉴别时间从几天降至几秒，减轻了浙江省医保部门的查验压力。同时通过对电子票据状态的实时共享，也从源头上杜绝了重复报销的可能，降低了监管成本。截至 2022 年 12 月底，浙江省医疗电子票据已经遍及全省 1900 家医疗机构，基于区块链开出医疗收费电子票据累计 20 亿张，金额达 5736 亿元，财政票据电子化率达 99%，稳居全国第一，浙江省成为国内电子票据改革推进速度最快、开票数量最多、开票金额最大的省份①。

10.5.2 案例分析

浙江省基于区块链医疗收费电子票据平台探索的“链盖章”模式，对于深化医疗收费电子票据改革发挥了重要作用，如要继续创新与推广，应充分考虑该模式的有效性及地区适配性，以更好地促进其规模化推广。因此，需要从实施条件、困难性与创新成效三个维度对该模式进行分析，以期掌握平台的建设应用流程，进而为其他地区开展医疗收费电子票据改革工作提供有益借鉴与启示。

从实施条件维度来看，浙江省区块链医疗收费电子票据平台在推进当地“链盖章”模式的实施中发挥着关键的载体作用，协调着各主体间的利益需求与价值关系，因此保障平台的稳定性和高效性成为稳步实行“链盖章”模式的前提。平台依托力量是否充足决定着平台能否稳定高效运行，而平台参与方间的合作水平又直接决定了平台的运行效果，因此，选择以上两个视角分析其实施条件。

从平台依托力量来看，浙江省区块链医疗收费电子平台由浙江省财政厅主导、蚂蚁集团探索搭建，财政厅对浙江省票据改革需求的深度把握与蚂蚁集团雄厚的科研力量相结合实现了技术与诉求的高质量融合，为平台的稳定运行提供了支持。从平台参与方间的合作水平来看，该平台的参与者多为政府机构，强大的监管力量有效规范了平台的运行秩序，提高了合作的水平。

从实施困难性维度来看，虽然平台强有力的依托力量和平台参与方间良好的合作关系共同保障了平台的稳定高效运行，为浙江省“链盖章”模式的落地实施

① 数据来源：蚂蚁集团官方报告。

提供了前提。但该模式要想在更大范围内得到推广，就必须考虑实施的困难性。困难性程度主要做两方面的考量：一是服务对象的技术应用能力；二是服务对象的接受程度。该模式的服务对象主要包括财政部门、医疗机构、医保部门、居民等主体，而一般情况下，除居民以外的其他主体的技术应用能力与接受程度均较高，因此对该模式实施困难性的分析主要从居民这一视角进行切入。从信息技术应用能力来看，浙江省居民具有较高的信息技术应用能力。根据《2020年浙江省信息化发展水平评价报告》，浙江省信息通信技术居民应用指数为115.1，位居全国前列，高水平的平台应用能力提高了“链盖章”模式的实施效果。从接受程度来看，浙江省居民对数字产品的接受能力较强。根据国家统计局数据显示，2022年浙江省城镇化率为73.4%，高于全国城镇化率的65.2%。而城镇居民对新兴事物往往有着更强的接受能力，这大大减小了“链盖章”模式的推广阻力。

从创新成效维度来看，“链盖章”模式方便了居民就医、便利了政府监管，为厘清其应用价值，促进其大范围推广，现从该模式的经济效益与社会效益两个角度分析其创新成效。从经济效益方面来看，基于区块链的医疗收费电子票据不仅可以合理合法高效地发挥作用，还可以节约大量的纸质票据印刷成本和监管行政成本。据统计，随着电子票据改革逐步到位，预计每年可节约印刷费3000万元。与此同时，医疗机构也可以减少大量的收费窗口，节约人力成本，以台州为例，当前其市级医院人工窗口数已减少70%，每年节省人力资源成本近2000万元。从社会效益方面，该模式重构了传统就医报销流程、缩短了用户理赔周期、提高了社会服务能力。目前通过“浙里办”App，浙江省内异地医保报销正在逐步扩展到全省医保参保用户，至少帮助300万人次医保报销实现零跑腿。此外，有效提升了票据监管水平和效率，医保部门也将正式告别票据造假、重复报销的时代。

通过分析发现，平台参与方的监管力度、信息化水平、合作水平、思想意识等都在一定程度上影响着“链盖章”模式的实施条件、困难性程度与创新成效。因此，各地区在实施时，应注意以下几点：第一，在平台创建初期，应打造政府部门主导、技术提供方参与的平台搭建模式。在深度剖析当地实施需求的基础上，选择科研力量雄厚的技术提供方，从而保障平台的稳定运行；与此同时，应注重协调平台各参与方间的合作，以提高平台的运行效果。第二，为降低实施的困难性程度，应注重提升服务应用方的技术使用能力与接受能力。最后，应建立多层次多维度的评价体系，考核平台的应用效果，并有针对性地弥补不足，促进医疗收费电子票据改革的顺利进行。

10.6　结论与建议

10.6.1　主要结论

当前，推行医疗收费电子票据改革已经成为适应我国医疗水平发展的关键一环。本章围绕区块链技术破除医疗收费电子票据应用过程堵点的理论逻辑是什么以及如何运用区块链技术深化我国医疗收费电子票据改革两个核心问题，系统分析了我国医疗收费电子票据的发展痛点，并基于数字技术赋能理论，阐释了区块链技术赋能医疗收费电子票据管理的机理，构建了区块链医疗收费电子票据平台，以促进我国医疗收费电子票据改革的顺利进行。同时，基于案例分析方法，探究了区块链医疗收费电子票据平台应用的实践进路。研究发现：（1）区块链技术可通过塑造票据流通生态链、构建业务可信网络、更新监管治理模式三方面破除医疗收费电子票据应用中业务闭塞、监管僵化等现实难题，拓展区块链技术的应用场景。（2）平台在实际建设时应打造由政府部门主导、技术提供方参与的联合建设模式。同时，应注重协调各参与方间的合作水平、提升参与方的技术应用能力与接受能力，建立多层次多维度的评价体系，促进平台更好地发挥促进与保障作用。本章解构了区块链赋能医疗收费电子票据管理的机理，深化了区块链与医疗领域融合发展的理论，对促进医疗收费电子票据改革具有现实意义。

10.6.2　政策建议

区块链技术在塑造“去中介”陌生信任的过程中发挥了重要作用，但不可否认的是，区块链技术的潜能仍未被完全释放，为促进区块链医疗收费电子票据平台的落地，加速医疗收费电子票据的发展，从技术、标准、监管三个层面提出以下建议。第一，加速探索区块链前沿技术，打造多技术融合发展的新业态。密切跟踪医疗收费电子票据改革进程，洞悉区块链发展趋势，加快探索区块链赋能医疗收费电子票据的全新应用场景，努力提升联邦计算等区块链前沿技术，优化票据对账、核销等管理环节，保障资金安全流转。同时，探索区块链技术与物联网、大数据等新兴技术融合发展的新业态，实现票据流转全链条在链上的真实映射。第二，加快制定区块链赋能医疗收费电子票据管理标准，建立针对区块链平台的评价体系。区块链给医疗收费电子票据带来发展机遇的同时，也带来了一定的安全风险，应加强对区块链技术的引导与规范，在综合医疗机构、医保部门、财政部门等多主体诉求的基础上，加快形成统一的行业标准，保障区块链赋能医疗票据管理模式的规模化发展；建立针对区块链医疗收费电子票据平台的评价体系，从技术架构、风险系数、运行效果等方面对其进行综合性评价，并针对暴露的问题采取差异化的解决方案。第三，引入“沙盒监管”模式，完善相关法律体系。稳步扩大区块链医疗收费电子票据平台的试点范围，引入“沙盒监管”模式，在风险可控的前提下，促进区块链与医疗收费电子票据管理的深入融合，并针对医疗收费电子票据管理实际，进一步完善相关法律体系，确保医疗收费电子票据流转的每个环节均有章可循、有法可依。

第 11 章　服务设计视域下区块链赋能数字版权管理创新

在数字经济背景下，数字作品呈爆发式增长，传统数字版权管理模式的不足逐渐暴露，优化数字版权管理模式成为保障我国数字版权产业健康发展的重要环节。本文利用服务设计的思维和方法，系统剖析现阶段我国数字版权管理模式中的现实困境；并基于数字技术赋能视角，阐释区块链技术与数字版权管理的耦合性，设计基于区块链的数字版权管理平台架构，提出区块链数字版权管理体系的运行流程；通过典型案例分析法探究我国应用区块链赋能数字版权管理的现实水平。研究发现，运用区块链技术可打造确权共信服务机制、交易履约服务机制、维权存证服务机制三大机制，有效解决传统数字版权管理体系中登记确权成本高、交易流转不畅、维权取证乏力的现实困境。但从实际应用水平来看，区块链技术尚未覆盖版权产业全链条，同时，应用区块链所带来的负面影响仍未有效破解。为此，从技术、标准、监管三管齐下，本章提出相关建议，助力区块链与数字版权管理的深度融合。

11.1　引言

党的二十大报告指出："加强知识产权法律保障，形成支持全面创新的基础制度。"近年来，习近平总书记多次提出："创新是引领发展的第一动力，保护知识产权就是保护创新。全面建设社会主义现代化国家，必须更好推进知识产权保护工作。"数字版权管理作为知识产权保护工作的重要组成部分，是推动我国文化软实力建设的中坚力量，也是促进数字作品市场繁荣稳定的重要基石。近年来，在政策和市场的合力推动下，数字版权管理市场迎来了爆发式增长，国内外数字版权产业稳步向好。《数字版权管理行业调研报告》的数据表明，2022 年全球数字版权管理市场规模为297.45亿元（人民币），其中国内数字版权管理市场容量为66.99亿元，预测全球数字版权管理市场规模将以17.65%的平均增速增长并在2028年达到788.5亿元。然而，随着市场规模的不断扩大，传统的数字版权管理模式已难以满足我国数字版权市场的需求，版权纠纷问题愈演愈烈，侵权行为日益严重，阻碍了我国版权产业的发展步伐。区块链技术作为新一代集成创新技术，可实现数字作品的全生命周期管理，赋能确权、用权、维权、交易等环节，打造全链路的数字版权保护生态，促进数字版权市场的健康有序发展，为优化我国的数字版权管理模式提供了全新的解决思路（王飚、毛文思，2022）。然而，如何基于区块链技术赋能数字版权管理还有待从学理上进行系统性研究。

服务设计源于20世纪90年代，主张以用户为中心，要求从全局出发，审视系统的各个流程，以创造出更优化的服务体系（何思倩，2022）。服务设计理念为优化数字版权管理模式提供了科学的理论指导。为此，本文以服务设计理念为指引，以区块链技术为依托，在系统剖析传统数字版权管理模式痛点及成因的基础上，尝试探究区块链赋能数字版权管理的耦合性及区块链赋能数字版权管理模式的机理，深化区块链与数字版权管理有机融合的研究。同时，基于典型案例分析方法，探究我国应用区块链赋能数字版权管理的现实水平，以期为我国数字版权产业的发展提供新的见解。

11.2 文献综述

11.2.1 数字经济时代下的数字版权管理

数字版权是指数字作品的创作者享有的对数字作品进行保存、复制、发行并以此获得相应利益的权利（郝振省，2008）。在互联网时代下，数字作品的创作门槛不断下降，海量的数字作品正在以多元化的形式不断产生，推动着我国版权产业的高速发展。当前，我国数字版权产业已成为数字经济体系中的活跃成分，成为推动我国经济发展的全新引擎（顾金霞、谢玲玲，2022）。但与此同时，传统数字版权管理的不足也逐渐暴露，确权登记烦琐（张颖，2019）、市场交易机制不完善（郭海明，2007）、盗版侵权泛滥（吕阳、孙瑞，2015）等问题也日益突出，不仅降低了原创者的创造热情，更阻碍了数字版权产业的健康发展。作为数字版权产业链的关键组成部分，数字版权管理发挥着维护数字版权市场秩序，促进版权价值安全流转的重要作用。如何完善数字版权管理模式，已成为众多学者研究的重点。刘国龙等在深度分析我国数字版权管理困境的基础上，提出将数字版权管理模式划分为“柔性数字版权管理”和“刚性数字版权管理”两种模式。柔性数字版权管理模式是指对未来可能出现的侵权者及侵权行为进行威慑；刚性数字版权管理模式是指通过技术修复解决非法复制的问题（刘国龙、魏芳，2015）。而随着信息通信技术的发展，学者提出构建数字版权管理平台已成为数字版权管理的重要模式，根据其利用的技术类型，将其划分为库式、索引式和工具式三种模式（陈洁，2021）。

11.2.2　区块链重塑信任链条

2008 年，中本聪发表《比特币：一种点对点的电子现金系统》一文，打开了区块链技术的大门。在区块链技术发展的十几年间，其应用场景先后经历了以比特币为代表的虚拟货币阶段、以金融领域为基础的虚拟经济阶段，现已进入区块链与实体经济结合的区块链经济阶段。作为构建“智能化”生产关系的新一代集成创新技术，区块链的应用使人类社会进入了去中心化的信任时代。传统的信任模式通常依赖于中心化的机构或第三方来验证和维护信任关系，而区块链技术通过去中心化的分布式账本和智能合约，实现了去除中介、实时透明、不可篡改的信任机制。区块链技术在高交易成本、低信任、高不确定性的领域具有较大的应用潜力（林永民，等，2022；崔军、颜梦洁，2022），如跨境支付和汇款、物流和供应链管理、金融衍生品和证券交易等。数字版权管理作为与区块链高度契合的应用领域（Ma Z、Jiang M、Gao H、et al.，2018），成为探究区块链应用场景的重点研究方向。现有关区块链赋能数字版权管理的研究主要集中在以下两个方面。第一，区块链赋能数字版权管理的机理。通过区块链的 P2P 通信机制、加密算法、智能合约等技术可为数字版权的产生、交易等环节构建可信的数据交换环境，化解传统数字版权管理模式中存在的困境（Zhaofeng M A 、Huang W、Gao H，2018；赖利娜、李永明，2020；林良金，2021）。例如，区块链可有效削弱数字音乐版权确权过程中的垄断力量，提高确权效率（Yanghuan Li、Jinhui Wei、et al.，2021；杨倩莉，2022）。第二，区块链赋能数字版权管理的不足与解决路径。区块链技术为优化数字版权管理模式开辟了新的视角，但不可否认的是，区块链技术尚处于发展阶段，其与数字版权管理模式的融合仍存在作品独创性认定乏力等现实困境（薛晗，2020）。针对现有区块链赋能数字版权管理面临的困境，已有学者提出，通过构建对基于区块链的版权登记实质审查制度与建立统一的区块链存证司法审查方式等措施，推进区块链赋能数字版权管理模式的发展（李永明、赖利娜，2022）。

11.2.3 服务设计理念提供科学指引

“服务设计”理念最早起源于20世纪90年代，是伴随着世界经济转型而诞生于当代设计领域的全新概念。由于服务设计是一个整体的、多学科交融的综合领域，不仅与产品设计有着千丝万缕的关系，而且与交互设计的表达形式十分相似（程希，2020），引致服务设计概念的内涵与外延仍在不断地丰富与发展。Stefan Moritz 指出服务设计是帮助创造新的或者改善已有的服务来使这些服务对客户来说更加有用、可用和被需要，对机构来说更加高效、有效。而著名服务设计咨询公司 Live work 则认为，服务设计是指通过打造不同的接触点，从而提升已有的或创造全新的服务（SANGIORGI D，2009）。总的来说，服务设计是基于严谨的逻辑思维，以用户的需求为基础，寻找痛点，从而优化服务、创造价值的过程。服务设计理念已被应用于农业（杨玄烨、董石羽，2022）、医疗（李春、张玉萍、孙瑞，2020）等众多领域，为其设计服务的优化方案提供了科学系统的指导思想。随着数字经济时代的到来，服务设计被广泛应用于智能化系统开发领域，为智能交互产品的研发提供了全新的设计理念（高媛，2020）。例如，日本软件公司 NJC 以服务设计理念为指引，审视用户需求，创造了应用程序 Fudoloop，成功打通批发商与农户间的信息壁垒，更新了农产品的销售模式。

综上所述，现有研究均关注区块链的技术优势，阐明了区块链构建“去中介”陌生信任的机理，深入探讨了其应用场景，构建了区块链研究的广阔图景，但仍有可拓展的空间。虽有部分研究已经关注到区块链在数字版权产业中的重要作用，但欠缺科学理念的指引，使现有研究对区块链赋能数字版权管理模式的机理系统性阐释存在不足。本书将运用服务设计的思维与方式，系统分析我国数字版权管理模式中的痛点，并基于数字技术赋能理论，探究区块链技术优化数字版权管理模式的机理与路径，拓宽了区块链赋能数字版权产业的研究广度。

11.3　我国数字版权管理模式的痛点及成因分析

完善的数字版权管理模式作为知识产权保护的有力抓手，是推动我国数字版权产业发展的基础性条件。但从实际运行情况来看，现有数字版权管理模式难以满足数字版权产业链中各利益相关者的真实诉求，版权登记烦琐、版权交易公允性缺失、版权维权困难等问题依然存在。为优化数字版权管理模式，本书运用服务设计的思维与方法，从用户的视角审视数字版权管理流程，绘制用户旅行图，系统分析数字版权管理流程中各个阶段的用户行为及用户情绪变化，探索现阶段数字版权管理模式存在的痛点及成因，寻找优化数字版权管理的机会点，用户旅行图如图 11–1 所示：

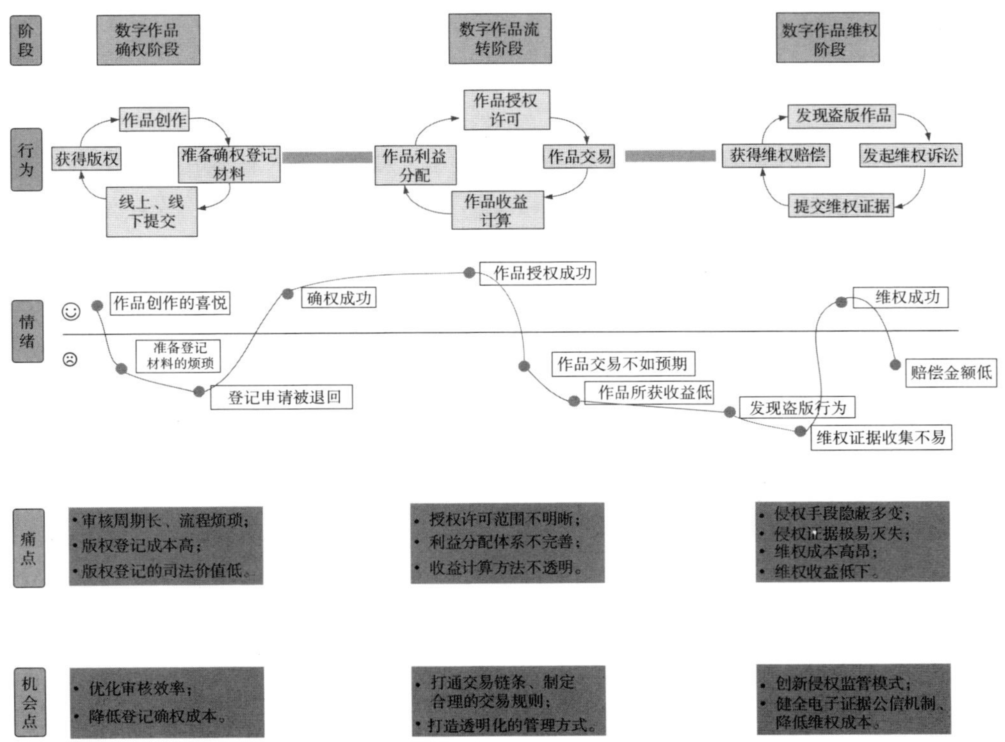

图 11–1　数字版权服务用户旅行图

11.3.1 登记确权成本高

数字版权的登记确权工作作为数字版权管理的首要步骤，有助于解决数字版权保护过程中存在的版权纠纷问题，为解决版权纠纷提供强有力的司法证据。然而，在实际运行过程中，登记确权覆盖率低成为该阶段的重要代名词。究其背后的原因主要集中在以下两个方面。其一，版权审核登记效率低、周期长。当前，我国的版权审核登记仍主要依靠线下人工审核，涉及部门众多、流程烦琐，导致版权登记审核周期长，时间成本高。虽已开通线上审核渠道，但各管理部门系统交互性较弱，导致审核效率依然不高。此外，当原创者所提供的材料不足时，将被退回完善，进一步提高了版权登记的成本。其二，原创者登记确权意愿不高。一方面，版权登记费用高使得诸如短视频博主、插画师等高产量的原创人在收益未能有效预见的情况下登记确权意愿下降；另一方面，在司法维权中，作品原件、手稿、合法出版物等与版权登记具有同等效力，进一步导致原创者不愿进行流程烦琐的登记确权工作。

11.3.2 交易流转不畅

数字版权的交易流转是数字作品创造价值的关键环节，在版权产业的发展过程中发挥着关键作用。目前，数字版权交易量骤增，传统的一对一作品发放模式已难以适用。原创者主要通过将数字版权授予渠道销售平台等服务商完成发行，然而，在实际运行过程中，数字版权授权乱象、版税发放不规范等现象层出不穷，导致此种交易模式尚未达到预期效果，数字作品难以发挥最大价值。造成这些现象的深层次原因主要包括以下两方面。第一，授权范围不明晰。数字版权是由一系列子权利构成的权利束，但数字作品创作流程的不透明与其本身具有的不可预期等特性，导致数字作品的交易过程中常遭遇不完全合约问题，使交易双方容易在授权内容、授权时间等方面产生分歧，影响了数字作品的流转效率。第二，利益分配体系不完善。在版权产业中，原创者议价能力较弱，导致其在利益分配中难以获得符合数字作品真正价值的等额收益。此外，收益计算方法的不透明，使得授权平台有机会通过篡改交易数据来侵害原创者的版税收益，影响了原创者的交易热情，阻碍了数字作品的传播，造成了数字版权行业的“反公地悲剧”问题（崔汪卫，2019）。

11.3.3　维权取证乏力

维权是数字版权保护的重要手段，有助于维护数字版权市场的交易规则与秩序。然而，随着自媒体时代的到来，数字作品的创作门槛降低，侵权的手段和渠道也愈发多变、隐蔽，导致原创者维权取证乏力，具体来说分为以下三点。首先，侵权识别能力不足。当前的侵权监测系统往往只能针对某一领域的数字内容进行监测，难以对数字作品市场进行全方位监控。同时，侵权行为的隐匿性强，导致现有监测系统难以捕获其侵权行为。例如，侵权网站为躲避监测与追查，频繁更换域名，导致侵权监测系统无法及时发现其侵权行为。其次，取证存证困难。在互联网环境中，电子证据极易灭失，导致原创者取证存证困难，并且电子证据常常需要其他证据加以佐证，进一步加大了维权的成本。最后，维权获赔较低。在司法实践中，我国版权侵权的平均判赔额较低，而在维权过程中，原创者往往需要支付律师费、公证费等多项费用，导致维权收益与其付出难成正比，降低了原创者维权的积极性。

11.4　区块链赋能数字版权管理的耦合性分析

在数字经济时代，区块链、大数据等底层架构技术为重塑业务流程、更新管理模式注入了新动能。但在选择应用数字技术之前，须充分考虑技术与需求的耦合性，以满足利益相关者的真实诉求。为此，深度分析区块链赋能服务机制成为优化数字版权管理模式的必要环节。

11.4.1　打造确权共信服务机制

基于区块链技术可以构建起高安全、去中心化的共信服务机制，赋能登记确权流程，实现版权登记信息的全链可视，明晰权属关系。在传统的数字版权管理模式中，登记确权所涉部门众多，导致审核流程烦琐、登记成本高昂，原创者登记热情低下，数字作品版权权属不明现象广泛存在。与传统数字版权管理模式相比，依托区块链的哈希算法、数字签名和分布式账本，可简化登记确权流程、降低登记成本。基于区块链的哈希算法，可将数字作品信息转化为固定长度的哈希值，实现数字作品与链上数据真实映射；基于数字签名技术可为创造过程的每个环节提供身份证明，建立原创者与数字作品之间的硬性连接，明晰版权归属；而分布式账本技术，可有效打通各审核部门间的数据壁垒，重塑登记确权流程，提高版权登记效率，实现作品创造与登记确权同步完成。

11.4.2 建立交易履约服务机制

数字版权交易涉及多方参与和利益分配，而区块链天然适用于多方协作场景，二者正相契合。依托区块链技术，可建立交易履约服务机制，重塑数字版权价值链，营造良好的数字作品市场秩序。在传统的数字版权管理模式中，一方面，由于交易程序烦琐，使得数字版权交易成本高、效率低；另一方面，交易流程不清晰、利益计算不透明、分配体系不完善等原因，导致原创者难以获得符合作品真实价值的等额利润，原创者的创作热情不高。与传统的数字版权管理模式相比，依托区块链的 P2P 网络架构、联邦计算和智能合约，可打造公开透明的数字版权交易平台，降低交易履约成本，创造多方共赢交易模式。基于区块链的 P2P 网络架构，可实现交易双方的“去中介”陌生信任，缩减交易双方的版权交互流程；基于联邦计算技术，可综合分析数字作品的交易量、交易额等数据，合理分配交易各方所得利润，在保护各交易方权益的基础上，实现多方利益平衡；通过将授权时间、内容、交易规则等信息录入智能合约，可明晰版权交易范围，实现数字资产的自动转移与交割。同时，智能合约与哈希算法的结合可实现数字版权交易的追溯与重现，规范数字作品运营商的行为，维护原创者的利益。

11.4.3 构建维权存证服务机制

凭借区块链技术，可实现原创者个人信息、作品信息、版权归属信息和交易信息的全生命周期溯源，打造从存证、固证、出证到验证的司法维权闭环。在传统的数字版权管理模式中，侵权手段隐匿、电子证据极易灭失，导致原创者取证乏力。同时，电子证据公信力不足的特点，使得维权者往往需要寻找其他证据加以佐证或支付公信费用，维权成本进一步加大，降低了原创者的维权积极性。与传统的数字版权管理模式相比，依托区块链的时间戳技术，可保障数据的真实可信可溯源，实现证据固化，降低维权成本。区块链技术与特征值比对算法的结合，可在捕捉侵权行为的同时，将侵权证据上链，降低取证成本。基于时间戳技术形成的块链式结构能够实现侵权行为的回溯与追踪，在保障原创者高效取证的同时打造完整的司法证据链；同时，基于跨链技术或将互联网法院作为审核节点加入区块链，可实现电子证据与司法系统的互联互通，简化诉讼流程，提高司法效率。

11.5　基于区块链的数字版权管理模型设计

在自媒体时代，数字作品的创作门槛降低，数量呈爆发式增长，传统数字版权管理模式的不足逐渐暴露。因此，优化数字版权管理模式成为推进版权产业健康发展的必经之路。区块链作为打造“可信智能”生产关系的集成创新技术，凭借其可溯源、防篡改、去中心化等技术特征，已被广泛应用于众多领域。考虑到区块链技术与优化数字版权服务体系的高度耦合，本文尝试以数字技术赋能理论为指引构建区块链数字版权管理平台，以期将传统数字版权管理模式中存在的确权繁难、流转不畅、取证乏力等痛点转化为满意点，重塑数字版权管理链条。

11.5.1　区块链数字版权管理平台架构

鉴于数字版权管理流程的特点，在构建区块链数字版权管理平台时，设计包括原创者、确权机构、数字作品运营商、互联网法院等多主体参与的联盟链。联盟链部分去中心化的特点不仅能够满足数字版权管理模式中利益相关者的真实诉求，而且能够保障各参与方数据的高效安全流转。区块链数字版权管理平台系统架构如图 11–2 所示。该平台以优化我国数字版权管理模式为目的，重塑了数字版权的确权流程，打造了多方共赢的交易模式，构建了从存证到验证的司法闭环。

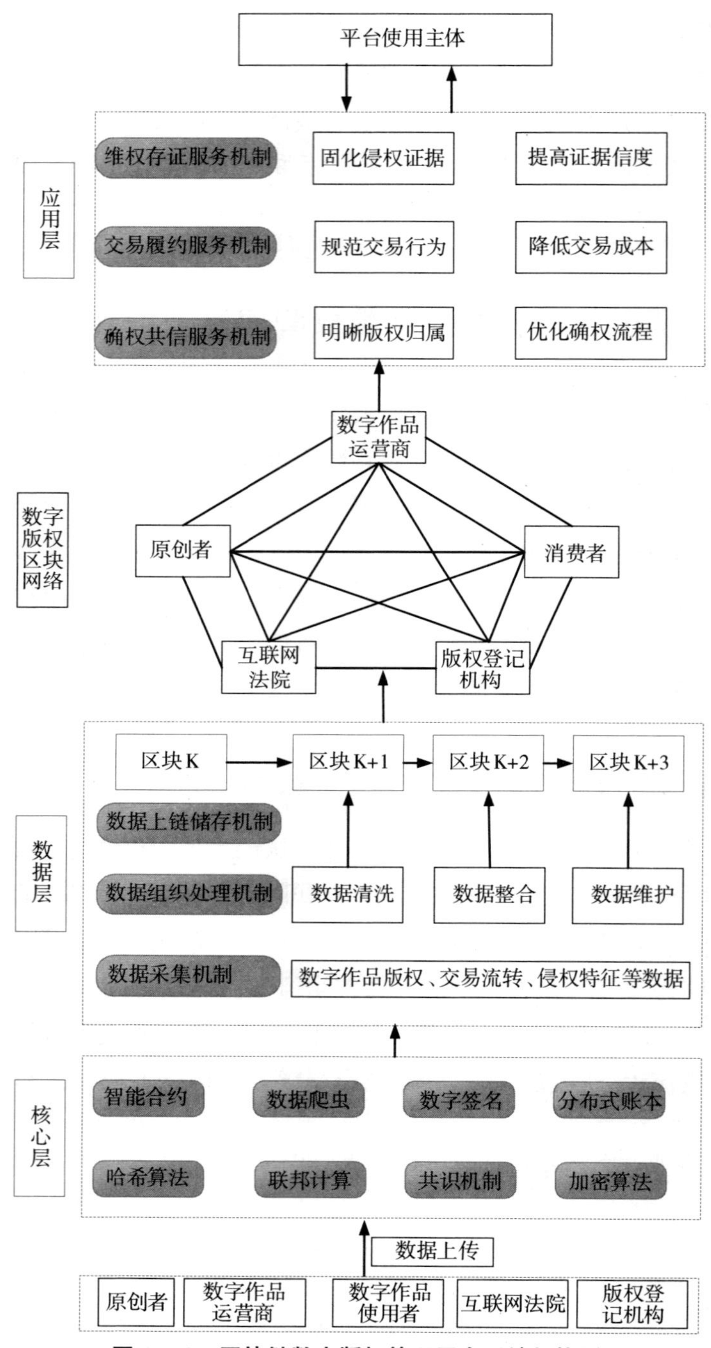

图 11-2　区块链数字版权管理平台系统架构图

区块链数字版权管理平台由核心层、数据层和应用层构成。核心层是构成区块链数字版权管理平台的核心技术层。一方面，核心层可提供节点注册、节点审批等功能，打造开放式的系统服务接触规则，赋能数字版权产业中各利益相关者与区块链数字版权管理平台间的交互流程；另一方面，可为应用层的高效安全运转提供必要的底层技术支撑。平台的数据层主要负责对数据的实时采集、处理与存储，以满足应用层对数据质量的要求。首先，平台通过数据采集机制全方位获取版权信息、交易信息、侵权信息等多方数据。其次，数据组织处理机制将采集的初始数据按照标准进行清洗与整合。例如，将可能侵权的数字作品与原创作品进行比对，核实是否存在侵权行为。最后，利用数据上链存储机制将整合后的数据存入区块。平台的应用层是平台的应用门户，主要针对用户痛点，设计不同的平台应用场景，满足用户在不同阶段的利益诉求。

11.5.2　区块链数字版权管理平台运行流程

为系统梳理复杂流程，呈现数字版权管理的全局关系，提出区块链数字版权管理平台运行流程，如图 11–3 所示。在版权确权阶段，首先，数字作品原创者将作者信息、作品创造信息等登记信息上传至区块链平台；其次，版权登记机构将依据相关标准对登记信息进行审核，审核通过后，将赋予数字作品对应的哈希值，并通过数字签名技术明晰数字版权归属；最后，将作品版权信息在全网区块链节点上进行认证，以便在解决版权纠纷中提供有效的司法证据。在版权交易阶段，原创者将作品版权授权转让给数字作品运营商，由数字作品运营商负责出售。在作品出售后，利用联邦计算技术计算利益分配数额，全程由智能合约自动执行交易，无须其他平台介入，实现版权与资金的高效交割。在版权维权阶段，用户在发现侵权行为后，通过平台提交侵权证据信息，互联网法院利用数据爬虫技术，比对侵权作品与原创作品间的特征值，并核实查验电子证据信息，法官将根据核实结果决定是否立案。

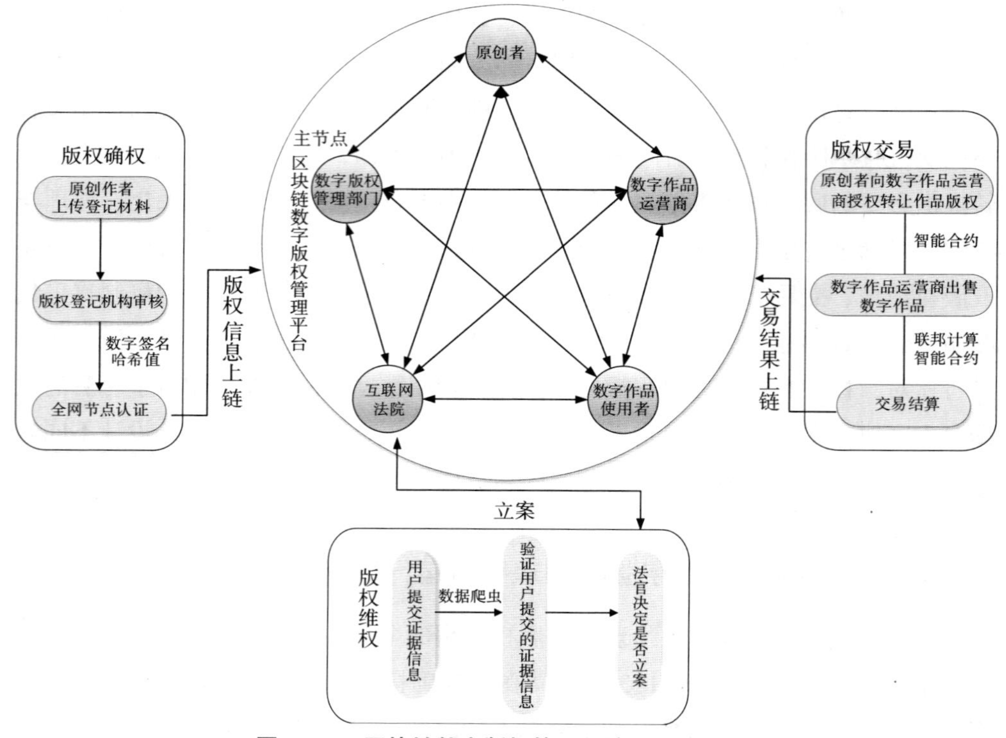

图 11–3 区块链数字版权管理系统运行流程图

11.5.3 区块链数字版权管理平台的创新范畴

区块链技术的应用不仅是对传统数字版权管理模式的革新，更是对数字版权产业的一次技术革命，其创新范畴主要表现在以下三个方面。其一，淡化技术与法律边界，营造有序的数字版权产业生态。随着数字技术向各领域的不断渗透，技术规则与法律法规间的边界日益模糊，法律法规日趋程序化和代码化。通过将版权交易规则与行业规范等信息写入智能合约，不仅能够在侵权事前对侵权者行为进行预警与提示，而且在违法事件发生后会立即触发智能合约执行违法程序，规范了版权产业中各主体的行为，提高版权监管与执法能力。其二，推动版权管理体系整合，构建大版权管理模式。在我国，数字版权管理涉及多个行政部门，多头管理、重复执法等问题较为突出。基于区块链技术，可有效打通各行政部门间的信息壁垒与管理边界，有利于降低数字版权管理成本，提高数字版权管理效率。其三，激发创造活力，催生版权产业新业态。在传统的版权产业中，原创者议价能力较弱，导致其往往难以获得与作品符合的等额收益，原创者的创造热情低下。基于区块链技术，一方面可以打造多方共赢的新型版权生态，激发数字版权产业的整体创造力与产业活力；另一方面能够带动数字资产增值，提高数字作品的影响力与传播力。

11.6　应用案例：鹊凿数字版权服务平台

区块链技术为优化我国数字版权管理模式注入了新动能。近年来，多个区块链数字版权管理平台相继出现，并取得初步成效。如中国版权链、版权家、纸贵版权存证系统等，其中，蚂蚁集团的鹊凿数字版权服务平台凭借其高效的运行流程、显著的发展成效，已吸引图虫网、洛可可、虫虫音乐等众多文化产业的头部机构入驻平台，成为国内探索区块链赋能版权产业的典型代表。因此，本章选取鹊凿数字版权服务平台进行分析，以期精准把握我国应用区块链技术赋能数字版权管理的实际状况。

鹊凿数字版权服务平台以区块链技术为依托，构建了以区块链版权登记确权、版权授权交易、版权维权司法为核心的业务体系，致力于向用户提供版权保护、管理、交易、运营等全生命周期服务。2019 年 11 月，蚂蚁集团在阿里电商平台上试用区块链技术保护卖家原创图片，上线“盗图维权”工具，即“鹊凿”1.0 版本，提供图片确权存证、侵权取证和证据核验等一站式线上自助服务，证据符合司法认定标准。之后，蚂蚁集团不断更新“鹊凿”平台技术，扩大其应用范围。截至 2021 年，“鹊凿”平台已为图片、视频、游戏、漫画、音乐等多种数字作品提供版权登记、交易、维权等一站式服务，为推进数字文化内容生态的高质量发展提供了“区块链智慧”。首先，蚂蚁集团基于区块链 Baas 平台打造可信存证服务。通过快速生成司法认可的电子数据存证证明，并保证电子数据真实不可篡改，为数字作品的登记确权、交易追溯、侵权取证等流程提供高效、可信、便捷的存证解决方案，提高维权效率，保护数字作品版权。其次，研发数字作品 DNA 技术。该技术一方面可为视频、图片等数字作品提供唯一稳定的指纹标志，对抗网络上常见的篡改的攻击，捍卫数字版权尊严；另一方面通过 DNA 库，精准比对数字作品 DNA，识别其独创性，及时发现侵权行为，维护数字版权市场秩序。最后，建设版权业务联盟。通过将版权信息与交易信息上链共享，可实现原创者和相关机构之间的数据交换，并通过智能合约实现公平实时的收益分配。截至 2021 年 4 月，鹊凿数字版权服务平台已累计服务超过百万创作者，为 5000 多万原创作品提供了便捷普惠的版权服务，其自助工具还服务于超过 5 万家淘系中小微商家。与传统数字版权服务体系相比，鹊凿数字版权服务平台实现了“创作即确权”“使用即授权”“发现即维权”的高效数字版权服务流程，二者的具体比较如表 11–1 所示。从确权存证、侵权取证、司法维权、交易授权四个维度来看，鹊凿数字版权服务平台有效地简化了版权管理流程，降低了版权管理成本。然而，鹊凿数字版权服务平台仅能对上链的数字作品进行版权保护，无法对上链前的侵权行为进行检测。同时，区块链技术的应用会对原创者的修改权进行限制，从而降低原创者应用区块链进行版权管理的热情。

表 11–1　两种数字版权服务比较

	确权存证	侵权取证	司法维权	交易授权
传统数字版权服务体系	方式：线下登记； 时效：7~30 天； 费用：100~200 元 / 件	方式：公证处； 时效：2~3 天； 费用：800~3000 元 / 件	方式：律所—法院； 时效：3~8 个月； 费用：数万元 / 件	方式：线下撮合； 时效：无法保证； 费用：无价格体系
鹊凿数字版权服务平台	方式：线上登记； 时效：1 分钟； 费用：1~10 元 / 件	方式：线上取证； 时效：1~30 分钟； 费用：5~300 元 / 件	方式：线上办理； 时效：20 天以内； 费用：数百元 / 件	方式：在线交易； 时效：实时完成； 费用：少量服务费

11.7　结论与建议

11.7.1　结论

数字版权管理作为数字版权产业链的关键一环，在推动数字版权产业迅猛发展的过程中发挥着举足轻重的作用。本章运用服务设计的思维和方法，分析了我国数字版权管理模式的痛点，并基于数字技术赋能理论，阐释了区块链技术与版权产业诉求的耦合性，设计了基于区块链的数字版权管理平台以优化我国数字版权管理模式，从理论层面厘清了区块链赋能数字版权的机理，并通过绘制区块链数字版权管理系统的运行流程图，梳理了数字版权管理体系的全局关系。同时，基于典型案例分析法，探究了我国应用区块链技术赋能数字版权产业的发展现状。研究发现，区块链通过打造确权共信服务机制、交易履约服务机制、维权存证服务机制，重塑了版权登记流程，构建了健康的版权交易生态，打造了完整的司法维权闭环，从而优化我国数字版权管理模式。但从实际运行情况看，我国版权产业虽将区块链技术应用于众多场景，但尚未完全覆盖数字版权全产业链条。同时，应用区块链技术所带来的负面影响仍未得到有效破解。

11.7.2　建议

为加速区块链技术与版权产业的深度融合，探索区块链赋能数字版权管理的高效运营模式，从技术、标准、监管三个层面提出以下建议。第一，加快探索区块链前沿技术，打造多技术融合的新业态。洞悉区块链发展趋势，加快探索区块链赋能版权产业的全新应用场景，努力提升多方安全计算等区块链前沿技术，推动我国构建健康的版权保护生态。同时，探索区块链与大数据、AI、物联网等新兴技术融合发展的新业态，加快对创意抄袭等侵权行为识别的研究，实现版权管理全流程在链上的真实映射。第二，加快制定区块链赋能版权产业的行业标准，建立区块链平台评价体系。版权管理涉及原创者、版权登记机构、作品运营商、作品使用者、互联网法院等多主体参与，应在综合各利益相关者诉求的基础上，加快形成统一的行业标准，保障区块链赋能数字版权产业管理模式的规模化推广；建立针对区块链数字版权管理平台的评价体系，对平台的核心技术架构、风险指数、运行效率等进行稳健性评价，并针对暴露的问题实施差异化解决方案。第三，引入“沙盒监管”模式，完善相关法律体系。稳步扩大区块链数字版权管理平台的应用范围，建立“沙盒监管”模式，在风险可控的前提下，促进区块链与数字版权产业的深度融合，并针对数字版权管理实际，进一步完善相关法律体系，确保数字版权管理的每个环节均有章可循、有法可依。

第 12 章　区块链赋能雄安新区建设项目管理

雄安新区是于 2017 年设立的国家级新区，旨在分担北京的非首都功能，推动京津冀协同发展。区块链作为一种去中心化、不可篡改的分布式账本技术，具有安全、透明和高效的特点，可以为雄安新区的建设和管理提供一种全新的解决方案。

12.1　雄安城域区块链基础设施

要用发展的眼光看区块链技术，不能低估它的明天。要用科学的眼光看区块链标签，不能高估它的今天；要用战略的眼光看区块链产业，必须走在发展前列[①]。《河北雄安新区规划纲要》指出，要超前布局区块链技术研发及试验。雄安新区是首个将区块链技术写入地方总体规划的城市。雄安新区要建设首个全球领先的数字城市，坚持数字城市与现实城市同步规划、同步建设。雄安自主创新，首次提出了“城域链”。在规划引领下，雄安已成为区块链应用实践基地和排头兵。

12.1.1　雄安首提“城域链”

雄安新区设立以来，积极落实区块链服务实体经济的目标，成立雄安区块链实验室，提升区块链技术与应用创新能力。自主研发了雄安区块链底层系统，在城市核心业务领域开展了大量区块链应用实践，雄安新区入选中央网信办公布的 15 个综合性国家区块链创新应用试点城市之一。“数据”要素驱动是城市发展的主要形态，大量数据在城市内流动。“城市”范围内数据的信任和连接问题，是

① 人民网《“三种眼光”读懂区块链的今天和明天》。

区块链服务的主要对象。根据数字城市需求，首次提出“城域区块链”。

公有链和联盟链，二者都不能满足区块链作为新型基础设施的需求。公有链主要适用于数字资产，联盟链适用于企业联盟业务，而数字城市对区块链提出了新要求。从应用维度看，数字城市业务种类多，应用规模性能差异大，系统形态多链并存，链上链下业务协同，隔离、加密、可审计等安全隐私要求高、链群管理复杂。从技术维度看，功能可定制，性能可扩展，链间互通互操作，多级安全隐私能力强，运营管理模式创新。2020 年 12 月 14 日，雄安发布国内首个城市级区块链底层操作系统——雄安区块链底层系统（1.0）投入使用,实现分层多链、软件可定制的两个架构创新，拥有智能合约安全、数据隐私保护、链上数字身份鉴别、区块链可信一体机技术、高性能共识算法、链上治理与监管、物联网链网协同、上 / 下行数据交换、跨链互操作技术九项关键技术。

12.1.2 系统架构创新

雄安新区城域链系统架构自主设计，实现了两个创新。一是分层多链，如图 12-1 所示。雄安新区搭建起一条“核心链 + 应用链”多层链网融合的新型区块链底层架构，在同一框架下满足工程建设、政务服务、数字金融等不同领域差异化要求，满足不同用户角色的建链、用链、跨链、管链等功能。核心链，负责应用链注册管理，完成跨链交易验证、应用链之间消息传递、跨链事务协同等。一方面，应用链按照应用需求个性化定制，应用链具备独立完整账本、共识机制；另一方面，管理应用链内部的用户、节点、智能合约、应用开发等。二是系统软件可定制。设计可插拔的开发框架,从共识算法维度提供 BFT、RAFT、PQA 等算法；从智能合约引擎维度提供 WASM、EVM、DockerD 等算法；从底层数据库维度提供 LevelDB、PostgreSQL 等数据库；从密码学组件维度提供 SM2、SM3、SM4、SM9 等加密算法。

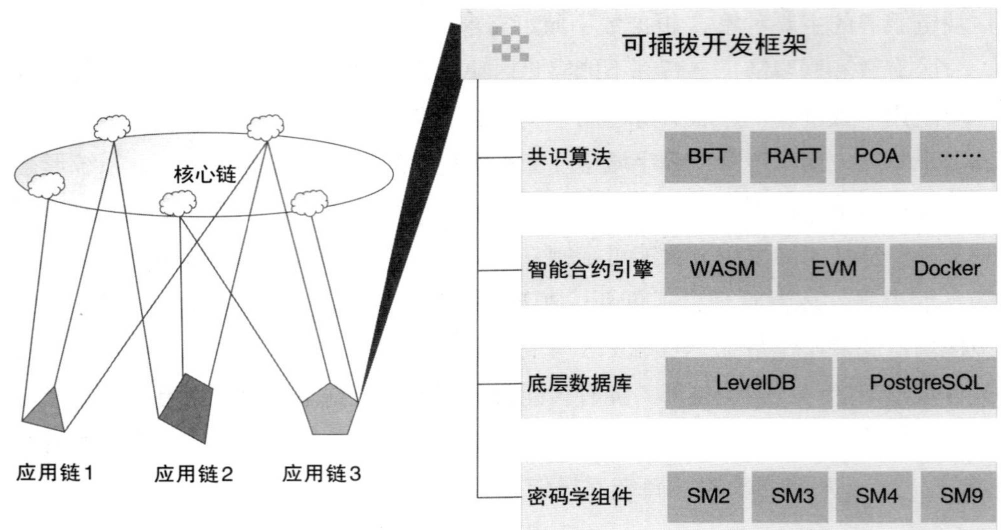

图 12-1　雄安新区分层多链架构

按照“基础共用、平台通用、行业应用”三个层次，打造雄安区块链基础设施，建立雄安区块链应用体系，如图 12-2 所示：

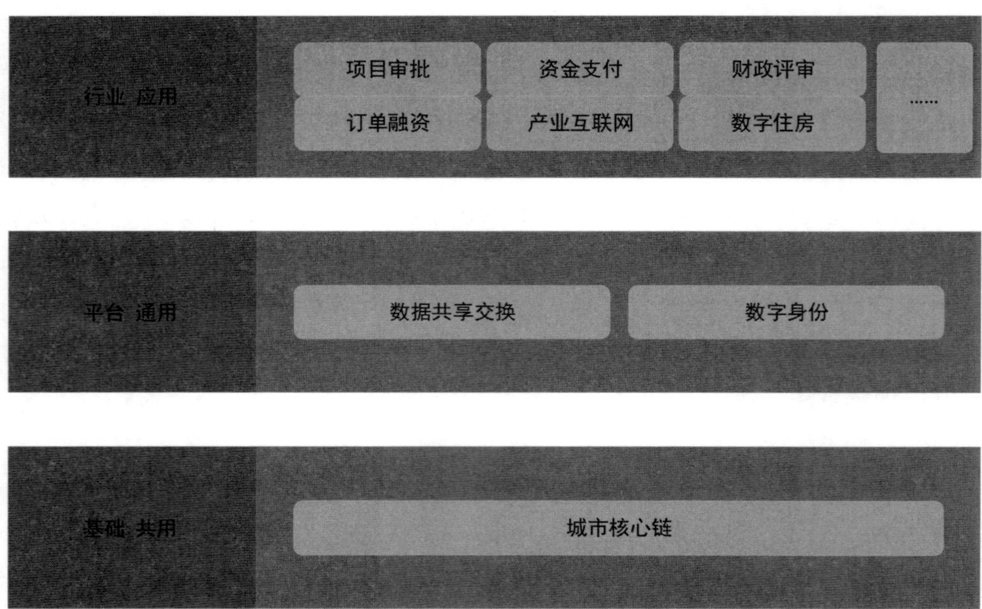

图 12-2　雄安新区区块链应用体系

12.2　雄安征拆迁资金管理区块链平台

12.2.1　拆迁资金管理需求

拆迁资金管理就是关于拆迁资金筹集、使用和分配的管理。拆迁资金管理是拆迁管理的核心内容。对拆迁涉及的居民来说，高效的资金管理是公平公正的重要保障；对政府机关来说，高效的资金管理能提升资金利用率，降低监管风险，增强政府公信力。传统的拆迁资金管理模式往往存在以下痛点。一是对账时间长，成本高。传统的对账工作往往因为账目数量大、类别烦琐等原因耗时耗力，尤其在跨机构间的对账工作中经常因为机构间信息不对称增加对账工作的复杂性。二是账务易篡改，风险高。现有的资金管理一般都采用纸质或线上模式，相关的资金账务数据存在被人为篡改的风险，相关资金被非法挪用的案件也时常出现。三是信息不透明、审计效率低。传统的资金管理往往存在资金链路不透明、账目不清晰等现象，导致审计需求信息获取困难的问题。同时，数据安全性无法保障，财务造假等问题时有发生，也加大了审计工作难度。

12.2.2　解决方案

区块链在拆迁资金管理领域的应用主要包括账户管理、精准拨付等，解决传统模式中对账成本高、资金管理信息不透明、拨付流程长、监管难度大等问题。为实现资金的阳光透明管理和高效精准拨付，雄安新区建设了雄安征拆迁资金管理区块链平台，将区块链技术与征迁安置工作充分结合，探索资金支付精准、支付进度透明、支付流程优化的征迁资金管理新模式，如图 12–3 所示。

征拆迁资金管理区块链平台由中国工商银行承建，使用“工银玺链”为底层技术平台，政府各部门、各商业银行组成联盟链，对接政府各部门系统、雄安新区区块数据平台、银行核心系统。首先，将征迁测量数据、征迁合同、资金审批、结果查询进行全流程链上管理，降低人工操作和校对风险。其次，通过智能合约向银行发送资金支付指令，资金从县级财政专户直接发放至新区征迁安置对象账户，并对支付结果等信息进行多维核对、可视化查询，保障征迁资金的高效、安全、准确发放。平台实现征迁原始档案上链存证、资金穿透式拨付全流程链上封闭运行，确保资金拨付流程阳光透明，形成“金融科技 + 政务服务”的征迁资金管理新模式。

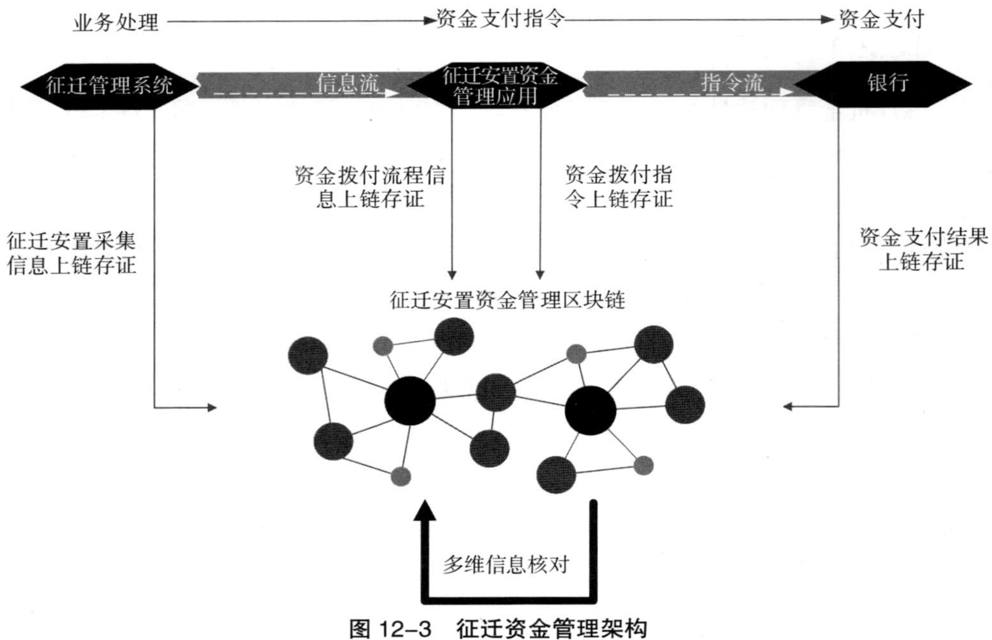

图 12-3　征迁资金管理架构

12.3　区块链赋能雄安新区工程建设项目管理研究

在雄安新区管委会指导下，由雄安区块链实验室牵头，联合银行等科技力量，自主研发的以区块链为底层技术架构的新一代数字化信息系统。基于区块链赋能，主要实现两个目标：一是以建设资金支付为抓手，打造“廉洁雄安”“数字雄安”。雄安新区进入大规模建设阶段，大量政府投资项目落地实施。以项目建设资金支付监管为抓手，利用区块链技术不可篡改、可追溯的技术特点，依托金融机构较强的风控能力和综合实力，研发雄安新区建设资金区块链信息系统，作为打造“廉洁雄安”“数字雄安”的具体手段，将“分层隔断、雾里看花”的项目施工链条“摆上台面”。二是以项目数字档案为主线，实现项目“全过程管理”。基于区块链的系统建设核心原则和出发点，是填补建设项目全过程管理的相对“空白”，落实以项目数字档案为主线的理念，区块链系统相继拓展到项目审批和财政评审阶段，补齐了项目管理重要环节，实现对工程项目的全过程管理。

12.3.1　总体思路

区块链技术具有不可篡改、可追溯的特点，起到数据增信和数据赋能的作用，可实现项目资金“可追溯”“穿透式”管理。不可篡改、可追溯是指写入的数据永远留存，修改数据也会记录行为，数据可追溯，对所有系统使用者产生约束。数据增信，是指数据经过数字签名、多方确认、共同见证，不可伪造、不可否认，提升了数据可信度和价值。数据赋能是指依托真实数据打通供应链，创新金融产品，解决中小企业融资难、融资贵问题。

通过区块链建立项目数字档案“一个项目一个档案”，实现所有项目的全过程管理，如图 12–4 所示。以区块链为纽带，打通项目审批、财政评审、资金支付各个阶段，并建立项目数字档案，实现数据穿透，构建项目统一视图，提升部门协同效率，助力实质监管。

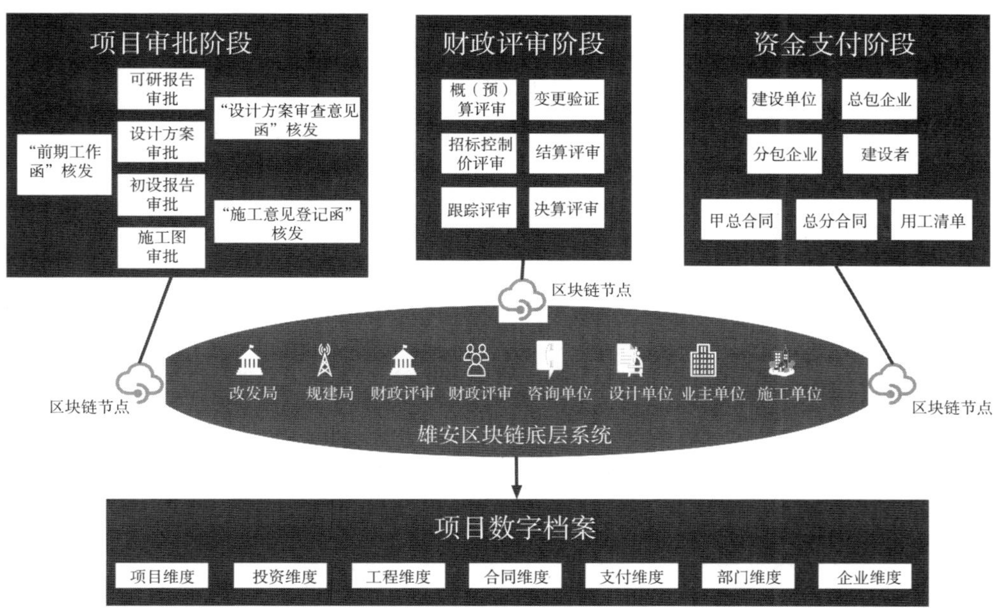

图 12–4　项目全过程管理框架

12.3.2 赋能项目审批阶段

要解决的问题主要有四个方面。一是项目数量多、投资金额大；二是审批部门多、信息不对称；三是审批流程长、服务效率低；四是从源头上实现项目管理数字化。基于区块链赋能，要实现四个主要目标。一是审批内容数据结构化。针对项目审批过程涉及的可研报告、初步设计书、概预算报告等要件中的主要审批内容实现结构化，最大限度发挥数据价值，解决审批要件数字化难题。二是送审批复程序线上化。发挥区块链技术具有的多点同步、全程留痕、不可篡改的特点，规范审批全流程数据有隐私保护的共享模式，实现提交、审批、反馈、监督、评价等事前、事中、事后环节跨部门全过程线上化并进行链上存证,实现“不见面审批”“一站通办”。三是多方审批流程并联化。整体提升审批效率，协助跨部门数据按需受控调阅，向业务人员提供可透明真实的审批状态和节点数据，为各单位合理规划日程及配置人力提供支撑。四是工作效果监督实时化。对责任部门的办事质效进行监督，并对关键环节的跨部门协同效率进行评估，识别审批工作“堵点”。

第一，建立科学的多级项目框架，保障项目信息储备完善，实现审批流程多部门、多环节互联互通。第二，通过智能编码逻辑，精确标识各级项目，并以项目编码为索引与桥梁，满足各类统计分析工作需求。第三，在构建完整的项目图谱之上，提供一级项目及其子项目的审批进度追踪，并对审批各环节进行精简化展示，既可获得审批状态全貌，也可对单个子项目进行审批流程状态详情查看，实现审批进度逐级透视。第四，函件批复数字化。面向项目建设单位，提供对可研、初设核心字段的线上录入，以及非结构化材料的上传（如可研报告、审批申请函、各类图纸、特定格式文件等），并具备提交、二次提交、撤回等功能。面向项目审批部门，提供结构化函件模板，可实现审批意见、项目关键字段自动填充，一键自动生成待核发函件，审批部门可直接利用生成文件进行呈批。建立审批档案，报审与审批各操作同时进行链上记录，即作为工作量证明，且操作日志在系统中受控可查。对申报投资、审定投资及核减投资（万元）等金额变动进行链上记录，满足审计需求。

项目实现三方面价值。其一，项目投资额全面把控。通过纵向“三算对比”（匡算金额、估算金额和概算金额），对一二级项目存在一对多或多对多的情况，提供完整金额计算及对比逻辑，对比结果包含差异金额（万元）、差异率等。通过提供报告编制质量分析表，即对报审金额及批复金额之间的横向对比，用以分析报告编制单位及报告评估单位的工作质量，结果包含差异金额、差异率等。其二，审批时效实时监管。依照雄安新区“一会三函”项目审批制度改革和河北雄安新区信息化项目管理办法中，对审批各子环节的时效要求，提供红黄绿灯预警机制，区分超时、倒计时、按时三种状态，提醒办事人员及督办人员，促进审批任务在规定时间内完成；提供完整、真实、准确的角色操作日志，对审批过程中重要节点进行实时监控，对责任部门及单位的办事质效进行监督，并对关键环节的跨部门协同效率进行评估。其三，呈现数据大屏与工作简报。提供多维度统计模块及项目审批完成度状态滚动展示，可授权按需调阅信息明细，并可按需提供工作简报。统计模块包括：项目种类分布图、项目区域分布图、项目种类资金分布图、项目区域资金分布图、总投资额及资金来源分布、项目数及投资额走势、全流程时限内办结率、项目完成度统计表、重点新开工项目基本情况等。

12.3.3　赋能财政评审阶段

财政投资评审普遍存在五方面问题。一是评审流程线下流转，评审效率低下；二是人工审核工作比重大，滋生腐败风险；三是材料编制口径不统一，项目横向对比难；四是档案成果封存归档，调阅复核不便；五是指标数据缺乏积累，风险把控能力低。

财政投资评审区块链系统拟改进的方向。一是流程线上化，提高评审效率；二是档案数字化，调阅复核便捷；三是评审智能化，提高风险把控；四是数据标准化，沉淀数据资产；五是过程要留痕，保证评审透明。通过实现项目评审过程规范化、流程线上化、数据标准化、档案数字化、评审智能化、决策科学化，规范财政投资评审行为，提升工作效率，提高评审成果质量，节约财政资金。

财政投资评审区块链系统实现了五大核心功能。其一，全流程线上评审。建设单位、评审机构、财评中心三方“多主体协同”，按照科学规范、权责明确的要求，规范投资评审行为，确保评审工作公开透明，实现项目全生命周期管控。实现概（预）算评审、招标控制价评审、跟踪评审、结（决）算评审的在线评审功能，将过去人找人、人找事的传统管理模式，改变成“任务为驱动”的事找人的规范化模式。实现送审工程、评审结果的清单级数据自动导入，标准化处理，方便精细化数据分析。其二，智能辅助评审。通过标准化的工程大数据积累，打造智能辅助评审引擎，进行偏差分析和预警，实现人机协同的辅助评审。减轻人工审核工作量的同时，提高评审质量、提高风险把控能力、节约财政资金。按照清单编码、名称、特征、单位等信息，将送审工程清单广材网市场价、地方信息价、财评中心标准价进行比对，完成偏差分析，给出预警信号。实现人材机比对，清单级偏差预警。此外，可提供同项目对比分析，即对同一个项目下的不同单项工程之间进行比对，提示清单级偏差结果；同类项目对比分析，即对同类专业的两个项目之间根据清单匹配规则进行比对，提示清单级偏差结果。其三，全面绩效考核。根据财政投资评审操作规程及中介机构绩效考核办法，通过量化分析指标，对项目绩效、员工绩效、评审机构绩效进行评价，优选评审机构，提高评审效能。其四，数据上链存证。利用区块链技术不可篡改、透明高效、全程可追溯的特点，对财政评审过程中的审核日志及关键数据、结果数据进行上链存证，包括机构抽签过程、项目人员变更、审减率过低、审减率过高、问题处理过程、项目评审过程全部上链，实现可追溯。基于区块链建立项目评审数字档案，实现财政评审全过程留痕、可追溯，避免评审活动中的暗箱操作，避免人为因素、无故拖延，数据可追溯、终身追责，阳光透明，保障廉洁。其五，标准清单库。基于雄安新区大量的多业态工程项目，整合编制标准清单，对项目特征值结构化。从控制价编制阶段开始约束规范，逐步完善并积累标准清单库。标准清单库是统一材料编制口径的前提，是工程数据标准化的基础，是实现智能辅助评审的支撑。其六，工程大数据库。将原有的大量纸质评审要件数据结构化，构建工程数据库、历史主要材料库、历史设备价格库、分部分项清单库、措施项目清单、财评中心指标库、限额指标库、信息价库、广材价格库、标准材料库，实现评审类数据的沉淀和积累，为辅助评审和科学化决策提供依据。历史工程按市政、园林、公路、水利等专业进行分类管理，并结构化存储，逐步积累评审数据。

12.3.4 赋能资金支付阶段

一直以来，建设资金管理存在着从业主体多、资金流向监管难，存在资金截留、挪用、拖欠等顽疾。究其背后的原因，主要在于三方面。其一，项目建设施工是“逐级负责、分层隔断”的管理模式，业主管理缺乏手段、决策缺乏依据，链条中主体缺乏外部约束。其二，信息不通给业主的管理造成了天然的难度，各层级合同、价格、资金支付信息不互通，滋生了腐败的“温床”。其三，施工链条越向下，企业规模越小、信用越低，资金挪用风险越高，中小施工企业资金挪用滋生农民工资拖欠等各类问题。雄安新区的工程建设，迫切要求以建设资金支付为抓手，保证雄安新区的每一项工程都干干净净，打造“廉洁雄安”。建设资金管理区块链系统的目标就是用一套系统“管理好”项目，“服务好”企业，“约束好”干部。为政府、业主提供资金穿透监管能力，保障分包企业、农民工得到及时支付，杜绝因工程建设资金引发的各类问题，可信数据为工程建设上下游企业赋能。

“区块链 + 支付”破解传统工程支付难题，打造透明、高效、穿透支付模式，实现项目资金“穿透式”管理。与多家银行建立联盟链，通过区块链与银行支付系统打通；智能合约生成可信支付指令，实现“信息流驱动资金流”；依托银行风控和服务能力，为业主、总包、分包提供服务。建设资金管理区块链系统，将项目建设施工每一层级信息统筹管理、存证，建立了自业主单位到劳务工人的完整支付链条，实现了工程建设资金从业主到总、分包单位的及时准确拨付；实现了多银行直联，可无缝对接企业现有账户体；实现了政府、业主对项目全链条资金的一网统揽和穿透管理。

系统创新了传统项目资金支付模式，如图 12–5 所示。传统支付模式下，建设单位对接中标单位（总承包商），中标单位总承包再对接劳务分包，专业分包和供货商，这些单位再分别对应自己公司的建筑工人、专业技工等。在这种模式下，建设单位的拨款流经的环节太多，且不透明，因此极易出现资金被截留挪作他用，产生下游企业拿到应得的工程款，工人工资难以保证。基于建设资金区块链系统创新了传统项目资金支付模式，在创新模式下，建设单位、总包单位、供应商、专业分包、劳务分包、农民工同在一个联盟链中，共享一个账本，实现了资金的透明化。一是打通支付层级，将传统的分层隔断的支付模式转变为扁平化的区块链支付模式。二是消除信息不对称，推动工程建设各个环节数据上链，实现工程建设数据的汇聚融合，消除信息不对称。三是智能合约驱动支付，通过智能合约将事前业务数据、事中划拨资金、事后审查监督等自动关联，信息流驱动资金流。四是实现资金闭环，形成项目全周期资金管理闭环，从根本上改变了传统的项目资金管理模式。

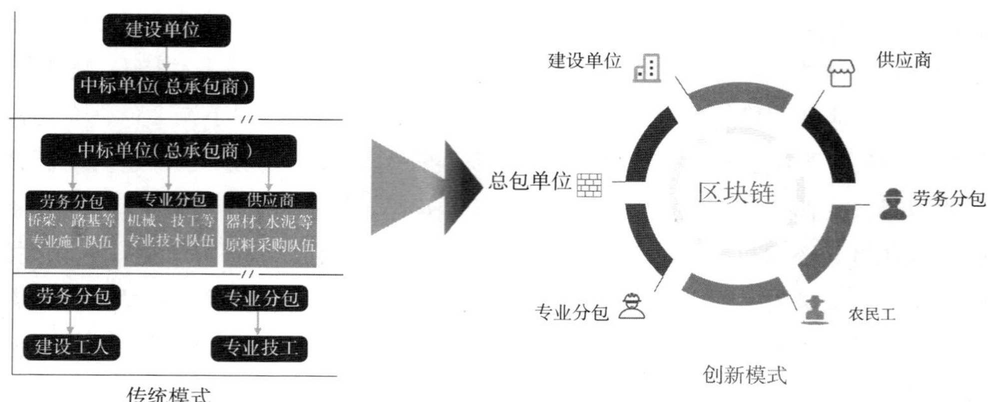

图 12-5　传统模式向创新模式跃迁

建立合同—账户—支付三个闭环，实现资金流向"一网统揽"。雄安新区建设资金支付区块链系统覆盖了工程建设典型支付场景，可无缝对接企业现有账户体系。平台开发了八类智能合约，覆盖了工程建设过程中的典型支付场景。平台实现了多银行直联，可无缝对接企业现有账户体系。兼顾了业主角度的资金监管及企业角度的资金使用，提供 1 对 1、1 对多、同行、跨行支付多样化服务。提供预付款、进度款、材料款、工资款等八类支付功能，将支付关联至项目、合同，为每一笔支付"留痕存证"。依据项目建设各环节、机构间的法律关系搭建出完整的"项目关系树"，整合"逐级负责、分层隔断"的各级信息，可实现单一视角掌握全局支付进度、业主对整个项目"一网统揽"。从单一视角来看，业主对总包支付情况"一目了然"，总包对各分包的支付情况"一目了然"。从业主视角来看，对施工全链条、全主体进行监督，实现项目进度、资金流向全流程监管。

落实国务院"724 号令"，实现建设者工资穿透支付。2019 年 12 月 30 日，中华人民共和国国务院令第 724 号《保障农民工工资支付条例》，明确了建筑施工行业涉及农民工工资领域的模糊地带，将农民工工资的支付与传统验工计价的结算原则相"剥离"，明确了主体垫付责任、统一了各层级资金的支付周期，抓住了拖欠农民工工资问题的根源所在。系统特有的智能合约"穿透支付"功能，可以在传统施工合同的逻辑下实现农民工工资的逐级、自动"穿透支付"，切实保护农民工权益。同时支持农民工工资的独立核算、支持总包代发等多样化的支付场景，如图 12-6 所示。将传统建设资金管理的多节点各自独立支付调整为链上自动穿透式支付，实际到账时间缩减至 1 个工作日，效率提升 60% 以上，资金支付大提速。以穿透支付和资金监管为抓手，保证各类工程建设资金及时足额支付到建设者、材料供应商，避免资金被截留、挪用、拖欠的问题，保障建设者的合法权益，落实国家政策，践行社会责任。

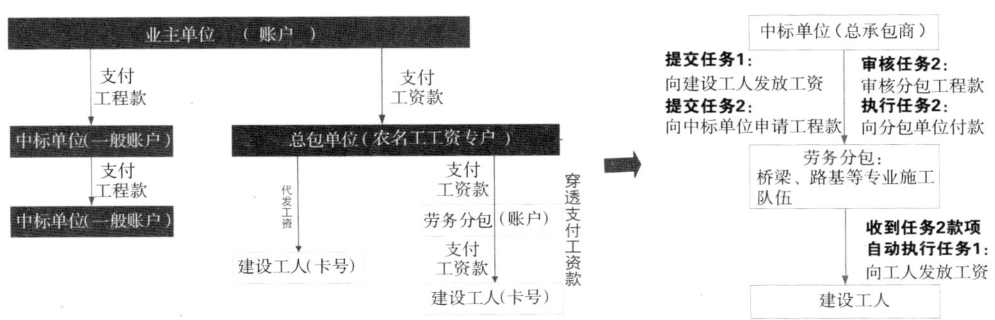

图 12-6　建设者工资穿透支付图

雄安政府投资项目全部上链管理。区块链支付系统经过不断地更新迭代及维护运营，系统功能已完善并取得了良好的市场口碑。雄安新区 331 个政府投资标段项目上链运行，涉及业主、总包、分包等 4000 余家企业上链。合同总数 7000 余份，累计交易金额 430 亿元，其中发放雄安建设工人工资 28.5 万人次。

12.3.5　中小企业订单融资和履约融资

在建筑工程领域，依托 BIM 技术，结合计算机辅助工艺设计系统（CAPP）、企业资源计划平台（ERP）、制造执行系统平台（MES）可构建信息管理平台，对工程项目实现全生命周期的管理（林永民，等，2023）。对工程项目的建设进展与建材的使用进行实时的跟踪管理，形成数据流，基于区块链赋能，变数据为信用，为中小企业对接订单融资和履约融资，如图 12-7 所示。订单融资，指购销双方签署订单合同后，以订单项下的预期销货款作为主要还款来源，向供应商提供的融资。依托于银行的政采贷、普惠贷模式。履约融资，供应商垫资提供工程原材料，工程量确认后 3 ～ 4 个月总包才会走付款流程，因此，供应商有融资需求。在现有订单融资服务基础上补充合同供货金额，以及开票数据，形成履约融资。基于区块链技术的订单融资与履约融资实现三方面的价值。一是优化建筑施工领域信用体系，使业主信用得到“垂直传导”，解决了中小微企业信息分散、难以获取和主体信用承载能力不足的两个核心问题。二是甲乙双方共同确认、锁定回款账号，实现资金闭环管理，将确认过程、确认结果上链，保证数据真实可靠。三是有效针对“融资难、融资贵”的突出现象，实现小微企业融资降本增效，使中小企业通过数据实现自身的增信，获得银行低利率的融资。

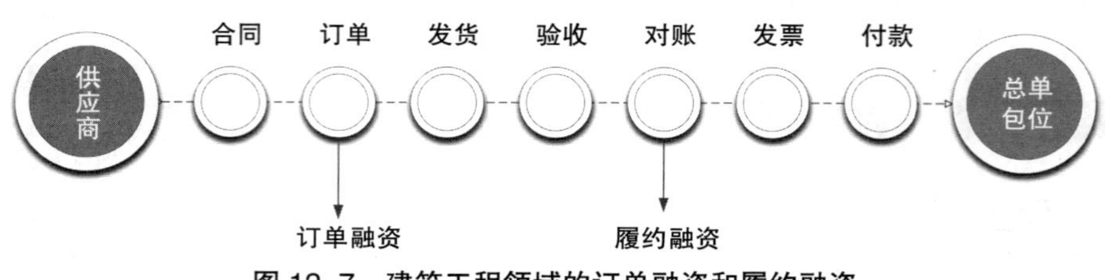

图 12-7　建筑工程领域的订单融资和履约融资

2018 年 6 月，华夏银行“链通雄安—区块链—供应链”首笔放款成功落地。“链通雄安”以雄安集团信用为基础，以银企直联方式接入雄安集团区块链项目管理平台系统，利用区块链平台数据溯源、行为规范、资金管理等功能，为建设雄安的分包商解决工人工资发放、原材料采购等资金问题。

12.4　小结

区块链支付信息服务模式适用于复杂支付场景，工程建设资金支付是场景之一。区块链支付信息服务是以区块链与智能合约技术为核心，利用智能合约实现业务流程，通过业务流程触发形成支付指令，最终连接银行支付网关实现资金支付的一种创新性区块链应用。区块链支付信息服务可实现事前业务数据、事中划拨资金、事后审查监督等资金管理闭环，消除信息不对称，可有效提升资金支付管理的数字化水平，是现有支付模式的有益补充，是一种支持复杂场景支付的新模式。

雄安新区建设资金管理区块链信息系统是业务最复杂、功能最完整、变革最深刻的区块链应用系统，开创了项目资金支付的新局面，为“雄安质量”“廉洁雄安”提供了根本技术保障，是区块链技术深度应用的典型案例，从根本上改变了传统项目的支付模式，是项目资金支付的重要创新，是雄安区块链底层系统在应用中的重要实践。

第 13 章　区块链赋能：医疗电子处方单流转模式创新研究

“互联网 + 医疗健康”背景下，因医疗体系分层系统造成的处方数据安全难以保障、处方信息难以共享、信任机制不完善等问题亟须解决。在深度剖析区块链去中心化、防篡改、可溯源等技术特征与电子处方单流转的耦合机制，提出了基于区块链的医疗电子处方单流转模式，参与者通过联盟链节点加入应用平台，联盟成员使用区块链平台发送、检索电子处方信息内容，监管方则实现全流程监管，以提高电子处方信息流转的可追溯性，实现处方信息实时共享，处方全方位跟踪等功能。研究发现，区块链赋能电子处方单流转模式可以实现高层次信任机制，高效率传递，高水平安全以及高质量监管。该模式的实现有助于提高医疗水平，为患者提供更高质量的医疗服务，对患者、医院和药店均有益处，为医疗电子处方单流转模式提供创新理念（林永民，2023）。

13.1　研究背景与意义

医疗服务与信息技术的融合创新已经成为当前医疗行业发展的重点和研究热点。2021 年，国务院办公厅发布关于推动公立医院高质量发展的意见，其中指出推动新一代信息技术与医疗服务深度融合，推动电子病历、智慧服务、智慧管理“三位一体”智慧医院建设和医院信息标准化建设。随着国家陆续出台电子处方相关政策，如对于在国内上市销售的处方药，除国家药品管理法明确实行特殊管理的药品外，全部允许依托电子处方中心进行互联网销售以及明确禁止医疗机构限制处方外流等，极大地促进了处方信息互通共享。电子处方的应用在现代医院就诊中已逐步形成趋势。电子处方是将手写处方进行数字化和网络化，并对处方信息进行数据存储，使处方的管理和流转更加有力。但现有的电子处方流转模式为医疗服务提供便利的同时仍有以下几个问题亟须解决：一是数据中心化程度高，信息共享程度低。电子处方由部署在各医疗机构的医院信息系统集中生成并储存，但只能在本地医疗机构内部流转和使用，不同机构之间难以共享。二是流转过程难追溯，监管困难。电子处方的流转从医生开具处方到患者拿到药品的整个流程中，存在处方流转体系透明度不高的问题，医疗机构和患者不得不面对处方被篡改的风险，缺乏完善的流转监管机制。三是信任机制不完善，加剧医患矛盾。患者在电子处方流转过程中处在信息链的末端，进而导致医患所获得的信息严重不对称，久而久之，患者对医疗机构和药店的信任度降低，容易引起两者矛盾。医疗机构与患者之间安全有效的信息互联互通和数据共享是电子处方流转的关键保障。区块链具有去中心化、匿名性、不可篡改和极高的安全性等特点为解决传统电子处方单流转模式的弊端提供了思路，可以确保患者信息不被泄露，并解决处方数据安全难以保障、处方信息难以共享、信任机制不完善等问题。但是目前基于区块链技术的电子处方流转模式尚未有明晰的机理。

综上所述，本研究尝试回答两个问题:（1）区块链赋能医疗电子处方单流转的机理是什么？（2）如何基于区块链技术构建可信电子处方单流转模式？通过回答上述两个研究问题，发现区块链技术与电子处方单在共享机制、监管机制和信任机制三方面的耦合机理，并在此基础上提出基于区块链技术的电子处方流转模型，建立了以区块链技术为核心的电子处方共享流转框架，并对其具体过程和创新范畴进行了说明，最后对基于区块链技术的电子处方流转模型的实现提出了建议。

13.2 研究现状

13.2.1 电子处方单流转现状

电子处方流转，是指系统连接医院，通过电子化的传送形式将处方同步流转至院外的特定零售药房，然后患者可以利用其在电子处方中的数据从特定实体药店或电子商务网站上购买相应药品的流程（姜志敏，2021）。伴随着线上医院的兴起，电子处方的优势逐步显露出来，其流转速度快、成本低等特点使电子处方流转逐渐成为主流处方流转模式。目前，有关电子处方流转的研究主要聚焦于两方面，一方面对于电子处方流转平台进行研究探讨，处方流转平台作为互联网医院诊疗活动的重要一环，其发展是推动互联网诊疗普及化的强大动力（曾振强，等，2022）。处方共享平台等第三方互联网企业与当地医院、医药连锁企业开展合作。近年来，电子处方平台的应用已渐渐成为行业共识（杨怀雷、冯伟杰，2018）。另一方面对电子处方流转模式展开研究，我国当前电子处方服务模式可以总结为四种模式：一是互联网平台模式，这种模式以互联网公司为主，从 C 端或药店端展开处方流转。二是医院主导模式，通过医院自建的线上医院，医生开具数字化处方，患者支付后可通过电子处方信息选择院内配送或实体药店配送等方式，实现药品配送。三是医药电商服务模式，医疗机构、医药企业、药品零售企业等市场主体，通过电商平台与药品零售的结合来实现线上问诊线下配药。四是药品零售企业服务模式，药品零售企业由原有线下交易的模式逐步转向线下线上相结合的综合服务，并逐步成为现代药品零售企业的潮流（刘德阳、王静、周乃彤等，2021）。

电子处方流转模式作为创新性的医疗服务方式，契合了医疗机构和患者的需求，顺应了“互联网 +”的潮流，但总体来说仍处于初步探索阶段。目前，有关电子处方流转的管理网络平台也正在逐步完善与提升，并在此流程中逐步明晰和规定了整套网络平台的工作流程、建设内容、监督管理制度、技术规范以及资质要求等规定，为中国电子处方流转管理模式的不断创新与探索，提供了重要的经验（周振、魏明月，2021）。

13.2.2 区块链技术在医疗健康领域的应用

区块链实质上是一个由各方参与者共同维护的分布式信息数据库体系，采取去中心化的大数据储存与管理方式，使各个节点能够拿到完整的数据信息副本，并投入大数据分析的保存和保护之中（于戈、聂铁铮、李晓华等，2021）。区块链信息技术问世以后，不少研究者对它在医学领域的广泛运用，及其对医学事业的促进作用等方面展开了深入研究。目前，关于区块链赋能医疗健康领域的研究主要集中在以下两方面。其一是基于区块链技术的医疗数据存储与共享机制。医疗健康数据是高度敏感且重要的信息资源（Asma Khatoon，2020），具有数量巨大、多样性、高价值、实时性等特点。但在现有体制内，不同机构之间数据不共享，从而导致数据孤岛问题的出现（王芳，等，2022）。通过对医疗大数据存储与共享问题的探讨，结合区块链、云计算以及我国各医疗机构信息化现状，提出基于区块链的医疗数据存储与共享机制（郝小羽，等，2022）。利用加密算法对医疗数据加密后上传至服务器，保证数据的机密性，采用基于区块链的智能合约建立防篡改、可追溯的数据共享模型（丁超，2022），为医疗数据的安全使用提供可信的网络环境。例如通过股份授权证明的共识方式建立了医疗机构联合服务器集群和审计联合式数据库集群（王甜宇、张柯欣、孙艳等，2022），建立采用拜占庭容错算法的联合式区块链管理系统（庞震等，2022）。将区块链技术与医疗数据平台进行耦合，能够有效解决数据存储与共享过程中数据安全与流通问题，为医疗事业的发展提供助力（薛腾飞、傅群超、王枞等，2017）。其二是区块链技术在医疗健康管理系统中的应用（张超、李强、陈子豪等，2019）。医疗健康管理系统是以云计算、物联网等技术为基础，围绕着省时、方便、准确的目标提出的一种新型的管理模型，具有综合性、智能化、人性化等特点（沈世勇、李陈、谢亲卿等，2021）。当前区块链技术在医疗健康管理系统中的应用主要包括疾病与健康监测管理、药品溯源与追踪管理和重大疫情下医疗物资供应管理等方面（Sudip Bhattacharya et al., 2019）。第一，在疾病与健康监测管理中，当疾病暴发，地方和全球发生健康事件突发时，区块链技术具有增强疾病监控能力的潜力。此外，区块链技术可以用于识别健康安全问题，并对防范措施进行分析，从而在全球范围内降低发病率、死亡率和经济成本（张琪，2016）。第二，在药品追踪与溯源管理中，通过区块链技术对医药供应链的数据进行统计分析，可以为药品交易流程、价格制定、药品防伪等提供依据（Matthew B. Hoy，2017）。第三，在医疗物资供应管理中，重大疫情背景下医疗物资供应具有突发性、时间紧迫性、需求随机性等特点，要求相关部门快速响应、精准匹配、信息透明等。发挥区块链的技术优势以确保医疗物资的高效供应、助力医疗物资捐赠、促进医疗物资供应物流智能化，从而提升医疗物资供应链运行效率，促进医疗物资高效配置与利用（Matthew B. Hoy，2017）。

综上所述，现有研究对区块链赋能医疗健康领域提出了诸多有建设性的见解，但多集中于综合性医疗服务方面，针对区块链技术在细分化医疗体系下的电子处方流转模式应用的研究不足。基于此，本研究将对区块链技术与电子处方流转模式的耦合进行深入研究，探究如何充分发挥区块链技术的优势，推进电子处方流转模式的改革与创新。

13.3　区块链与电子处方单流转的耦合机制

构建基于区块链的电子处方单流转模式是在传统的电子处方单流转模式的基础上进行的融合和创新。如图 13-1 所示，从信息共享机制、监管机制和信任机制三方面对区块链和电子处方单进行耦合分析。

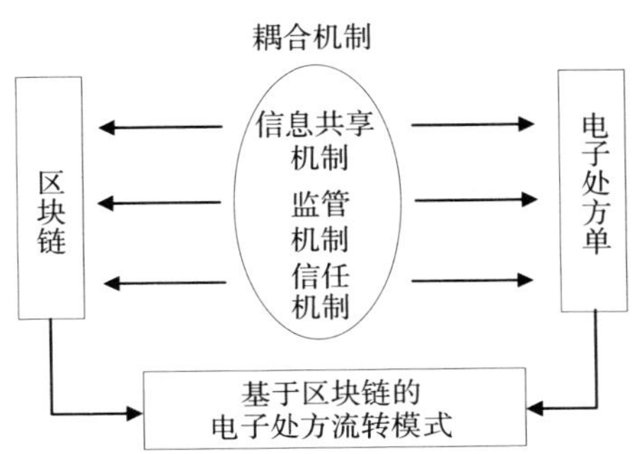

图 13-1　区块链和电子处方单的耦合机制

13.3.1　信息共享机制耦合

电子处方信息的互通共享是突破原有电子处方流转模式的关键，基于区块链的电子处方流转模式能够实现处方信息在链上节点互联互通。传统电子处方系统在自己医院单位内部自由流转和应用，但医院单位内部和医药院所以及社区药店之间无法采用网络方法进行数据共享，只有通过从医院信息管理系统中打印出的纸质处方与医院单位外部数据共享。纸质处方一方面具有难以携带、辨识、保存、监管以及易于被伪造等问题，另一方面导致了电子处方信息的孤岛化。建立健全的处方信息共享制度，是处方信息流转的重要途径之一。2020 年 10 月，国家医保局印发了《关于积极推进“互联网 +”医疗服务医保支付工作的指导意见》，《意见》中明确提出要支持“互联网 +”医疗复诊处方流转，探索定点医疗机构外购处方信息与定点零售药店互联互通。实现处方信息数据互通共享是推动电子处方进一步发展的关键因素。

区块链具有去中心化、开放性的特点，去中心化的开放性体现在传统系统的一些组织的决策权力集中在一个中心化的服务器上，其他节点只有服从。而在区块链的去中心化自组织这样的网络上，决策权是所有网络节点共同参与的、扁平化的权力结构。数据透明的开放性体现在记录在区块链的所有历史数据，任何人都可以通过特别的区块链浏览器查到相关信息，它相对于传统中心化模式把数据保存在自己数据库不公开的行为更开放。也正是因为区块链分布式共享账本的去中心化和开放性，使电子处方信息得以互通共享。这与电子处方单的信息共享机制相耦合。

13.3.2 监管机制耦合

监管问题是电子处方流转过程中的重中之重，基于区块链的电子处方流转模式能够实现处方流转全过程、多方位监管。伴随着电子处方的不断发展，其监管规范问题得到社会的广泛重视。国家卫生健康委规划发展与信息化司司长毛群安在博鳌亚洲论坛 2021 年年会期间表示网售处方药最大的难点是全流程监管。同时，国家药监局表示，将探索信息化监管手段，运用大数据分析技术，借助药品追溯信息和网络交易留痕信息，提升监管针对性和靶向性，实现“线上线下融合监管”。但由于电子处方单流转过程涉及多方参与主体，流转过程存在诸多环节，流转过程难追溯，难以保证电子处方流转过程中数据不被篡改，信息不得盗用等，同时在监管过程中，需要多方达成共识，多方配合，层层审查才能达到理想的监管效果。电子处方的监管定位与力度问题是决定电子处方流转模式的关键问题，而数据的透明度越高越有利于监管的执行。

区块链具有信息透明化的特征。所谓区块链的信息透明化，其实是指交易过程的关联方之间共用信息、共同维持一种分布式的共同账本。由于账本的分布式共享、数据的分布式存储，人们都能够加入这个分布式会计与记账系统中，同时账本上的个人信息也对所有人开放，使所有人都能够利用公共的接口对区块链上的资料信息进行检索、审核与跟踪。由于区块链分布式共享账本的高透明度，使电子处方流转的信息随时可见、可追踪，从而达到社会公众对操作活动合法性的共同监督。这与电子处方单的监管机制相耦合。

13.3.3 信任机制耦合

患者对电子处方流转是否充满信任是判断该流转模式是否合格的关键，基于区块链的电子处方流转模式塑造了完善的信任机制。医患矛盾的根源在于信任度低，在整个医疗体系中患者是处于最弱势的位置。医疗资源的过度利益化、医院和医生利用专业知识和信息的差距、医疗机构为寻求利益空间，乱开药方和病历造假等负面新闻层出不穷，导致了医患关系的进一步恶化。因为医院使用自己单独的信息管理系统，并没有对第三方做电子签名或者时间戳，所以也无法对电子病历系统进行锁定。同时，中心化的数据部署容易遭受大量黑客入侵，数据库的信息泄露会进一步加重患者与医疗机构之间的信任危机。确保医疗数据的安全可靠和不可篡改是患者与医疗机构双方的信任基础。

区块链最易于被掌握的特性是不可篡改的特性，它的这个特性在防伪溯源中扮演着非常关键的角色。不可变更的原因在于“区块 + 链”的特殊账本：存有交易的区块被按照时间顺序持续添加到链条的尾部。要更改某一区块中的数据，则需要重建它之后的所有区块。通常情况下，在区块链中的任何交易数据是不能被“更改”的，只能通过被认可的新交易操作进行“修正”。而在这一过程中会保留修改痕迹，这也就是为何说区块链是不可篡改的。由于存储在区块链上的电子处方数据不可篡改，极大增加了患者对医疗机构的信任。这与电子处方单的信任机制相耦合。

13.4　基于区块链的医疗电子处方单流转模式构建

13.4.1　模式框架及运行流程

在构建基于区块链技术的医疗电子处方单流转模式时，首先必须针对电子处方单的特征选取恰当的区块链形式。区块链从分布式网络的规模大小以及对数据信息读写权限的管理的视角，可分成公有链、联盟链以及私有链。公有链是指在全球范围内，所有节点都可以发布交易信息并浏览区块数据，并且可以作为分布式网络中的某个节点加入共识机制中。公共链有着极其严苛的共识机制，所以公共链面临的最大难题就是共识问题，而共识问题也直接造成了公共链上处理信息的效率问题。私有链的区块创建权限通常仅限于一个团队或机构的内部活动。与公有链与联盟链相比，私有链并不是去中心化的。联盟链一般适用于不同的机构或组织内部，联盟链的信息写入功能虽然局限于某个组织内部，但能够实现团体之间的信息去中心化，从而实现信息的真实、透明和不可篡改。

公共链信息交换速率过慢，私有链中心化程度较高，联盟链普适性则更强。针对电子处方流转过程较长，参与主体较多的特点，以及联盟链快速的信息交换速度和部分信息去中心化的特征，可以保证电子处方信息在链上的有效发布和快速匹配。所以，可以选择联盟链形式实现电子处方单流转模型构建，基本框架如图 13-2 所示。针对其特殊应用场合，以医疗机构、药房、政府监管部门等为共识节点，建立联盟区块链。

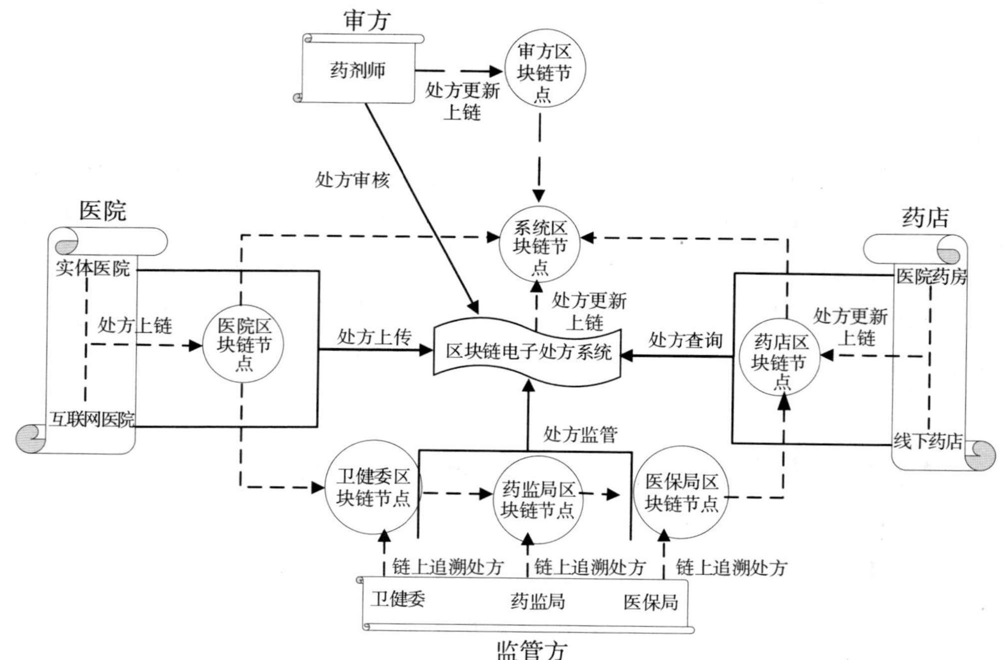

图 13-2　基于区块链的医疗电子处方单流转模式框架

电子处方流转的参与主体利用区块链技术建立联盟链，各个参与方通过区块链的节点参与到落地实施的应用平台，由联盟成员使用区块链平台发送、检索电子处方信息内容，这部分信息在经过认证后存入数据区块中，而在实现供需配对后相应的交换信息内容就会被存入区块。由于区块链上的所有节点都能够查看已经进行的数据记录，因此增加了医疗电子处方单共享过程中处方信息的可追溯性，同时削弱了医疗机构与患者之间信息不对称所带来的医患矛盾风险，链上节点可根据共识机制进行处方数据记录和存储。

在上述基础上，本研究提出基于区块链的电子处方流转模式运行流程，如图 13–3 所示：（1）患者在线上或者医院线下挂号，患者的挂号信息通过 P2P 网络存储到医院区块链节点，患者依靠挂号凭证到挂号的医院看病或者线上看病，医生使用 HIS 的医生工作站从数据库获取患者挂号信息为患者进行诊疗，随后通过医生工作站开具并生成电子处方，医生将电子处方信息发送至医院区块链节点，并上传至 P2P 网络；（2）对发布电子处方信息的医师进行身份验证，验证通过后使用私钥进行数字签名；（3）药剂师对发票和药房管理系统上的处方信息进行核验，确认无误后指导病人用药，并更新处方信息发布至审方区块链节点；（4）药店或医院药房查询电子处方信息并进行配送，并更新处方信息发布至药店区块链节点；（5）患者收取药品。在此过程，医疗机构可观察医生所属的患者处方动态，同时可以派出医生助理推动处方进行下一步，并通过患者需求，强化与医生之间的联系，获得患者用药情况及时反馈。卫健委、药监局、医保局则将实现全程监管，获得可视化数据分析，为后续处方监管溯源提供依据，实现监管体系优化。

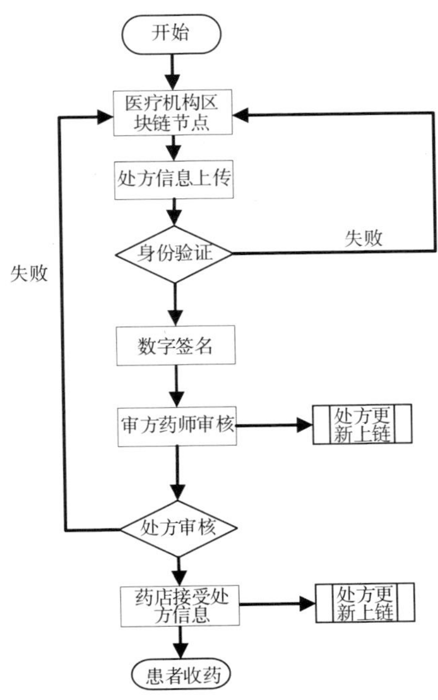

图 13–3　基于区块链的医疗电子处方单流转模式运行流程

13.4.2 创新范畴

与传统医疗电子处方单流转模式相比，基于区块链的医疗电子处方单流转模式的创新范畴主要包括信任机制、信息传递、信息安全和监管机制四个方面。如图 13-4 所示。基于区块链的医疗电子处方单流转模式在保持传统模式优势的同时，在其基础上进行改进，提高电子处方流转效率，主要具有以下几方面的优势：

（1）高层次信任机制。信任机制问题是制约医疗电子流转模式发展的主要因素，患者与医疗机构之间往往因为数据透明度不高，患者在双方信息不对称中属于弱势方等问题存在医患纠纷，这导致了患者对医疗机构存在潜在的信任危机。利用区块链上的共识机制进行诚信背书，可以增强互联网上数据的可审计性和可追溯性，同时减少了数据不对称所带来的风险，也可以确保各应用的数据在信息安全上都具有整体性，保密性和可能性，也有利于促进数据内容个体化、靶向化和精确化，在医疗机构和病人之间形成更加完善的信任制度。

（2）高效率信息传递。网络式的流转模式和区块链去中心化的特点，能够增加资源的整合范围，扩大信息获取的广度与深度，精确匹配大量供需资源，减少信息收集、协商等流程消耗的时间。资源整合的范围越大，资源的效率也越高，由此促进各类资源合理使用，推动医疗机构实现协同发展，达到动态平衡。

（3）高水平安全稳定性。信息流转过程中会产生大量的数据和信息，并且区块链的分布式存储技术使得各个节点具有相同的权利和义务，可以保证当某一个节点发生意外时，不会对整体的网络系统产生危害。另外，病人与医疗机构之间只有根据集体智能协议的规则完成交易，才会被系统所接受，并且数据也具备了不可更改的特性，以此保证共享流程的安全。而通过区块链的机制，以及运用激励相容的机制，则能够保证数据记录的精准高效，进而提升整个流转模式的安全稳定性。

（4）高质量监管力度和精度。区块链的共识机制确定了全体成员共同负责信息系统服务，所有的行为都必须得到共同认可，由于采用这种管理模式，使原来中心化的信息系统部署转为分布式模型，如果发生特殊情况，就能够在第一时间识别、拦截消息并进行定位和排查，从而避免了推卸责任、权力纷争等现象的出现，也能够有效地解决电子处方单流转过程核实困难的情况，从而建立一套有效的全网共享机制，方便监管部门对医疗机构及患者进行监督。这样不仅可以保障电子处方流转信息的真实性和安全性，还可以避免电子处方单流转过程中因信任危机而导致的医患纠纷。

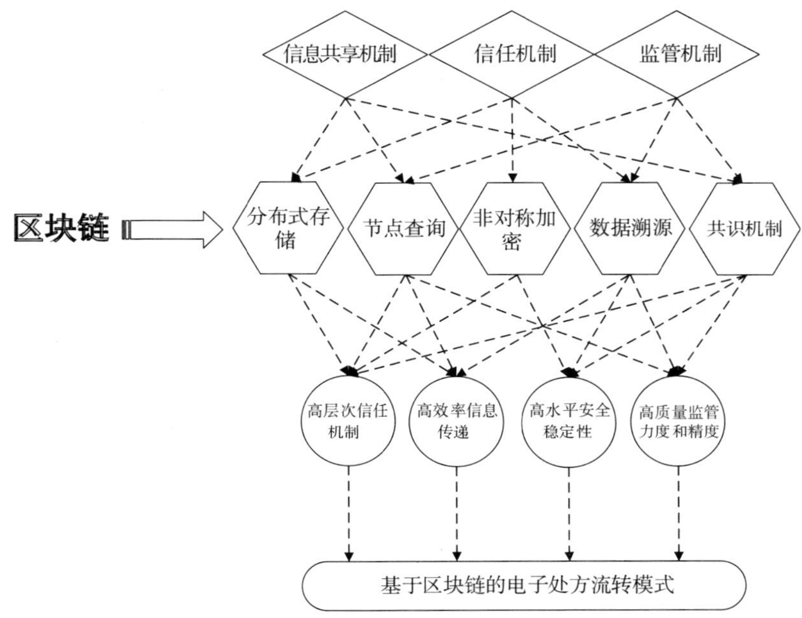

图 13-4 基于区块链的医疗电子处方单流转模式的创新范畴

13.5 结论与建议

13.5.1 主要结论

医疗电子处方单流转模式的发展虽然已经初具规模，但目前尚处在探索时期，传统电子处方单流转模式仍存在着数据安全难以保障、处方信息难以共享、处方流转监管困难等问题。针对以往存在的处方数据安全难以保障、处方信息难以共享、信任机制不完善等问题，基于区块链信息技术的医疗电子处方单流转模式在搭建联盟链的基础上，联盟成员使用区块链平台发送、检索电子处方信息内容，链上节点可根据共识机制进行处方数据记录和存储。同时，监管方实现全程监管，可获得可视化数据分析，为后续处方监管溯源提供依据，实现监管体系优化。通过分析区块链技术与电子处方流转在信息共享机制、监管机制和信任机制三方面的耦合机理，并结合区块链的去中心化机制、分布式网络结构存储、非对称加密和智能合约等特性，有效避免了电子处方信息外泄，药方资源被非法滥用等现象，促进了患者合理用药，确保了病人信息安全，并促进了电子处方的数据互通共享，大大优化了电子处方的流转过程。

13.5.2 政策建议

基于区块链的医疗电子处方单流转模式能有效解决传统电子处方流转模式下存在的弊端。但目前我国有关区块链与电子处方融合的新型模式仍处于萌芽状态，尚未有大规模发展的迹象，为促进基于区块链的医疗电子处方单流转模式的创新与发展，提出以下对策建议：

（1）强化区块链技术研究，制定相应技术规则。区块链技术中实现电子处方单流转模式的关键在于克服一定的技术难度，为此，政府要加大产学研协同，推动区块链的加密算法、智能协议等新技术的研发，并建立相关的技术标准，以合理控制科技风险，确保区块链科技应用落地的安全稳定。积极响应国内区块链标准制定的组织工作，构建规范的区块链标准体系，与国际前沿技术接轨，同时应加快推行医疗卫生行业的区块链技术标准化，高水平化。

（2）集成大数据分析技术，实现协同技术服务。以大数据分析技术为平台，区块链技术为基础，实现二者之间的优势互补。通过区块链技术传输信息，利用大数据技术解析信息，以提高共享流程中的大数据分析解决水平，提升监管体系的精准度，更好地为电子处方单流转模式安全、高效、可靠运行服务。畅通部门、地方、行业之间的信息资源共享渠道，实现医疗数据档案的真实数据交互、分析和存储，最终达到智慧医院整体快速发展的目标。

（3）强化系统管理和保障，保障信息安全。医疗健康事业关系民众生命安全，本身就具有很高的复杂性和高风险性，且对数据信息的安全需求也极高，所以，区块链技术在医疗健康领域中的运用就是要避免数据信息遭到非法篡改与入侵，而保证信息安全的背后实则也是对民众权益的高度负责。

（4）协调政府各部门关系，加大监管力度和精度。首先，基于区块链的电子处方流转涉及的环节复杂，业务部门繁多，需要各政府部门加强合作，统一协调，确保各部门数据之间的互通共享。完善基于区块链的电子处方单流转法律体系，保证电子处方单在流转的各个环节均有可参考的法律依据，使监管部门监督管理电子处方单流转时有章可循、有法可依。

第 14 章　云趣数科区块链供应链金融平台

云趣数科成立于 2019 年底，由中国产融互联网标杆企业中企云链与国内区块链底层技术唯一独角兽企业趣链科技战略合作合资组建，定位于“供应链金融 Saas 平台与生态运营服务商”。依托“中企云链万亿级产融互联网标杆验证、趣链科技国家信创技术自主研发、产融两端总部级生态资源跨边共享”三大核心竞争力，基于区块链技术，打造场景、科技、运营“三位一体”的生态服务体系，坚持产业数字金融新基建“四景四链”系列解决方案持续创新与实践，实现“场景驱动，解决真问题，科技赋能，创造真价值”。

14.1　产融新基建技术服务

14.1.1　信义链

信义链破解身份信息割裂，实现多平台身份穿透的管理问题。互联网时代数字身份碎片化问题凸显。互联网引爆数字身份时代，各平台百花齐放，企业需要在不同平台、场景重复注册、认证身份信息，过程烦琐，随之带来数字身份碎片化问题。企业的行为记录在不同平台，控制、收集和维护信息成本很高，也存在着巨大隐患。信义链是云趣数科企业通过构建数字身份互信联盟链，为各节点提供金融级身份认证及授权应用服务，可帮助企业用户实现全网一次认证。

基于区块链的解决方案构建真实可信的数字身份。信义链数据层基于区块链实现，为链上各节点提供一致性身份认证和授权数据服务，链上各节点为用户身份进行多方背书和交叉认证。通过信义链认证后，在联盟链参与方中达成多方共识，免除重复注册认证过程，并在生态场景中自主运用。通过信义链实现四个主要功能。一是可用，一次认证多方认可。二是可验，多方背书交叉验证。三是可控，身份信息自主可控。四是可信，信息隐私全面保护。信义链通过多平台互通互信，免除重复认证，减少账户维护成本，且用户身份自主可控，极大降低信息泄露风险。

信义链实现了多方共赢。从金融平台维度看，一方面实现快速获客，链上其他平台的用户可以跨平台登录认证，快速开展线上业务；另一方面，实现多方认证，多平台、多机构对企业用户的身份信息进行交叉认证。从资金方维度看，一是快速获客，通过节点获取企业用户信息，多方机构为企业用户信息认证，提高审核效率；二是完善 KYC（用户身份验证流程）服务，用户授权后，从节点上调取用户在多平台的历史行为，用于完善 KYC 服务；三是评级服务，根据用户在链上各平台的历史行为，通过大数据模型进行用户信用评分，为资金方提供评级服务，便于筛选优质客户。从企业维度看，一是自主掌握身份信息，用户自主控制和管理数字身份，提高用户对自身数据的掌控权；二是跨平台登录，为企业用户提供跨平台的途径，降低用户维护身份的成本。

总之，信义链是企业数字身份的解决方案，为供应链金融、供应链管理提供基础设施链，帮助实体企业、商业银行、非银金融机构建立数字身份认证入口。

14.1.2　存义链

企业数字化发展进程中，不同时期、不同目标所搭建的多个系统、应用、平台，由于缺少统一数据标准和安全隐私机制，无法实现数据的互通共享。企业信息孤岛成为下半场构建产融互联网的瓶颈。存义链是云趣数科提供的产融数据存证解决方案，以低成本建立可信安全的产融数据分布式存储及协作模式为目标，为不同商业场景及业务生态提供分布式存储基础设施。

存义链可解决数据共享难、真实性验证难、跨链交易难、监管难等场景困境。通过存义链实现四方面的功能。一是可信任，解决多参与方数据资产加密存储问题；二是可溯源，为审计监管提供可信数据源，实现降本增效；三是可共享，低成本强隐私的信息共享基础设施；四是可交换，实现跨平台交易的基础保障。

信义链的优势在于将不同业务模式、不同应用系统、不同技术平台的底层数据存储基础设施互联互通，打破业务边界、系统边界、技术边界，实现可信数据安全共享。从基础设施维度看，一是实现跨链对接，打破技术壁垒，实现异构区块链的连接，形成联盟链间的联盟；二是实现链级管控，以链治链，保障联盟链体系安全可控，构建可持续发展的联盟生态。从数据存证维度看，一是防伪溯源，实现可信任的数字资产存储和交换，提供可视化的数据追踪溯源记录；二是审计监管，开放监管节点为监管部门提供穿透式管理通道，提升监管效率和合规透明度。从平台共享维度看，一是数据共享，打破数据壁垒，实现数字资产高效可信共享，盘活真数据、创造真价值；二是服务共享，联盟链资源整合，实现数字身份、业务运营等服务共享，优化资源配置，降低业务运营成本。

14.1.3 银义链

随着互联网技术的发展，供应链上核心企业以及银行等具备资金实力的企业，通过计算机信息化平台，逐步将整个供应链金融业务信息化。然而，传统方式的弊端是，数据的生产者无法持有自己的数据，且数据传输协同周期较长，并存在信息不对称、易篡改、参与各方互不信任等问题。同时，银行自身业务线众多，需要对接各种不同平台业务，业务系统拓展受限，且难以进行监管。

“银义链”方案定位于解决银行业务系统和区块链上数据资产的直连问题，通过在银行业务平台和联盟链之间部署智能合约的方式，实现行业内部业务系统与供应链金融平台间跨机构数据交互。基于云趣数科独立自主研发，专利知识产权覆盖数据审计、点对点通信、隐私保护、权限管理等多个领域，为产融数据资产互信互认的有效性、安全性、数据隐私保护提供技术支撑。通过银义链实现四方面的功能。一是简化多平台系统之间对接模式，低耦合、高聚合，高效连接业务参与多方。二是业务全程可监控、可溯源、可存证，打通数据流通全链路。三是融合多方共识、数据加密、智能合约等技术，保证供应链交易信息的高度透明性、一致性、真实性和不可篡改，实现数据可信交换及共享。四是联盟链参与方真正拥有供应链上的真实数据，直接与数据资产进行交互。

银义链的主要优势在于效率升级、数据安全、一次对接多平台复用。其一，不仅打通不同企业、银行和司法等机构之间数据无法实时共享问题，通过区块链节点间数据的实时同步，提高数据传输效率，而且通过智能合约技术，使数据授权、数据加解密、数据共享、合同等操作实现自动化。其二，结合区块链技术，解决中心化数据平台的信任机制问题。通过分布式账本以及共识机制，实现企业间数据共享，保证数据真实性。通过区块链的可追溯特性，实现数据的全链路可追踪，提高数据的可监管性。其三，通过分布式账本技术，银行与供应链平台之间不再需要建立传统的 HTTP 数据传输通道。通过专利方案，实现一次对接，多平台复用的效果，解决传统模式下银行每对接一个新的供应链平台，都需要建立数据传输通道的问题。

14.1.4　企义链

在数字经济转型，数据要素资产化的背景下，不同的企业主体、供应链平台之间存在对接与数据交互的需求。在《中共中央 国务院关于构建数据基础制度、更好发挥数据要素作用的意见》指引下，在符合监管的前提下践行数据权益保护，安全、合规探索数据应用创新，成为当下业务开展的重点。

“企义链”方案通过在供应链平台、企业业务系统和联盟链之间部署智能合约的方式，实现跨机构、主体的可信数据交互。方案由云趣数科独立自主研发，专利知识产权覆盖数据审计、点对点通信、隐私保护、权限管理等多个领域，为产融数据资产互信互认的有效性、安全性、数据隐私保护提供技术支撑。

通过企义链可实现四方面的功能。一是数据分权治理，数据所有权、查询权、使用权“三权分立”；二是数据可信共享,联盟链参与方可查询应用链上真实数据；三是防伪溯源，业务全程可监控、可溯源、可存证；四是多方生态共治，基于隐私计算、多方共识等技术赋能业务生态治理。

企义链的优势在于，一是效率升级，一次对接，打通多平台数据传输通道；二是安全升级，隐私计算赋能，数据安全有保障；三是应用升级，业务与数据解耦，快速迭代创新应用。

14.2　供应链金融场景服务

14.2.1　宜车链

云趣数科业内首创垂直行业数据交互式产融科技综合服务平台“宜车链”，基于“物的信用”，通过区块链、大数据、物联网等技术，面向大宗、汽车、医疗等行业的产业链下游，提供垂直行业的供应链金融业务、数据及运营服务。2023 年 3 月 28 日，由中国交通运输协会电商物流产业分会主办的 2023 年“第六届中国货运供应链年会暨运力创新大会”在北京召开。“宜车链”在推动产业链、供应链“质效”融合实践中的亮眼表现，成功入选“金网数实融合型案例”代表，并与中铁物贸集团有限公司、欧冶云商股份有限公司、京东物流集团、河钢集团供应链管理有限公司等业内知名企业一同获评“2022 年度全国货运供应链数实融合优秀案例”。

当前，全国货运物流数智化进阶到全方位、全链条、全要素整合从“追赶”到“领跑”的新阶段。基于此，云趣数科创新业务服务模式，面向供应商、物流、仓储、资金方、核心企业等产业链上多方客户，基于区块链、物联网等技术底层，推出垂直行业数据交互式产融科技综合服务平台“宜车链”，面向产业链下游经销商提供供应链金融业务、数据及运营服务。

供应链金融发展经过“主体信用”“数据信用”阶段，云趣数科“宜车链”基于“物的信用”，以控货为主要手段，以真实贸易环节数据为依托，通过区块链、大数据、物联网等技术，有效建立贸易链条中的多方信任，面向大宗、汽车、医疗等各行业及产业链的下游中小经销商、代理商的垂直行业的产业互联网平台。全面打破传统模式下中小微企业融资的局限性，解决核心企业缺市场，资金缺信任等难题，为产业强链、补链、稳链提供有力支撑。

宜车链的核心价值集中表现在四个方面。一是全链风控，“物信合一”，基于物的信用，以控货为基本手段、以真实贸易数据为依托，提供全链路风控能力；二是实时监管，基于物联网、RFID 等技术，与北斗系统对接，实现对在途、在库商品的实时监控管理；三是数据可信，区块链赋能打通多方信任通道，独立第三方数据服务平台，保证业务数据独立、客观、真实可信；四是产融升级，通过可信独立的第三方平台形式，以“科技 + 数据 + 服务 + 金融”加速产业链升级，进一步提升中小微企业融资可得性和效率。

14.2.2 征信链

为解决省级商业银行征信数据分散、数据实时性低、银行数据信用类普惠金融产品创新受阻问题，云趣数科征信链有效打通人民银行、商业银行、类金融机构、政府机关等主体之间产融的数据互通共享通道，如图 14–1 所示。基于征信链，一是贯通政企银数据孤岛，降低数据共享成本；二是创新银行普惠服务产品，发挥数据聚合优势；三是数据交易合规可追溯，赋能穿透式监管；四是金融政务数据共享标准化，规范数据应用。

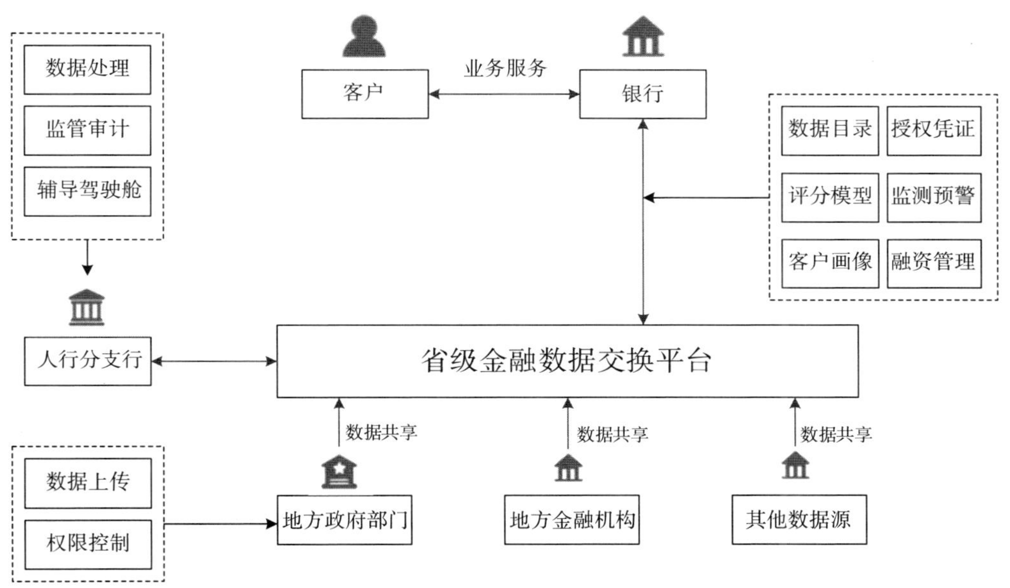

图 14–1 省级金融数据交换平台的架构图

14.2.3 确信融

云趣数科基于区块链技术打破传统供应链金融平台壁垒，技术与场景创新融合，形成"确信融"供应链金融平台，如图 14–2 所示。银行借助核心企业自偿性贸易或企业信用转化为可流转、可融资、可灵活配置的一种创新型金融信息服务，为中小微企业提供了一个便捷、低成本融资的新通道。利用区块链多中心分布式的特性，打造多方互信的价值互联网，将企业资产转化为标准化数字资产凭证，在平台中实现灵活流转、拆分和融资。

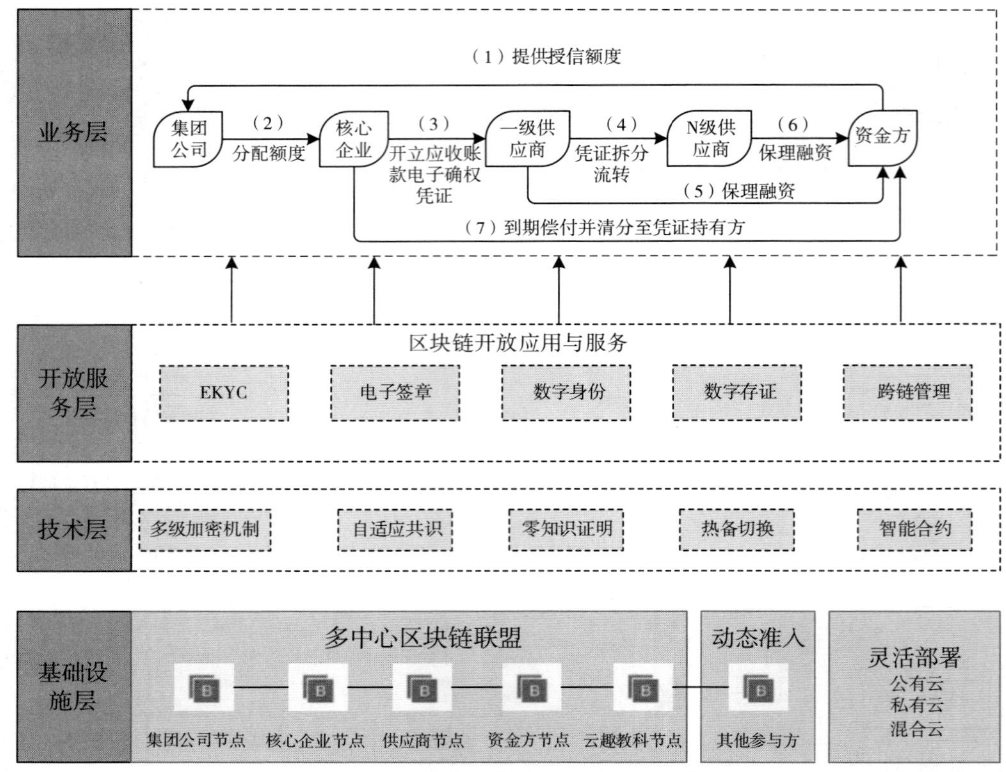

图 14-2 确信融供应链金融平台架构

14.2.4 再保链

2021 年，中国银行业协会发布《中国银行业协会跨行再保理业务指引（试行）》【以下简称《指引（试行）》】，规范跨行再保理及相关业务操作，防范业务风险。《指引（试行）》中，明确提出“保理行与再保理行均应采取有效措施履行贸易背景真实性审查并承担各自职责”。跨行再保理业务如为电子渠道，建议基于区块链平台办理。同时，近年来随着商业银行数字化转型的深入发展，银行数据资产的精细化运营被纳入业务发展的重点领域。商业银行的业务发展路径逐步从规模导向向价值导向转变，更加重视成本与收入、风险与收益、短期利益与长期价值的统筹平衡发展，走高质量发展路线。

随着互联网供应链金融业务的深入发展，金融机构、类金融机构手中持有大量数据资产无法盘活。云趣数科再保链，以存义链上多方共识、加密存证的可信产融数据资产为依托、银义链可信数据服务为通信入口，为金融机构、类金融机构提供可信数据资产的再保理服务，是产融新基建解决方案基础上的又一场景金融业务创新。再保链充分发挥联盟链数据可穿透、可追溯、防篡改的技术特性，为金融机构、类金融机构提供以电子确权凭证资产为代表的产融数据资产再保理服务，盘活机构间资产流动性，协助金融机构、类金融机构资产精细化运营，其架构如图 14–3 所示：

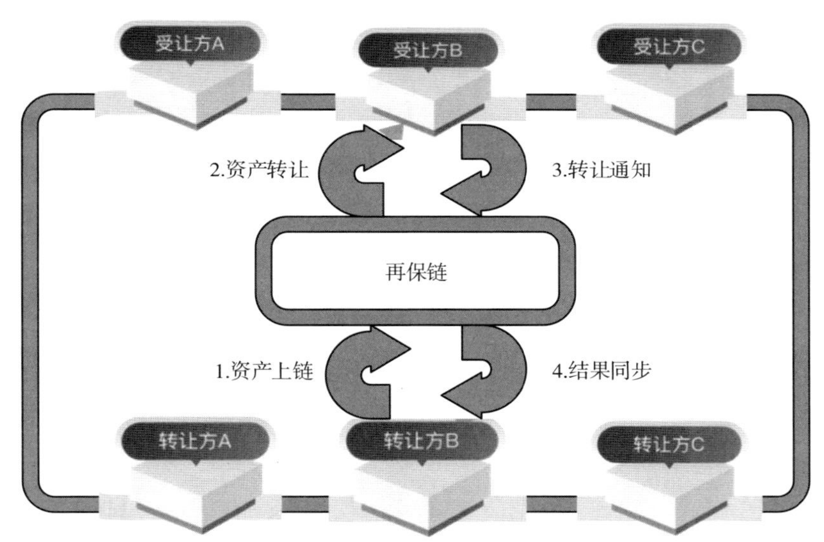

图 14–3　再保链架构图

通过再保链可实现：一是信息可追溯，底层应收账款资产权属清晰且动态穿透；二是交易过程联盟链同步共识，信息完整、准确、留痕；三是交互全链上，信息服务端到端，数据信息无授权不可见。

再保链业务价值主要集中在两方面。从银行维度看，一方面，促进应收账款融资业务发展，提高资产运营效率；另一方面，灵活调配银行资产配置，调节存贷比、释放流动性。从平台维度看，延伸电子确权凭证类资产交易链条，提高资产流动性。构建融融生态，实现供应链金融平台融融、产融生态协同发展。

第四篇

政策建议篇

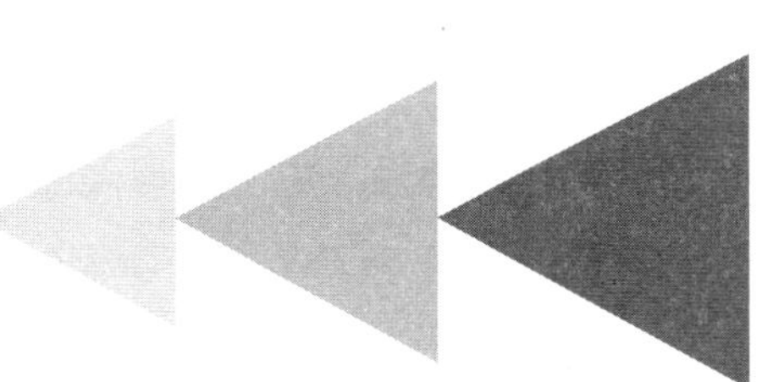

第 15 章　区块链 + 供应链金融应用政策建议

在政策引领与实践推动下，区块链技术已逐步成为传统供应链金融产业深化转型的重要引擎，是推动数字经济高质量发展的重要助力。未来，区块链技术将融合大数据、人工智能、5G、物联网等技术，进行跨领域、跨行业的自动化协作，实现社会化生产、销售、服务、管理体系的融合创新。区块链供应链金融应用创新发展，离不开监管机构和产业界的大力支持，加强区块链技术的引导和规范，建立适应区块链技术机制的安全保障体系，有效聚合各方力量才能加速推动区块链技术安全有序发展。

15.1　产学研合作加强技术创新

企业、高校和研究机构等要开展深度合作，建设供应链金融研究中心或实验室，推广应用供应链金融新技术、新模式，促进整个产业数字化和智能化转型。核心企业发挥带动作用，加强商业银行、区块链平台企业、供应链上下游企业的协同和整合，创新供应链金融业务模式，优化供应链资金流，构建完善的产业生态体系，促进产业降本增效、节能环保、绿色发展和创新转型。

15.1.1　持续完善区块链供应链金融技术标准体系

截至 2023 年底，业界尚未形成区块链供应链标准及主流技术路线，开源项目林立，各机构纷纷自建区块链供应链技术平台，异构系统跨链对接等技术难题导致区块链供应链产业生态兼容性及扩展性较差，应用数据迁移因区块链的独特技术结构也将十分困难。为此，加快推进共识机制、密码学算法、跨链技术、隐私保护等区块链关键核心技术的创新。在加强产用对接、汇聚行业力量推动区块链核心技术突破、加快底层技术平台产品化水平提升的同时，须重点关注区块链供应链金融平台技术标准研究工作，在技术参考架构、评价体系、安全要求、管理原则等方面对区块链进行标准化要求，引导供应链金融领域中区块链的有序推广，进一步提高不同产业领域的规模化应用水平和推广效率。

15.1.2　兼顾隐私保护与数据共享

随着区块链供应链金融平台应用范围的扩大，交易隐私尤其是敏感数据的访问控制逐渐成了区块链解决方案的重要内容。区块链中记录交易数据的全局账本在所有相关记账节点都有一份拷贝，使攻击者攻破某一节点能够获取到所有的交易信息，数据安全性风险可控性降低；同时，在业务角度上区块链多方账本数据共享要求与各参与方的隐私保护要求也存在一定程度上的矛盾。因政策与行业特性，供应链金融对于数据隐私保护、数据权益保障等有极高要求，如何在账本共享的情况下实现数据交互全流程的安全与隐私要求，是区块链在供应链金融领域大规模应用前需要解决的关键问题。

为此，要将区块链系统内安全与执行环境安全综合考量；加强对隐私计算技术的跟踪，软硬件结合，进一步研究有限获知的数据共享方法，在满足隐私要求的情况下达到业务正常推进的效果。

15.1.3　提升区块链的性能效率

要实现规模化的企业级应用，区块链技术需要克服信息查询验证慢、单节点存储空间小、并发处理效率低等问题。区块链能否大规模应用最核心的还是规模与效率的问题，在链上节点数量不断增长的情况下，如何保障系统性能和处理效率。区块链“不可能三角”尚未有明确的有效突破手段，商用领域的实际业务处理效率与每秒万级的实验室交易吞吐量数据还有较大差距。随着 5G、物联网智能终端的普及，业务对交易响应时间将更加敏感，数据量与交易量将继续膨胀。不彻底解决系统效率问题，区块链只能局限在低频领域应用范围中，无法快速普及真实世界里的大量商用场景。因此，共识机制、分片处理、加密机制等技术环节都将成为区块链技术攻克的重点。同时，专注于扩展区块链主链应用范围与创新空间的侧链技术将迎来发展。

为此，要在区块链的性能提升方面持续投入，研究提升区块链吞吐量的共识策略与方法，在不降低安全可信效果的条件下既满足高频业务的需要，又突破对参与方数量的限制；探索其他技术与区块链的结合，如边缘计算与区块链的结合，通过提升单次确认的信息量来实现区块链整体处理能力的跃升等。同时加快实验室成果转化，缩短其产业化应用的耗时，为区块链的大规模应用铺平道路。

15.1.4 保障链内链外数据的一致性

传统的信息系统（链外）与区块链系统都有各自的局限性，一方面，区块链系统需要通过链外系统扩展计算和存储能力，另一方面，链外系统需要通过区块链系统来解决信息孤岛、数据防篡改等问题，这就要求链内外数据能够有效协同，以确保链上数据与非链数据的关联性和一致性。

为此，要出组合拳。从技术层面，提供保障链内外数据一致性的解决方案或参考模型；行业内加强交流，在场景应用中总结链内外业务协同的经验，形成关于数据协同的行业指导意见；与标准制定工作相结合，推出相关国家标准、行业标准、团体标准、地方标准，以指导区块链技术与传统信息系统的融合应用，提升整体服务能力。

15.2 供应链金融服务深度融入产业链

随着数字经济的发展，一方面，传统产业链上下游企业、金融机构之间的边界将逐渐消失；另一方面，资产形式正在从传统实体资产向数据资产、数字资产扩展，供应链金融的发展需要抓住机遇，积极应对变化趋势。

15.2.1 扎根各产业链金融服务场景

区块链的出现，使很多传统互联网中因信任粒度或信任成本问题而难以进行线上融合的场景有了融合创新的可能。区块链的应用使供应链金融业务由单一机构的集权治理方式进化为多领域多参与方共治模式，金融服务能力将得到其他领域能力的加成，逐步形成覆盖面更广、办理效率更高，业务类型更丰富的金融服务体系。金融机构可参与以区块链为多方共治技术基础的产业联盟，加入行业区块链平台，不再被动地等待客户上门提供数据，而是通过共享账本，在获得授权的情况下，直接获取产业运作的真实过程数据，在对业务运作充分了解的基础上，更加主动地向目标客户提供多样化甚至定制化的金融服务，实现“坐商与行商”的有机结合（林永民、赵欣、崔小杰，2024）。

尽管区块链已经迈入纵深发展阶段，但在与供应链金融业务结合的过程中仍存有一些现实问题。总体来看，技术需要扎根于合适的场景，瞄准传统供应链金融业务痛点进行发力，在协作机制上加大平台协作与产业协作。目前，不少企业与组织对区块链采取积极态度并尝试创新应用，但仍停留在浅层次、非核心业务阶段。区块链供应链金融参与方须以场景需求为出发点，关注产业生态，扎根于实体经济的业务痛点，才能够真正实现其发力方向与价值。因此，要建立广泛的协作。一方面，建立平台协作。无论是民间还是政府性质的区块链平台建设，均可加速链接产业方、金融机构、科技公司等各方资源，共建良好生态。另一方面，建立产业协作。依托产业集群，发挥各方优势，由多主体协同管理数据，使区块链分布式与不可篡改的特性发挥出更大价值。

要基于场景，推动创新供应链金融服务模式。发挥票据交易所、融资服务平台和动产融资统一登记公示系统等金融基础设施作用，在有效防范风险的基础上，积极稳妥开展供应链金融业务，为资金进入实体经济提供安全通道，为符合条件的中小微企业提供成本相对较低、高效快捷的金融服务。推动政府、银行与核心企业之间的系统互联互通和数据共享，加强供应链金融监管，打击融资性贸易、恶意重复抵质押、恶意转让质物等违法行为，建立失信企业惩戒机制，推动供应链金融市场规范运行，确保资金流向实体经济。

15.2.2 挖掘数据资产价值

2020 年 4 月 9 日，《中共中央 国务院关于构建更加完善的要素市场化配置体制机制的意见》正式公布，明确要进行市场化配置的要素主要有五种：土地、劳动力、资本、技术、数据。数据作为生产要素之一，被国家正式纳入要素市场化配置中，意义重大。未来，以数字资产为核心的金融创新是重要发展方向，即通过区块链等可信技术的赋能，把数据与价值真正聚合成“物理层面和逻辑层面一体化”的数字资产。当任何资产在形式上变成了数字,具有可分割性和流动性、可标准化，将使融资成本更低、流通范围更广、交易效率更高。

数字资产是指企业或个人拥有或控制的，以电子数据存在的，以货币计量的经济资源。随着区块链应用的扩展，资产的范围与形式已然更新，衍生出“数据资产”“数字资产”等数字化资产的新兴门类。一是使用区块链技术帮助实现数据确权后，极大丰富了“数据资产”的内涵，原本因产权不明晰而阻碍了合法有偿使用的各类数据资源，将逐步成为可交易的资产，从传统的知识产权，扩张到生产生活中产生的各类数据。二是有了区块链的技术增信，资产交易的公开透明度将得到提升，“整体资产数字化、数字资产证券化”的范围将越来越广，各类线上投融资交易平台在技术上的可靠性通过区块链技术得到提升后，相关数字资产市场的进一步繁荣将可预期。

15.3 加速与其他技术的融合创新

区块链作为“新基建”中的关键支撑技术，既是数据可信共享的基础，也是连接不同主体之间信任的基石，从多方面、各行业给我国经济带来了深刻影响。从实践层面上看，区块链一般不单独作为从业机构解决现实问题的最终方案，而更多的是与其他技术集成融合纳入其数字化转型战略的一部分。区块链具有分布式信任管理能力以及标志互通的身份识别能力，与大数据、物联网、人工智能、5G 等新兴技术之间的协同效应与应用价值极强，在未来具有广阔的发展及应用潜力。

15.3.1 区块链 + 大数据

区块链技术与大数据结合可以带来以下几方面的价值。一是确保数据隐私和安全。在大数据环境下，数据的隐私和安全一直是一个重要的问题，区块链技术可以提供去中心化的数据存储和加密保护，为大数据提供更安全和可信的数据存储和传输方式。二是增加数据可信度和透明度。在大数据环境下，数据的真实性和可信度一直是一个挑战，区块链技术通过共识算法和智能合约确保数据的可信性和透明性。三是促进数据共享和交易。在大数据时代，不同组织之间的数据共享和交易非常重要，区块链技术可以为大数据提供一个安全、透明和可追溯的数据共享和交易平台，促进数据的共享和交易，提高数据的价值和效率。四是去中心化的决策。在大数据分析中，决策的公正性和效率一直是一个关键问题，区块链技术可以通过智能合约来实现去中心化的决策过程，减少人为干预和操控，提高决策的公正性和效率。五是扩展应用场景。区块链技术可以为大数据提供一个去中心化的应用平台，使大数据可以更好地与其他应用和服务进行集成和交互，可以实现更广泛的应用场景，如供应链管理、物联网、金融服务等。

因此，推动区块链与大数据技术的融合。数据是重要的生产要素，将区块链技术与大数据采集、传输、共享等结合起来，能够打破数据孤岛，建立开放、可信的共享数据生态。二者结合后再引入充分的市场机制及合理的利益分配机制，将有利于打造基于区块链的大数据交易平台，从而促进数据要素的活跃流通与产业应用。

15.3.2　区块链 + 人工智能

人工智能（Artificial Intelligence，简称 AI）是指通过模拟人类智能的方式，使计算机系统具备类似于人类的感知、理解、推理、学习和决策等智能能力的科学与技术。人工智能的目标是使计算机能够像人类一样思考、学习和解决问题，同时具备超越人类的计算和数据处理能力。区块链与人工智能的结合，一方面保证了数据的隐私与安全，另一方面实现了基于数据的自动决策支持。以及扩展人工智能的应用范围。第一，从数据隐私和安全维度看，人工智能需要大量的数据来进行训练和学习，而区块链技术可以提供去中心化的数据存储和加密保护，确保数据的隐私和安全性。第二，区块链技术可以消除中心化的第三方机构，通过共识算法和智能合约确保数据的可信性和透明性，从而提高人工智能系统的可靠性和信任度。第三，区块链技术可以为人工智能提供一个安全、透明和可追溯的数据共享和交易平台，促进不同组织之间的数据共享和合作，提高人工智能系统的效率和准确性。第四，区块链在具体场景中的业务能力主要由智能合约体现，人工智能可提升智能合约对复杂业务的支持能力，扩大区块链的适用范围；随着人工智能在安全领域应用的逐渐成熟，其对区块链的交易校验、执行环境安全、合约代码检测等方面也将起到环境监管与安全防控的作用。

综上所述，区块链作为开放环境下去中心化的技术，能够促进数据价值交换；而人工智能作为封闭环境中培育出的中心化智能，能够分析海量数据，因此，要促进二者的有机结合。二者的优势结合能改善训练深度学习系统所使用的数据集质量，可以优化人工智能分析决策的准确性和可信性。依托区块链技术分布式记账、信息可溯源防篡改等优点，结合人工智能在信息处理方面的效率优势，有效解决信息不对称、不同企业主体协作困难等问题，为产业链供应链领域构建真实可信的信用基础设施，解决中小企业融资难、融资贵问题。

15.3.3　区块链 + 云计算

数字化时代，计算能力和基础设施的云化是推动互联网技术应用变革的巨大推手之一。云计算是一种基于互联网的计算模型，它通过将计算资源（包括计算能力、存储空间和网络带宽等）提供给用户，以便按需使用和按需付费。云计算的基本理念是将计算任务和数据存储从本地的个人电脑或企业服务器转移到远程的云服务器上进行处理和存储。云计算的特点：一是资源共享，云计算通过虚拟化技术将物理计算资源划分为多个虚拟计算资源，使多个用户可以共享同一组物理资源，提高资源的利用率；二是弹性伸缩，云计算可以根据用户的需求进行弹性伸缩，即根据需要增加或减少计算资源的规模，以适应不同的工作负载；三是按需付费，云计算采用按需付费的模式，用户只需支付实际使用的计算资源，避免了固定的硬件和软件投资成本；四是可靠性和容错性，云计算通过数据备份和冗余机制，提供高可靠性和容错性，保障数据的安全和可用性。五是灵活性和可定制性，云计算提供了各种计算和存储服务，用户可以根据自己的需求选择和定制所需的服务，灵活满足不同的业务需求。

推动区块链与云计算相结合，基于云资源可提供简便高效的方式创建区块链环境，并提供部署、运行、监控的一体化运维解决方案，降低了区块链使用门槛，能减少区块链系统的部署成本和管理难度，可以提高技术可得性和可用性，助推区块链应用建设进入快车道。

15.3.4　区块链 +5G+ 物联网

区块链、5G 和物联网是三个独立但互相关联的技术，它们的结合可以带来许多创新和改进。首先，区块链与物联网的融合。物联网是指通过互联网将各种物理设备连接起来，使其能够相互通信和交互。5G 技术是物联网实现万物互联的基石，它给网络基础带来了能力的跃升。5G 虽指向新一代通信技术，但仅凭连接难以支撑起成熟的商业盈利模式。而区块链的分布式账本及具备的节点能够与 5G 技术较好地形成互补。区块链技术可以为物联网提供一个安全、去中心化的数据交换和共享平台。通过使用区块链，物联网设备可以直接进行数据交换，而无须依赖中心化的服务器或第三方中介。区块链的去中心化特性也可以增加物联网系统的安全性和可信度，可强化物联网分布式数据存储和计算的能力，可以拓展物联网的安全边界和应用范围。其次，区块链与 5G 的融合。5G 是下一代移动通信技术，具有更高的带宽、更低的延迟和更大的连接密度。区块链技术可以与 5G 相结合，为 5G 网络提供安全和可信的通信和数据交换平台。通过使用区块链，可以确保 5G 网络中的通信和数据传输的安全性和可靠性，防止网络攻击和数据篡改。最后，5G 与物联网的融合。5G 技术可以为物联网提供更快速、更稳定的网络连接，支持更多设备同时连接和交互。物联网设备可以通过 5G 网络实现更低延迟的通信和更高带宽的数据传输，从而提高物联网系统的效率和性能。5G 还可以支持更广泛的物联网应用场景，如智能城市、智能交通、智能工厂等。

总之，一方面，5G 技术的运用将使得区块链节点的存在形式可以进一步扩宽，也让其组织模式存在进一步丰富的可能；另一方面，随着 5G 的普及，物联网设备将深入社会的各个角落。物联网设备可以直接从信息源头现场获取信息，延伸了区块链信息可信生命周期，为区块链提供了高效可信的数据采集方式。同时，区块链技术也能为众多物联网设备的数据交换提供一个可信的、去中心化的数据平台，形成“云＋边＋端”深度融合、高效协作的区块链基础设施。

15.4 培育开源生态

积极培育中国特色的区块链开源生态，构建区块链开源社区，汇集国内精英和全球智慧，提高我国在区块链开源项目中的代码贡献量，增强我国在区块链领域的话语权和影响力。区块链技术的开源生态是通过开放源代码、社区合作和共享资源来培育和发展的。

15.4.1 开放源代码

区块链项目通常会将其核心代码开源，使开发者和社区可以自由地查看、修改和贡献代码。通过开放源代码，吸引更多的开发者参与到项目中，共同推动项目的发展和改进。区块链项目建立社区，鼓励开发者和用户之间的合作和互动。社区成员可以共享技术知识、经验和资源，相互学习和支持。社区也是项目改进和创新的重要驱动力。通过共享资源，开发者可以更快地入门和开发区块链应用，降低开发门槛，促进创新和应用的快速发展。区块链开源生态需要建立有效的社区治理机制，确保社区成员的参与和利益平衡。社区治理可以通过透明的决策流程、共识机制和奖励机制来实现，确保项目的可持续发展和社区的稳定性。发挥产业联盟在团体标准、行业标准的“抢跑”优势，针对区块链实现语言不一致、智能合约标准不统一等存在问题，先行先试联盟标准，引导产业集群优化升级，提高企业竞争力。

15.4.2 创新孵化

鼓励创新和孵化新的项目和应用。建立区块链技术研发的公共服务平台，提升产品研发和产业化能级和水平，构建“双创”良好格局，鼓励区块链和“互联网+”深度融合，打造新的经济增长极。积极引导企业进行专利布局，预防专利“陷阱”，做好知识产权保护，维护企业的合法权益，提升企业的国际竞争力，加快实现企业的“走出去”。社区可以提供资源和支持，帮助创新者将想法转化为实际的产品和解决方案。创新孵化可以促进区块链技术的进一步发展和应用。通过开源生态，区块链技术可以得到更广泛的应用和推广。开放源代码、社区合作和共享资源可以吸引更多的开发者和创新者参与到区块链项目中，推动技术的不断进步和应用的不断扩展。同时，开源生态也能够促进区块链社区的发展和壮大，建立更加健康和可持续的生态系统。

15.5 完善监管合规机制

遵循技术发展规律，从政策层面做好体系化布局。深入研究区块链对个人信息保护、数据跨境流动等方面的影响，探讨区块链在底层核心技术、中层应用逻辑和上层信息管控等方面的监管问题。

完善区块链的监管机制是确保其合规运行和保护用户权益的重要举措。以下是几个可以考虑的方面。

15.5.1　制定相关法律法规

首先，建立和完善与区块链相关的法律法规框架，明确区块链技术和应用的合法性和规范性。这包括数字资产的监管、隐私保护、智能合约的法律效力等方面的规定。其次，对区块链相关的企业和项目进行注册和许可，确保其合规经营和运作。监管机构可以要求企业提供必要的信息和审计报告，进行定期或不定期的监管检查。再次，加强对区块链中个人和敏感数据的保护，确保用户的隐私权益不受侵犯。监管机构可以制定相关规定，要求区块链项目和应用采取适当的数据保护措施，如匿名化、加密等。最后，反洗钱和反恐融资。区块链的匿名性和去中心化特点可能被用于洗钱和恐怖融资等非法活动。监管机构可以制定相应的反洗钱和反恐融资规定，要求区块链项目和应用进行身份验证和交易监测。

15.5.2　加强国际合作

加强国际合作和经验交流，与其他国家和地区的监管机构共同应对区块链技术和应用的监管挑战。通过跨国合作，可以更好地应对跨境交易、数据流动和监管漏洞等问题。建立风险评估和预警机制，对区块链项目和应用进行风险评估，及时发现和应对潜在的风险和安全问题。监管机构可以与专业机构合作，共同进行风险评估和监测。加强对区块链投资者的保护，防范欺诈和非法集资行为。监管机构可以要求区块链项目和应用进行信息披露，提供真实和准确的项目信息，防止投资者受到误导和损失。

完善区块链的监管机制需要监管机构、行业协会、企业和用户等各方的共同努力。监管机构应积极跟进区块链技术的发展和应用，及时调整和完善监管政策和措施，以适应新技术和新业态的发展。同时，区块链行业也应自觉遵守监管规定，加强自律和合规管理，保护用户权益和维护行业的良性发展。

参考文献

[1] 白燕飞，翟冬雪，吴德林，等. 基于区块链的供应链金融平台优化策略研究 [J]. 金融经济学研究，2020，35（4）：119–132.

[2] 鲍世赞,蔡瑞林. 智能制造共享及其用户体验：沈阳机床的例证 [J]. 工业工程与管理，2017，22（3）：77–82.

[3] 鲍长生. 供应链金融对中小企业融资的缓解效应研究 [J]. 华东经济管理，2020，34（12）：91–98.

[4] 蔡丹旦. 打造“制造业 + 共享经济”的创新融合——浅析中国制造业产能共享的运营模式 [J]. 中国经贸导刊（理论版），2018，（17）：81–83.

[5] 蔡昉. “中等收入陷阱”的理论、经验与针对性 [J]. 经济学动态，2011，（12）：4–9.

[6] 蔡恒进，郭震. 供应链金融服务新型框架探讨：区块链 + 大数据 [J]. 理论探讨，2019，（2）：94–101.

[7] 曾亿武，宋逸香，林夏珍，等. 中国数字乡村建设若干问题刍议 [J]. 中国农村经济，2021，21–35.

[8] 车维汉. 日本主银行体制研究述评 [J]. 东北亚论坛，2006，15（2）：7.

[9] 陈朝兵. 农村土地“三权分置”：功能作用、权能划分与制度构建 [J]. 中国人口·资源与环境，2016，26：135–141.

[10] 陈洁. 面向社群网络构建数字版权管理平台构想 [J]. 出版发行研究，2021（11）：47–53，21.

[11] 陈炫燕. 城市居民参与社区事务管理的服务设计研究 [D]. 无锡：江南大学，2018.

[12] 陈长彬,盛鑫. 供应链金融中信用风险的评价体系构建研究 [J]. 福建师范大学学报（哲学社会科学版），2013（2）：79–86.

[13] 程希. 产品服务系统与服务设计研究综述 [J]. 北京邮电大学学报（社会科学版），2020，22（5）：61–73.

[14] 崔军,颜梦洁. 区块链赋能慈善捐赠协同治理的框架与应用 [J]. 学术探索,2022（10）:

117–124.

[15] 崔莉,厉新建,程哲. 自然资源资本化实现机制研究——以南平市“生态银行”为例 [J]. 管理世界，2019，35：95–100.

[16] 崔汪卫. 区块链技术对数字图书作品版权保护的变革与应对 [J]. 图书馆学研究，2019（23）：70–74，94.

[17] 崔永梅，李瑞，曾德麟. 资源行动视角下并购重组企业协同价值创造机理研究——以中国五矿与中国中冶重组为例 [J]. 管理评论，2021，33（10）：237–248.

[18] 崔志伟. 区块链金融：创新、风险及其法律规制 [J]. 东方法学，2019，（3）：87–98.

[19] 戴波，周鸿. 生态资产评估理论与方法评介 [J]. 经济问题探索，2004，4.

[20] 戴克清，蔡瑞林. 共享式服务创新：制造业企业服务化转型突破路径研究 [J]. 科技进步与对策，2021，38（11）：70–77.

[21] 邓汉慧，张子刚. 企业核心利益相关者共同治理模式 [J]. 科研管理，2006，27（1）：6.

[22] 丁春燕. 区块链电子数据的证据能力分析——以农业保险欺诈刑事诉讼切入 [J]. 法学杂志，2021，42（5）：78–87.

[23] 丁超. 基于区块链的大健康数据存储和共享方案研究 [D]. 南昌：江西财经大学，2022.

[24] 丁庆洋，朱建明. 区块链视角下的 B2C 电商平台产品信息追溯和防伪模型 [J]. 中国流通经济，2017，31（12）：41–49.

[25] 董春雨，李守伟，张瑞彬. 基于知识图谱的区块链与供应链金融融合研究 [J]. 财会月刊，2022，（4）：149–154.

[26] 董华，陈蕾. 大数据驱动服务型制造超网络价值共创过程 [J]. 科技管理研究，2021，41（22）：193–204.

[27] 董晓松，许仁仁，赵星，等. 基于价值视角的制造业数字化服务转型机理与路径——仁和集团案例研究 [J]. 中国软科学，2021，（8）：152–161.

[28] 杜传忠，金文翰. 美国工业互联网发展经验及其对中国的借鉴 [J]. 太平洋学报，2020，28（7）：80–93.

[29] 樊雪梅，卢梦媛. 新冠疫情下汽车企业供应链韧性影响因素及评价 [J]. 工业技术经济，2020，39（10）：21–28.

[30] 范方志，苏国强，王晓彦. 供应链金融模式下中小企业信用风险评价及其风险管理研究 [J]. 中央财经大学学报，2017，No. 364（12）：34–43.

[31] 范黎波，贾军，贾立. 供应链金融模式下中小企业信用风险评级模型研究 [J]. 国际

经济合作，2014，No. 337（1）：90–94.
[32] 方燕儿，何德旭. 区块链技术在商业银行产业链金融中的发展探索 [J]. 新金融，2017，（4）：24–27.
[33] 冯根福,温军. 中国上市公司治理与企业技术创新关系的实证分析 [J]. 中国工业经济，2008，（7）：11.
[34] 冯俊，崔益斌. 长江经济带探索生态产品价值实现的思考 [J]. 环境保护，2022，50：56–59.
[35] 冯珊珊，李永梅. 区块链技术在供应链金融信用风险管理中的应用研究 [J]. 征信，2022，40（2）：59–65.
[36] 冯子洋，宋冬林，谢文帅. 数字经济助力实现“双碳”目标：基本途径、内在机理与行动策略 [J]. 北京师范大学学报（社会科学版），2023，295（1）：52–61.
[37] 付玮琼. 核心企业主导的供应链金融模式风险机理研究 [J]. 企业经济，2020，（1）：136–143.
[38] 付宇涵，马冬妍，催佳星. 工业互联网平台推动下中国制造业企业两化融合发展模式探究 [J]. 科技导报，2020，38（8）：87–98.
[39] 高吉喜，范小杉，李慧敏，等. 生态资产资本化：要素构成·运营模式·政策需求 [J]. 环境科学研究，2016，29：315–322.
[40] 高吉喜,李慧敏,田美荣. 生态资产资本化概念及意义解析 [J]. 生态与农村环境学报，2016，32：41–46.
[41] 高明华，马守莉. 独立董事制度与公司绩效关系的实证分析——兼论中国独立董事有效行权的制度环境 [J]. 南开经济研究，2002，（2）：5.
[42] 高锡荣,石颖. 基于区块链技术的共享经济信用约束机制研究 [J]. 征信,2020,38（7）：26–32.
[43] 高媛. 智能消毒柜产品创新与服务设计应用探索 [J]. 包装工程，2020，41（18）：139–146.
[44] 葛宣冲,郑素兰. 新时代民营企业家精神：欠发达地区乡村生态资本化的“催化剂”[J]. 经济问题，2022，46–52，89.
[45] 龚强，班铭媛，张一林. 区块链、企业数字化与供应链金融创新 [J]. 管理世界，2021，37（2）：22–34，3.
[46] 顾红萍. 医疗收费电子票据管理存在的问题及完善建议 [J]. 财务与会计，2022，663（15）：76–77.

[47] 顾金喜. 生态治理数字化转型的理论逻辑与现实路径 [J]. 治理研究，2020，36：33–41.

[48] 顾金霞,谢玲玲. 区块链技术视角下全媒体时代数字版权保护模式探析 [J]. 科技传播，2022，14（20）：85–88.

[49] 顾婧，程翔，邓翔. 中小企业供应链金融模式创新研究 [J]. 软科学，2017，31（2）：83–86，97.

[50] 关婷，薛澜，赵静. 技术赋能的治理创新：基于中国环境领域的实践案例 [J]. 中国行政管理，2019，406（4）：58–65.

[51] 管荣伟. 传统服装企业基于互联网的大规模个性化定制研究——以青岛红领集团为例 [J]. 纺织导报，2017，（6）：3.

[52] 郭海明. 数字版权利益管理机制研究 [J]. 图书情报工作，2007（7）：87–89，93.

[53] 郭菊娥,陈辰. 区块链技术驱动供应链金融发展创新研究 [J]. 西安交通大学学报（社会科学版），2020，40（3）：46–54.

[54] 郭清马. 供应链金融模式及其风险管理研究 [J]. 金融教学与研究，2010（2）：2–5，9.

[55] 国家信息中心. 中国共享经济发展报告 2021[R]. 2021.

[56] 国家信息中心. 中国共享经济发展报告 2018[R]. 2018.

[57] 韩洁. 数字票据与传统票据的比较分析 [J]. 财会通讯，2018，792（28）：85–88.

[58] 韩景旺，韩明希. 基于区块链技术的供应链金融创新研究 [J]. 齐鲁学刊，2022（4）：131–141.

[59] 韩梦玮，宋华，胡雪芹，等. “双碳”目标下考虑价格参照效应的双渠道绿色供应链优化决策与协调研究 [J]. 工业技术经济，2023，42（2）：3–15.

[60] 韩沐野. 传统科层制组织向平台型组织转型的演进路径研究——以海尔平台化变革为案例 [J]. 中国人力资源开发，2017，（3）. 114–120.

[61] 韩璇，袁勇，王飞跃. 区块链安全问题：研究现状与展望 [J]. 自动化学报，2019，45（1）：206–225.

[62] 郝振省. 2008 中国数字版权保护研究报告 [M]. 北京：中国书籍出版社，2008.

[63] 何娟，沈迎红. 基于第三方电子交易平台的供应链金融服务创新——云仓及其运作模式初探 [J]. 商业经济与管理，2012（7）：5–13.

[64] 何琨玟，赵景峰. 供给侧结构性改革背景下数据赋能驱动产业结构升级的机制与效应 [J]. 经济体制改革，2022（04）：95–103.

[65] 何苗，柏粉花，于卓，等．区块链中可公开验证密钥共享技术 [J]．浙江大学学报（工学版）：1–7.

[66] 何蒲，于戈，张岩峰，等．区块链技术与应用前瞻综述 [J]．计算机科学，2017，44（4）：1–7，15.

[67] 何起东．以碳账户为核心的绿色金融探索 [J]．中国金融，2021（18）：56–57.

[68] 何思倩．德国包装垃圾分类回收服务设计研究——以“绿点”回收系统为例 [J]．装饰，2022（1）：100–103.

[69] 何涛，翟丽．基于供应链的中小企业融资模式分析 [J]．物流科技，2007（5）：87–91.

[70] 胡海青，张琅，张道宏．供应链金融视角下的中小企业信用风险评估研究——基于 SVM 与 BP 神经网络的比较研究 [J]．管理评论，2012，24（11）：70–80.

[71] 胡跃飞，黄少卿．供应链金融：背景、创新与概念界定 [J]．金融研究，2009（8）：194–206.

[72] 华劼．区块链技术与智能合约在知识产权确权和交易中的运用及其法律规制 [J]．知识产权，2018，（2）：13–19.

[73] 黄俊飞，刘杰．区块链技术研究综述 [J]．北京邮电大学学报，2018，41（2）：1–8.

[74] 黄龙．区块链数字版权保护：原理、机制与影响 [J]．出版广角，2018（23）：41–43.

[75] 黄群慧，贺俊．中国制造业的核心能力、功能定位与发展战略——兼评《中国制造 2025》[J]．中国工业经济，2015，（06）：5–17.

[76] 黄晓波，王英婷，胡晓馨．区块链与会计供给侧变革 [J]．中国注册会计师，2019（1）：115–119.

[77] 贾生华，陈宏辉．利益相关者管理：新经济时代的管理哲学 [J]．软科学，2003，17（1）：5.

[78] 姜明宇，周晓红．大数据背景下商业银行普惠金融信贷产品创新研究 [J]．新金融，2019（3）：41–43.

[79] 姜忠辉，王笑容，罗均梅，等．大企业平台型创业生态系统合法性获取路径研究 [J]．管理案例研究与评论，2021，14（4）：409–424.

[80] 蒋大兴．信息、信任与规制性竞争——网络社会中二手房交易之信息传递 [J]．法制与社会发展，2014，20（5）：118–141.

[81] 蒋伏心，李家俊．企业的利益相关者理论综述与启示 [J]．经济学动态，2004，（12）：4.

[82] 解芳，盛光华，龚思羽．全民环境共治背景下参照群体对中国居民绿色购买行为的影响研究 [J]．中国人口·资源与环境，2019，29（8）：66–75.

[83] 金海平．股东利益至上传统的颠覆——国外公司利益相关者理论评价．[J]．南京社会科学，2007，（3）：6.

[84] 金朗，赵子健．我国住房租赁市场的问题与发展对策 [J]．宏观经济管理，2018，（3）：80–5.

[85] 姜志敏．处方流转路径探索多模式并行 [J]．中国药店，2021（11）：24–26.

[86] 刘德阳，王静，周乃彤，等．我国电子处方服务模式现状与发展 [J]．中国药房，2021，32（1）：5–12.

[87] 赖利娜,李永明．区块链技术下数字版权保护的机遇、挑战与发展路径 [J]．法治研究，2020（4）：127–135.

[88] 雷蕾，史金召．供应链金融理论综述与研究展望 [J]．华东经济管理，2014，28（6）：158–162.

[89] 李冰琨．“区块链 + 存货质押”的供应链金融创新发展研究 [J]．会计之友，2022（5）：155–160.

[90] 李春，张玉萍，孙瑞．基于服务设计理念的家用呼吸机设计研究 [J]．包装工程，2020，41（6）：232–238.

[91] 李冬冬，杨晶玉．基于政府补贴的企业最优减排技术选择研究 [J]．中国管理科学，2019，27（7）：177–185.

[92] 李芳，李卓然，赵赫．区块链跨链技术进展研究 [J]．软件学报，2019，30（06）：1649–1660.

[93] 李飞．某公立三甲医院医疗电子票据现状与思考 [J]．江苏卫生事业管理，2022，33（11）：1522–1525.

[94] 李佳佳，王正位．基于区块链技术的供应链金融应用模式、风险挑战与政策建议 [J]．新金融，2021，（1）：48–55.

[95] 李建良，李冬伟，张春婷，等．互联网企业负面事件信任修复策略的市场反应研究——基于百度“魏则西”与“竞价排名”事件的案例分析 [J]．管理评论，2019，（9）：14.

[96] 李江华,谷彦芳．新发展理念下中国生态资产产权交易研究 [J]．价格月刊,2022,1–6.

[97] 李军洋，郝吉明．生态经济经营的结构和运行机制 [J]．中国人民大学学报，2019，33．64–72.

[98] 李鹏飞. 医疗收费票据电子化研究 [J]. 电子商务，2014，179（11）：60–61，78.
[99] 李维安，李勇建，石丹. 供应链治理理论研究：概念、内涵与规范性分析框架 [J]. 南开管理评论，2016，19（1）：4–15，42.
[100] 李伟. 基于资本治理理论的企业所有权安排——股东至上理论与利益相关者理论的逻辑统一 [J]. 中国工业经济，2005，（8）：7.
[101] 李向红，陆岷峰. 基于跨境电商场景下供应链金融中区块链技术应用研究 [J]. 金融理论与实践，2023（6）：51–59.
[102] 李晓，刘正刚. 基于区块链技术的供应链智能治理机制 [J]. 中国流通经济，2017，31（11）：34–44.
[103] 李晓华. 服务型制造与中国制造业转型升级 [J]. 当代经济管理，2017，39（12）：30–8.
[104] 李永明，赖利娜. 区块链背景下数字版权全链条保护的困境与出路 [J]. 科技管理研究，2022，42（10）：140–150.
[105] 李振利. 数字经济高质量发展下数据隐私权保护新途径的研究 [J]. 宏观质量研究，2022，10（1）：107–126.
[106] 李子伦，张文杰，闫开宁，等. 装备制造企业服务化转型的路径模式 [J]. 西安交通大学学报（社会科学版），2017，37（2）：32–37.
[107] 梁洪，张晓玫. 区块链与银行的融合能否破解中小企业融资困境？ [J]. 当代经济管理，2020，42（5）：91–107.
[108] 廖茂林，潘家华，孙博文. 生态产品的内涵辨析及价值实现路径 [J]. 经济体制改革，2021，12–18.
[109] 林超，何德彪，黄欣沂. 基于区块链的电子医疗记录安全共享 [J]. 计算机应用，2022，42（11）：3465–3472.
[110] 林良金. 基于区块链技术的高校数字图书馆数字版权交易保障策略研究 [J]. 图书馆工作与研究，2021（10）：38–43+51.
[111] 林晓轩. 区块链技术在金融业的应用 [J]. 中国金融，2016，（08）：17–18.
[112] 林毅夫，孙希芳. 信息、非正规金融与中小企业融资 [J]. 经济研究，2005，40（7）：35–44.
[113] 林永民，王涵，赵德信，等. 基于 BIM 的装配式建筑全生命周期信息管理平台研究 [J]. 建筑经济，2023，44（1）：77–83.
[114] 林永民，张鸿飞，崔雨彤. 区块链技术下医疗电子票据可信流转模式创新研究 [J]. 中国卫生经济，2023，42（3）：87–90.

[115] 林永民，张鸿飞，崔雨彤．基于区块链的医疗电子处方流转模式创新研究 [J]．医学与社会，2023，36（8）：22–27.

[116] 林永民，张轩齐，庞丽环等．区块链赋能中小企业碳账户融资研究——基于博弈论视角的分析 [J]．价格理论与实践，2023，（10）：185–189+218.

[117] 林永民，赵欣，崔小杰．“三权分置”情境下生态资源资本化路径研究——基于南平市顺昌县“森林生态银行”的案例 [J]．财会通讯，2024，（02）：97–103.

[118] 林永民，张振山，段政凯．可信数据流转：区块链赋能金融产品创新的路径研究 [J]．征信，2022，40（12）：25–33.

[119] 林永民，赵欣．区块链赋能供应链金融：理论框架与现实路径 [J]．财会通讯，2022，906（22）：15–21.

[120] 林永民，史孟君，陈琳，等．信用穿透与多方共赢：基于区块链的供应链金融模式创新研究 [J]．征信，2021，39（5）：28–34.

[121] 林永民，史孟君，陈琳．基于区块链技术的房屋租赁信息可信化模型研究 [J]．征信，2020，38（11）：29–34.

[122] 林永民，史孟君，陈琳．构建房屋租赁信息生态圈中区块链技术应用研究 [J]．价格理论与实践，2020（10）：56–59.

[123] 林志炳，鲍蕾．企业社会责任对供应链减排决策及政府补贴效率的影响研究 [J]．中国管理科学，2021，29（11）：111–121.

[124] 刘畅，刘冲，马光荣．中小金融机构与中小企业贷款 [J]．经济研究，2017，52（8）：13.

[125] 刘丹丹．金融科技创新背景下我国金融产品干预制度设计研究——基于金融消费权益保护视角 [J]．西南金融，2020（03）：42–48.

[126] 刘迪昱．基于区块链技术的数字出版版权管理模式研究 [J]．中国编辑，2021（10）：68–71.

[127] 刘国龙，魏芳．数字版权管理模式探析 [J]．知识产权，2015（4）：118–123.

[128] 刘海鸥，何旭涛，高悦，等．共建·共治·共享：区块链生态赋能双创空间多元联动协同发展研究 [J]．中国科技论坛，2022，（01）：104–111.

[129] 刘海英．“大数据＋区块链”共享经济发展研究—基于产业融合理论 [J]．大数据时代，2018，（03）：70–75.

[130] 刘可，缪宏伟．供应链金融发展与中小企业融资——基于制造业中小上市公司的实证分析 [J]．金融论坛，2013，18（01）：36–44.

[131] 刘婷，李冬．区块链技术与供应链金融深度融合发展体系研究 [J]．金融发展研究，2021（11）：81–86.

[132] 刘园，陈浩宇，任淮源．中小企业供应链融资模式及风险管理研究 [J]．经济问题，2016（5）：57–61.

[133] 刘子昂，黄缘缘，马佳利，等．基于区块链的医疗数据滥用监控平台设计与实现 [J]．信息网络安全，2021，21（5）：58–66.

[134] 楼永，赵铄，郝凤霞．数字化能否调节产品创新与服务转型的交互效应——基于 A 股制造业上市公司的实证研究 [J]．科技进步与对策，2022，39（24）：61–70.

[135] 楼永，常宇星，郝凤霞．区块链技术对供应链金融的影响——基于三方博弈、动态演化博弈的视角 [J]．中国管理科学，2022，30（12）：352–360.

[136] 卢奇，吴洁，王晶．基于区块链的农产品供应链优化对策研究 [J]．商业经济研究，2022，（3）：141–4.

[137] 卢强，刘贝妮，宋华．协同创新对中小企业供应链融资绩效的影响——信号理论视角 [J]．研究与发展管理，2021，33（6）：87–99.

[138] 鲁其辉，曾利飞，周伟华．供应链应收账款融资的决策分析与价值研究 [J]．管理科学学报，2012，15（5）：10–18.

[139] 罗伟．医疗大数据助力智慧医院管理的 SWOT 分析 [J]．医学与社会，2016，29（7）：107–110.

[140] 陆岷峰，徐阳洋，构建我国中小企业高质量发展体制与机制研究——基于数字技术应用的角度 [J]．西南金融，2022，（01）：65–75.

[141] 罗剑玉，宋华，杨晓叶，等．竞争性绿色供应链中制造商提供绿色服务的信息共享研究 [J]．中国管理科学，2023，31（09）：105–113.

[142] 吕芙蓉，陈莎．基于区块链技术构建我国农产品质量安全追溯体系的研究 [J]．农村金融研究，2016，（12）：22–26.

[143] 吕建秋，蒋艳萍，付肖军．低碳林业研究综述 [J]．科技管理研究，2013，33：117–120.

[144] 吕劲松．关于中小企业融资难、融资贵问题的思考 [J]．金融研究，2015，（11）：115–23.

[145] 吕阳，孙瑞英．Google 数字图书馆版权保护与信息资源共享的博弈研究 [J]．图书馆学研究，2016（15）：85–91.

[146] 马春光，安婧，毕伟，等．区块链中的智能合约 [J]．信息网络安全，2018，（11）：8–17.

[147] 马翔. 区块链技术赋能港口供应链金融的知识图谱分析 [J]. 广西社会科学，2022，(03)：124–133.

[148] 马艳，刘泽黎，王琳. 数字技术、数字信用制度及其共生性研究 [J]. 当代经济研究，2020，(09)：104–113.

[149] 马伊芳，高一红. 医疗电子票据在公立医院的应用与实践 [J]. 卫生经济研究，2021，38(7)：74–76，79.

[150] 苗晓红. 新时期区块链技术与生鲜农产品物流的融合发展研究 [J]. 价格月刊，2022，(04)：90–94.

[151] 欧阳丽炜，王帅，袁勇，等. 智能合约：架构及进展 [J]. 自动化学报，2019，45(3)：445–457.

[152] 庞磊，韩海波. 区块链发票系统架构研究 [J]. 会计之友，2022，(03)：155–161.

[153] 庞震，姚远，张晓琴. 基于区块链的医疗数据安全存储与共享方案 [J]. 信息网络安全，2021(S1)：168–172.

[154] 朴庆秀，孙新波，苏钟海，等. 制造企业智能制造平台化转型过程机理研究 [J]. 管理学报，2020，17(6)：814–823.

[155] 齐二石，李天博，刘亮，等. 云制造理论、技术及相关应用研究综述 [J]. 工业工程与管理，2015，20(1)：8–14.

[156] 钱卫宁，邵奇峰，朱燕超，等. 区块链与可信数据管理：问题与方法 [J]. 软件学报，2018，29(1)：150–159.

[157] 钱雨，孙新波，苏钟海，等. 传统企业动态能力与数字平台商业模式创新机制的案例研究 [J]. 研究与发展管理，2021，33(1)：175–188.

[158] 乔海曙，谢姗珊. 区块链金融理论研究的最新进展 [J]. 金融理论与实践，2017，(3)：75–79.

[159] 乔海曙，谢姗珊. 区块链驱动金融创新的理论与实践分析 [J]. 新金融，2017，(1)：45–50.

[160] 全裕吉. 从科层治理到网络治理：治理理论完整框架探寻 [J]. 现代财经：天津财经大学学报，2004，24(8)：4.

[161] 任安军. 运用区块链改造我国票据市场的思考 [J]. 南方金融，2016，(03)：39–42.

[162] 任博. 从区块链到智能区块链：中国供应链金融高质量发展的路径创新 [J]. 财会通讯，2023(12)：16–21.

[163] 任畅，赵洪，蒋华．一种量子安全拜占庭容错共识机制 [J]．计算机科学，2022，49（05）：333–340.
[164] 尚杰，陈玺名．全面推进乡村振兴背景下区块链与农业产业链融合 [J]．理论探讨，2022，（1）：159–164.
[165] 邵奇峰,金澈清,张召,等．区块链技术：架构及进展 [J]．计算机学报,2018,41（5）：969–988.
[166] 沈鑫，裴庆祺，刘雪峰．区块链技术综述 [J]．网络与信息安全学报，2016，2（11）：11–20.
[167] 生吉萍，莫际仙，于滨铜，等．区块链技术何以赋能农业协同创新发展：功能特征、增效机理与管理机制 [J]．中国农村经济，2021，（12）：22–43.
[168] 生延超．创新投入补贴还是创新产品补贴：技术联盟的政府策略选择 [J]．中国管理科学，2008，16（6）：184–192.
[169] 史金召，郭菊娥．互联网视角下的供应链金融模式发展与国内实践研究 [J]．西安交通大学学报（社会科学版），2015，35（4）：10–16.
[170] 史竹琴，蔡瑞林，朱先奇．智能生产共享商业模式创新研究 [J]．中国软科学，2017，（6）：130–139.
[171] 寿涌毅，王伟姣，SLEPNIO.D．制造业产品服务系统的价值链设计与重构——基于杭氧的案例研究 [J]．管理评论，2016，28（2）：230–240.
[172] 司晓．区块链数字资产物权论 [J]．探索与争鸣，2021，（12）：80–90，178–179.
[173] 宋华，韩梦玮，胡雪芹．供应链金融如何促进供应链低碳发展？——基于国网英大的创新实践 [J]．管理世界，2023，39（5）：93–112.
[174] 宋华,韩思齐,刘文诣．数字技术如何构建供应链金融网络信任关系？ [J]．管理世界，2022，38（3）：182–200.
[175] 宋华．信任链：中国供应链金融发展的关键 [J]．中国流通经济，2022，36（3）：14–21.
[176] 宋华,陶铮,杨雨东．“制造的制造”：供应链金融如何使能数字商业生态的跃迁——基于小米集团供应链金融的案例研究 [J]．中国工业经济，2022（9）：178–196.
[177] 宋华，杨雨东，陶铮．区块链在企业融资中的应用：文献综述与知识框架 [J]．南开管理评论，2022，25（2）：34–48.
[178] 宋华，杨雨东．中国产业链供应链现代化的内涵与发展路径探析 [J]．中国人民大学学报，2022，36（1）：120–134.

[179] 宋华. 建立数字化的供应链韧性管理体系——一个整合性的管理框架 [J]. 供应链管理，2022，3（10）：9–20.

[180] 宋华. 困境与突破：供应链金融发展中的挑战和趋势 [J]. 中国流通经济，2021，35（5）：3–9.

[181] 宋华，陈思洁. 供应链整合、创新能力与科技型中小企业融资绩效的关系研究 [J]. 管理学报，2019，16（3）：379–388.

[182] 宋华，卢强. 产业企业主导的供应链金融如何助力中小企业融资——一个多案例对比研究 [J]. 经济理论与经济管理，2017（12）：47–58.

[183] 宋华，卢强. 什么样的中小企业能够从供应链金融中获益？——基于网络和能力的视角 [J]. 管理世界，2017，No.285（6）：104–121.

[184] 宋华，陈思洁. 供应链金融的演进与互联网供应链金融：一个理论框架 [J]. 中国人民大学学报，2016，30（5）：95–104.

[185] 宋晓晨，毛基业. 基于区块链的组织间信任构建过程研究——以数字供应链金融模式为例 [J]. 中国工业经济，2022（11）：174–192.

[186] 孙峰. 构建以住房承租人权利为核心的法律制度 [J]. 西南民族大学学报（人文社科版），2020，41（1）：80–6.

[187] 孙娜. 新形势下金融科技对商业银行的影响及对策 [J]. 宏观经济管理，2018（4）：72–79.

[188] 沈世勇，张莎，胡思洋. 区块链技术应用于医疗健康领域的研究进展 [J]. 社会政策研究，2021（1）：93–104.

[189] 唐丹，庄新田. 基于区块链债转平台的供应链融资决策 [J]. 系统工程，2019，37（6）：58–66.

[190] 唐塔普斯科特，塔普斯科特. 区块链革命：比特币底层技术如何改变货币、商业和世界 [J]. 中国报道，2016，（11）：94.

[191] 唐赟秋，韩明华. 基于核心能力视角的制造企业商业模式创新研究——以沈阳机床为例 [J]. 科技与管理，2020，22（04）：17–23.

[192] 田琛. 基于区块链的制造业产能共享模式创新研究 [J]. 科技管理研究，2020，40（11）：9–14.

[193] 汪传雷，万一荻，秦琴，等. 基于区块链的供应链物流信息生态圈模型 [J]. 情报理论与实践，2017，40（7）：115–121.

[194] 王飚，毛文思. 2021 年中国数字出版发展态势盘点及 2022 年发展展望 [J]. 科技

与出版，2022（3）：13–23.

[195] 王道平，王婷婷，张博卿. 基于微分博弈的供应链合作减排和政府补贴策略 [J]. 控制与决策，2019，34（8）：1733–1744.

[196] 王芳，李旭东，李强. 重大疫情下的医疗物资供应管理完善与区块链应用研究 [J]. 供应链管理，2022，3（5）：85–96.

[197] 王凤彬，王骁鹏，张驰. 超模块平台组织结构与客制化创业支持——基于海尔向平台组织转型的嵌入式案例研究 [J]. 管理世界，2019，35（2）：121–150，199–200.

[198] 王菊红，魏冬. 金融创新在服务林业发展中的应用——评《林业金融工具创新与应用案例》[J]. 世界林业研究，2020，33：120.

[199] 王娟娟. 区块链助力数字政府可信建设 [J]. 中国电信业，2022（2）：45–47.

[200] 王楠，翟峰，曹永峰，等. 基于区块链技术的数据共享系统 [J]. 科学技术与工程，2022，22（1）：289–295.

[201] 王培欣，田英辰，李锐. 上市公司高管人员薪酬问题实证分析 [J]. 管理科学，2006，19（3）：7.

[202] 王荣. 区块链赋能下供应链金融模式创新研究 [J]. 管理现代化，2021，41（5）：1–3.

[203] 王诗卉，谢绚丽. 经济压力还是社会压力：数字金融发展与商业银行数字化创新 [J]. 经济学家，2021（1）：100–108.

[204] 王硕. 区块链技术在金融领域的研究现状及创新趋势分析 [J]. 上海金融，2016，（2）：4.

[205] 王甜宇，张柯欣，孙艳秋，等. 基于区块链的中医药大数据云存储共享方案研究 [J]. 中华中医药学刊，2022，40（2）：132–135.

[206] 王志刚，于滨铜. 农业产业化联合体概念内涵、组织边界与增效机制：安徽案例举证 [J]. 中国农村经济，2019，60–80.

[207] 卫玲. 发展数字经济与加快构建新发展格局——基于马克思主义政治经济学的思考 [J]. 求是学刊，2020，47（6）：1–9.

[208] 魏炜，朱武祥，林桂平. 基于利益相关者交易结构的商业模式理论 [J]. 管理世界，2012，（12）：7.

[209] 温铁军，罗士轩，董筱丹，等. 乡村振兴背景下生态资源价值实现形式的创新 [J]. 中国软科学，2018，1–7.

[210] 吴健. 农村金融高质量发展精准服务乡村振兴 [J]. 人民论坛，2022，93–95.

[211] 吴江，杨亚璇，邹柳馨，等．基于区块链的面向小农主体的农业供应链金融信息共享模型研究 [J/OL]．情报科学：1-10[2023-08-20].

[212] 吴敬琏．什么是现代企业制度 [J]．改革，1994，（1）：57.

[213] 吴培钦．区块链技术推动市场监管“链式”治理研究 [J]．价格理论与实践，2021，（5）：169-172.

[214] 吴婷．区块链赋能智慧物流平台化发展的挑战与应对策略 [J]．商业经济研究，2022，（1）：105-108.

[215] 吴义爽，盛亚，蔡宁．基于互联网 + 的大规模智能定制研究——青岛红领服饰与佛山维尚家具案例 [J]．中国工业经济，2016，（4）：17.

[216] 吴振铨，梁宇辉，康嘉文，等．基于联盟区块链的智能电网数据安全存储与共享系统 [J]．计算机应用，2017，37（10）：2742-2747.

[217] 伍咏梅，张炜，徐耘．医疗收费电子票据实施与应用 [J]．中国卫生经济，2019，38（10）：89-92.

[218] 韦安琪，陈敏．医疗卫生区块链技术应用探讨 [J]．中国医院管理，2019，39（03）：62-63.

[219] 夏杰长，刘诚．数字经济赋能共同富裕：作用路径与政策设计 [J]．经济与管理研究，2021，42：3-13.

[220] 夏立明，宗恒恒，孟丽．中小企业信用风险评价指标体系的构建——基于供应链金融视角的研究 [J]．金融论坛，2011，16（10）：73-79.

[221] 夏泰凤，金雪军．供应链金融解困中小企业融资难的优势分析 [J]．商业研究，2011（6）：128-133.

[222] 夏雨，方磊，魏明侠．供应链金融：理论演进及其内在逻辑 [J]．管理评论，2019，31（12）：26-39.

[223] 向坤，杨庆育．共享制造的驱动要素、制约因素和推动策略研究 [J]．宏观经济研究，2020，（11）：65-75.

[224] 晓叶．夯实自然资源统一管理的“数字基础”[J]．国土资源，2018，（9）：1.

[225] 肖新喜．论农民社会保障权双重属性及其制度价值 [J]．苏州大学学报（哲学社会科学版），2019，40：60-68.

[226] 谢人强，张文德．基于区块链的数字资源确权与交易方案研究 [J]．企业经济，2022，41（1）：65-73.

[227] 谢世清，何彬．国际供应链金融三种典型模式分析 [J]．经济理论与经济管理，

2013（04）：80–86.

[228] 谢晓燕，刘洪银．平台经济推进制造业创新发展机制及其建设路径——基于全国先进制造研发基地建设的实践 [J]．广西社会科学，2018，（9）：78–82.

[229] 邢玉霞，宋世勇．区块链技术在商业秘密保护中的运用及法律规制 [J]．政法论丛，2022，（1）：151–60.

[230] 熊熊，马佳，赵文杰，等．供应链金融模式下的信用风险评价 [J]．南开管理评论，2009，12（4）：92–98+106.

[231] 徐少阳．利益相关者理论的特征、作用与现存问题分析 [J]．兰州学刊，2008，（2）：3.

[232] 徐忠，邹传伟．区块链能做什么，不能做什么？ [J]．金融研究，2018，（11）：16.

[233] 许荻迪．区块链技术在供应链金融中的应用研究 [J]．西南金融，2019（2）：74–82.

[234] 许闲．区块链与保险创新：机制、前景与挑战 [J]．保险研究，2017，（5）：43–52.

[235] 薛晗．基于区块链技术的数字版权交易机制完善路径 [J]．出版发行研究，2020（6）：51–56，26.

[236] 薛腾飞，傅群超，王枞，等．基于区块链的医疗数据共享模型研究 [J]．自动化学报，2017，43（9）：1555–1562.

[237] 薛祖云，黄彤．董事会，监事会制度特征与会计信息质量——来自中国资本市场的经验分析 [J]．财经理论与实践，2004，25（4）：

[238] 闫俊宏，许祥秦．基于供应链金融的中小企业融资模式分析 [J]．上海金融，2007（2）：14–16.

[239] 闫敏，张令奇，陈爱玉．美国工业互联网发展启示 [J]．中国金融，2016，（03）：80–1.

[240] 晏妮娜，孙宝文．考虑信用额度的仓单质押融资模式下供应链金融最优策略 [J]．系统工程理论与实践，2011，31（9）：1674–1679.

[241] 杨怀雷，冯伟杰．医药零售电子处方流转平台行业分析与应用前景 [J]．发明与创新（大科技），2018（1）：45–46.

[242] 杨红雄，陈俊树．区块链技术、网络嵌入性与供应链金融绩效——模糊集定性比较分析 [J]．大连理工大学学报（社会科学版），2022，43（02）：13–23.

[243] 杨慧琴，孙磊，赵西超．基于区块链技术的互信共赢型供应链信息平台构建 [J]．科技进步与对策，2018，35（5）：21–31.

[244] 杨倩莉．系统科学视域下区块链技术在数字音乐版权保护中的应用价值分析 [J]．

系统科学学报，2022，30（2）：132–136.

[245] 杨帅，温铁军. 货币“回锚”：新发展理念下一种货币供给生态化转型方案 [J]. 探索与争鸣，2022，51–62+178.

[246] 杨帅，唐溧，陈春文. 内生性视角下的“农民变股东”——以陕西省袁家村为例看农村股权制度演变逻辑 [J]. 学术研究，2020，82–88.

[247] 杨现民，李新，吴焕庆，等. 区块链技术在教育领域的应用模式与现实挑战 [J]. 现代远程教育研究，2017，（2）：34–45.

[248] 杨玄烨，董石羽. 基于服务设计思维的农产品销售策略研究 [J]. 包装工程，2022，43（16）：327–333，409.

[249] 杨炎. 国际对比视角下我国数字经济发展战略探索 [J]. 科技管理研究，2019，39（19）：33–42.

[250] 姚前. 算法经济：资源配置的新机制 [J]. 清华金融评论，2018，（10）：91–98.

[251] 姚王信，夏娟，孙婷婷. 供应链金融视角下科技型中小企业融资约束及其缓解研究 [J]. 科技进步与对策，2017，34（4）：105–110.

[252] 姚先国，郭东杰. 改制企业劳动关系的实证分析 [J]. 管理世界，2004，（5）：11.

[253] 叶聪聪，李国强，蔡鸿明，等. 区块链的安全检测模型 [J]. 软件学报，2018，29（5）：1348–1359.

[254] 叶小榕，邵晴，肖蓉. 基于区块链基于区块链、智能合约和物联网的供应链原型系统 [J]. 科技导报，2017，35（23）：62–69.

[255] 于博. 区块链技术创造共享经济模式新变革 [J]. 理论探讨，2017，（2）：103–107.

[256] 于戈，聂铁铮，李晓华，等. 区块链系统中的分布式数据管理技术——挑战与展望 [J]. 计算机学报，2021，44（1）：28–54.

[257] 于海静，康灿华. 基于供应链金融视角的中小企业融资机制研究 [J]. 南开经济研究，2017（4）：141–152.

[258] 于胜，赵凤霞，刘德刚，等. 区块链＋供应链金融背景下中小企业融资研究——评《中小企业融资问题研究》[J]. 科技管理研究，2022，42（22）：222.

[259] 余剑梅. 以供应链金融缓解中小企业融资难问题 [J]. 经济纵横，2011，（3）：99–102.

[260] 袁道强，王燕. 大数据运用：小微企业信贷产品的创新与思考 [J]. 金融理论与实践，2018（7）：109–113.

[261] 袁勇，周涛，周傲英，等. 区块链技术：从数据智能到知识自动化 [J]. 自动化学报，

2017，43（9）：1485–1490.

[262] 袁勇，王飞跃．区块链技术发展现状与展望[J]．自动化学报，2016，42（4）：481–494.

[263] 詹映．我国知识产权侵权损害赔偿司法现状再调查与再思考——基于我国11984件知识产权侵权司法判例的深度分析[J]．法律科学（西北政法大学学报），2020，38（1）：191–200.

[264] 张超，李强，陈子豪，等．Medical Chain：联盟式医疗区块链系统[J]．自动化学报，2019，45（8）：1495–1510.

[265] 张德荣．"中等收入陷阱"发生机理与中国经济增长的阶段性动力[J]．经济研究，2013，48（9）：17–29.

[266] 张洁．金融产品创新视角下深化民企融资畅通工程——以浙江绍兴为例[J]．地方财政研究，2021（8）：97–102.

[267] 张礼卿，吴桐．区块链在金融领域的应用：理论依据、现实困境与破解策略[J]. 改革，2019，（12）：65–75.

[268] 张亮，刘百祥，张如意，等．区块链技术综述[J]．计算机工程，2019，45（5）：1–12.

[269] 张令荣，彭博，程春琪．基于区块链技术的低碳供应链政府补贴策略研究[J]．中国管理科学：1–13.

[270] 张路．博弈视角下区块链驱动供应链金融创新研究[J]．经济问题，2019，（4）：48–54.

[271] 张琪．基于物联网的医疗健康管理系统[J]．电子技术与软件工程，2016（21）：159.

[272] 张清，郭胜男．人际信任、法律信任与数字信任：社会信任的谱系及其演进[J]．哈尔滨工业大学学报（社会科学版），2021，23（6）：51–57.

[273] 张维迎．西方企业理论的演进与最新发展[J]．经济研究，1994，（11）：12.

[274] 张伟斌，刘可．供应链金融发展能降低中小企业融资约束吗？——基于中小上市公司的实证分析[J]．经济科学，2012，No.189（3）：108–118.

[275] 张文明，张孝德．生态资源资本化：一个框架性阐述[J]．改革，2019，122–131.

[276] 张夏恒．基于区块链的供应链管理模式优化[J]．中国流通经济，2018，32（8）：42–50.

[277] 张夏恒．基于区块链的互联网平台型企业联盟风险规制机制与框架[J]．中国流通经济，2021，35（5）：52–61.

[278] 张小宁，赵剑波. 新工业革命背景下的平台战略与创新——海尔平台战略案例研究 [J]. 科学学与科学技术管理，2015，36（3）：77–86.

[279] 张新红，于凤霞，高太山，等. 中国分享经济发展现状、问题及趋势 [J]. 电子政务，2017，（3）：2–15.

[280] 张星. 银行供应链金融发展新路径 [J]. 中国金融，2021，（24）：53–4.

[281] 张岩，梁耀丹. 基于区块链技术的去中心化数字出版平台研究 [J]. 出版科学，2017，25（6）：13–18.

[282] 张衍斌. 区块链引领电子商务新变革 [J]. 当代经济管理，2017，39（10）：14–22.

[283] 张英杰，任荣荣. 住房租赁市场发展的国际经验与启示 [J]. 宏观经济研究，2019，（9）：115–122.

[284] 张颖. 区块链技术驱动下的著作权登记制度变革 [J]. 图书馆论坛，2019，39（12）：84–89.

[285] 张映锋，张耿，杨腾，等. 云制造加工设备服务化封装与云端化接入方法 [J]. 计算机集成制造系统，2014，20（8）：2029–2037.

[286] 张玉明，朱艳丽，张馨月. 制造业资源共享服务平台运行机制——基于淘工厂的案例研究 [J]. 中国科技论坛，2020，（9）：59–71.

[287] 张蕴萍，栾菁. 数字经济赋能乡村振兴：理论机制、制约因素与推进路径 [J]. 改革，2022，79–89.

[288] 张正平，马彦贵. 我国区块链 + 供应链金融的发展：模式、挑战与对策 [J]. 金融发展研究，2020，（8）：48–54.

[289] 赵超. 区块链与创新链融合的组织模式和治理机制 [J]. 技术经济与管理研究，2021，（12）：33–37.

[290] 赵宸宇. 数字化发展与服务化转型——来自制造业上市公司的经验证据 [J]. 南开管理评论，2021，24（2）：149–163.

[291] 赵金旭，孟天广. 技术赋能：区块链如何重塑治理结构与模式 [J]. 当代世界与社会主义，2019，（03）：187–194.

[292] 赵力. 区块链技术下的图书馆数字版权管理研究 [J]. 图书馆学研究，2019（5）：75–79.

[293] 赵爽，张巧婕. 区块链赋能供应链应收账款票据化研究——基于政银企三方信息流通视角 [J]. 财会通讯，2023，914（6）：147–152.

[294] 赵亚娟，杨喜孙，刘心报. 供应链金融与中小企业信贷能力的提升 [J]. 金融理论

与实践，2009，No. 363（10）：46–51.
[295] 郑建辉,林飞龙,陈中育,等. 基于联盟自治的区块链跨链机制[J]. 计算机应用：1–17.
[296] 郑江淮，张睿，陈英武. 中国经济发展的数字化转型：新阶段、新理念、新格局[J]. 学术月刊，2021，53（07）：45–54+66.
[297] 郑旭东，狄璇，岳婷燕. 区块链赋能区域教育治理：逻辑、框架与路径[J]. 现代远程教育研究：1–9.
[298] 郑志明，邱望洁. 我国区块链发展趋势与思考[J]. 中国科学基金，2020，34（01）：2–6.
[299] 治丹丹，任亮. 社会 · 结构 · 制度 · 功能：同行评议韧性治理的四维路径——以区块链出版平台 Pluto Network 为例[J]. 中国科技期刊研究，2022，33（1）：40–48.
[300] 中国人民银行成都分行营业管理部课题组. 供应链金融与小微企业融资：从信用孤立到信用穿透的嬗变[J]. 西南金融，2020,（7）：65–75.
[301] 中国信息通信研究院. 中国数字经济发展报告（2022）[R]. 北京：中国信息通信研究院，2022.
[302] 钟惠波，连建辉. 当代创业企业：创新知识的综合定价机制[J]. 科学学研究，2005，23（6）：5.
[303] 钟茂初. “过剩经济”背景下的若干发展难题与因应路径[J]. 学习与实践，2017,（1）：13–22.
[304] 周大鹏. 制造业服务化对产业转型升级的影响[J]. 世界经济研究，2013,（9）：17–22，48，87.
[305] 周济. 智能制造——“中国制造 2025”的主攻方向[J]. 中国机械工程,2015,26(17)：2273–2284.
[306] 周雷，邓雨，张语嫣. 区块链赋能下供应链金融服务小微企业融资博弈分析[J]. 金融理论与实践，2021（9）：21–31.
[307] 周其仁. 中国农村改革：国家和所有权关系的变化（下）——一个经济制度变迁史的回顾[J]. 管理世界，1995.
[308] 周小梅，黄鑫. 乡村生态旅游资源价值实现路径：政府和社会资本合作（PPP）模式的制度创新[J]. 价格理论与实践，2021，23–27，39.
[309] 朱兴雄，何清素，郭善琪. 区块链技术在供应链金融中的应用[J]. 中国流通经济，2018，32（3）：111–119.
[310] 朱艳. 供应链现代化下跨企业财务管理研究[J]. 财会通讯，2022,（04）：119–23，69.

[311] 祝烈煌，高峰，沈蒙，等．区块链隐私保护研究综述 [J]．计算机研究与发展，2017，54（10）：2170–2186.

[312] 周振，魏明月．区域性电子处方流转模式研究与设计 [J]．中国数字医学，2021，16(7)：23–26.

[313] 郏小羽．区块链技术下应急医疗物资供应体系的优化 [J]．物流科技，2022，45（5）：63–67.

[314] 曾振强，李佳璇，罗玉梅．互联网医院处方流转平台建设的探索 [J]．中国数字医学，2022，17（2）：106–110.

[315] Andrew S.Tanenbaum, Maartenvan Steen. 分布式系统原理与范型 [M]．杨剑峰，常晓波，李敏，译．北京：清华大学出版社，2008.

[316] AGHAEI H，NADERIBENI N，KARIMI A. Designing a tourism business model on block chain platform [J]. Tourism Management Perspectives, 2021, 39(8): 100845.

[317] AMETRANO F M. Bitcoin, Blockchain, and Distributed Ledger Technology [J]. Social Science Electronic Publishing, 2016.

[318] ARGONETO, RENNA. Supporting capacity sharing in the cloud manufacturing environment based on game theory and fuzzy logic [J]. Enterprise Information Systems, 2016, 10(2).

[319] ARTS K, VAN D WAL R, Adams W M. Digital technology and the conservation of nature[J]. Ambio, 2015, 44(S4): 661-673.

[320] ASMA KHATOON. A Blockchain-Based Smart Contract System for Healthcare Management[J]. Electronics, 2020, 9(1):1-11.

[321] BAHGA A, MADISETTI V K. Blockchain Platform for Industrial Internet of Things [J]. Journal of Software Engineering and Applications, 2016, 9(10): 533-46.

[322] Barbier, Edward B.Capitalizing on Nature: The basic natural asset model[M].The United States of America: Cambridge University Press, 2011.

[323] BELK R. You are what you can access: Sharing and collaborative consumption online [J]. Journal of Business Research, 2014, 67(8).

[324] BUDAK A, OBAN V. Evaluation of the Impact of Blockchain Technology on Supply Chain Using Cognitive Maps [J]. Expert Systems with Applications, 2021, 184(9).

[325] BUSCHMEYER A, SCHUH G, WENTZEL D. Organizational Transformation Towards Product-service Systems – Empirical Evidence in Managing the Behavioral Transformation Process [J]. Procedia CIRP, 2016, 47.

[326] CHONG A, LIM E T, HUA X, et al. Business on Chain: A Comparative Case Study of Five Blockchain-Inspired Business Models [J]. Journal of the Association for Information Systems, 2019, 20.

[327] CHRISTIDIS K, DEVETSIKIOTIS M. Blockchains and Smart Contracts for the Internet of Things [J]. IEEE Access, 2016, 4: 2292-303.

[328] CONG L W, HE Z. Blockchain Disruption and Smart Contracts [J]. The review of financial studies, 2019, 32(5): 1754-1797.

[329] CUNHA P R D, SOJA P, THEMISTOCLEOUS M. Blockchain for development: a guiding framework [J]. Information Technology for Development, 2021, 27.

[330] DB A, SO B, NS A, et al. A Survey on Blockchain for Information Systems Management and Security - ScienceDirect [J]. Information Processing & Management, 58(1).

[331] DEVINE A, JABBAR A, KIMMITT J, et al. Conceptualising a social business blockchain: The coexistence of social and economic logics [J]. Technological Forecasting and Social Change, 2021, 172.

[332] DIXON JA, HAMILTON K. Expanding the measure of wealth[M]. The United States of America: the World Bank Group, 1996.

[333] DU M, CHEN Q, XIAO J, et al. Supply Chain Finance Innovation Using Blockchain [J]. IEEE Transactions on Engineering Management, 2020, 67(4): 1045-1058.

[334] DUSANEE KEASAVAYUTH, VASILEIOS ZIKOS. R&D versus output subsidies in mixed markets[J]. Economics Letters, 2013, 118(2): 293-296.

[335] FANG Q S, LI H X. The concept delimitation, the value realization process, and the realization path of the capitalization of forest ecological resources[J]. Natural Resources Forum, 2021, 45(4): 424-440.

[336] FELSON M, SPAETH J L. Community Structure and Collaborative Consumption: A Routine Activity Approach [J]. American Behavioral Scientist, 1978, 21(4).

[337] FU Y, ZHU J. Trusted data infrastructure for smart cities: a blockchain perspective [J]. Building Research and Information, 2020, (3): 1-17.

[338] GANG W, GENG Z, XIN G, et al. Digital twin-driven service model and optimal allocation of manufacturing resources in shared manufacturing [J]. Journal of Manufacturing Systems, 2021, 59.

[339] GOLDFARB A, TUCKER C. Digital Economics [J]. Journal of Economic Literature, 2019, 57(1): 3-43.

[340] GONG, XUEJIAN, JIAO, et al. Crowdsourced manufacturing cyber platform and intelligent cognitive assistants for delivery of manufacturing as a service: fundamental issues and outlook [J]. The International Journal of Advanced Manufacturing Technology, 2021, 117(5-6).

[341] HARWICK C , CATON J .What's holding back blockchain finance? On the possibility of decentralized autonomous finance[J]. The Quarterly Review of Economics and Finance, 2022, 84(5):420-429.

[342] HE J, ZHANG J, GU X. Research on sharing manufacturing in Chinese manufacturing industry [J]. The International Journal of Advanced Manufacturing Technology, 2019, 104(1-4).

[343] IANSITI M , LAKHANI K R . The Truth About Blockchain:[J]. Harvard business review, 2017, 95(1):118-127.

[344] JIANG P, DING K, LENG J. Towards a cyber-physical-social-connected and service-oriented manufacturing paradigm: Social Manufacturing [J]. Manufacturing Letters, 2016, 7.

[345] JIANG P, LI P. Shared factory: A new production node for social manufacturing in the context of sharing economy [J]. Proceedings of the Institution of Mechanical Engineers, Part B: Journal of Engineering Manufacture, 2020, 234(1-2).

[346] KSHETRI N. Blockchain's Potential Impacts on Supply Chain Sustainability in Developing Countries [J]. Academy of Management Annual Meeting Proceedings, 2020(1): 12343.

[347] LAWTON R N, RUDD M A. Scientific evidence, expert entrepreneurship, and ecosystem narratives in the UK Natural Environment White Paper[J]. Environmental Science & Policy, 2016, 6124-32.

[348] Lin Yongmin, Zhao Xin, Chen Lin. A Multi-Case Study of Business Innovation Models for Manufacturing Capacity Sharing Platforms, Basedon a Resource Orchestration Perspective, Engineering Management Journal, 2023, 4.DOI:10.1080/10429247.2023.2193127.

[349] LU Y. The blockchain: State-of-the-art and research challenges [J]. Journal of Industrial Information Integration, 2019, 15: 80-90.

[350] MA Z, JIANG M, GAO H, et al. Blockchain for digital rights management[J]. Future Generation Computer Systems, 2018, 89(DEC.):746-764.

[351] MATTHEW B. HOY. "An introduction to the blockchain and Its implications for libraries and medicine", Medical Reference Services Quarterly, 2017, 36(3):273-279.

[352] MERCURI F, CORTE G D, RICCI F. Blockchain Technology and Sustainable Business Models: A Case Study of Devoleum [J]. Sustainability, 2021, 13.

[353] MORKUNAS V J, PASCHEN J, BOON E. How blockchain technologies impact your business model [J]. Business Horizons, 2019, 62(3): 295-306.

[354] MUDAVANHU S, BLIGNAUT J, STEGMANN N, et al. The economic value of ecosystem goods and services: The case of Mogale's Gate Biodiversity Centre, South Africa[J]. Ecosystem Services, 2017, 26127-26136.

[355] NIAM Y, SHAMIKA R. The Current and Future State of the Sharing Economy [J]. Ssrn Electronic Journal, 2017.

[356] OMRAN Y, HENKE M, HEINES R, et al. Blockchain-driven supply chain finance: Towards a conceptual framework from a buyer perspective; proceedings of the Ipsera, F, 2017 [C].

[357] ORELLANO M, LAMBEY-CHECCHIN C, MEDINI K, et al. Towards an integration of lifecycle thinking into PSS business models [J]. Procedia CIRP on SciVerse ScienceDirect, 2018.

[358] PALIWAL V, CHANDRA S, SHARMA S. Blockchain Technology for Sustainable Supply Chain Management: A Systematic Literature Review and a Classification Framework [J]. Sustainability, 2020, 12.

[359] PLEWNIA F, GUENTHER E. Mapping the sharing economy for sustainability research [J]. Management Decision, 2018, 56(3).

[360] RAJASEKARAN A S, AZEES M, AL-TURJMAN F. A comprehensive survey on blockchain technology [J]. Sustainable Energy Technologies and Assessments, 2022, 52: 102039.

[361] RAJASOUNDARAN S, et al.Machine learning based volatile Block Chain construction for secure routing in decentralized military sensor networks[J].Wireless Networks, 2021, 10(2):271-275.

[362] RAJNAK V, PUSCHMANN T. The impact of blockchain on business models in banking [J]. Information Systems and e-Business Management, 2021, 19.

[363] SAB A, MH B, HD C, et al. Blockchain: The operating system of smart cities [J]. Cities, 112.

[364] SAHEB T, MAMAGHANI F H. Exploring the barriers and organizational values of blockchain adoption in the banking industry [J]. The Journal of High Technology Management Research, 2021, 32(1): 100417.

[365] SANGIORGI D. Building up a Framework for Service Design Research[C]. Aberdeen: EAD conference "Connexity", 2009.

[366] SCHLECHT L, SCHNEIDER S, BUCHWALD A. The prospective value creation potential of Blockchain in business models: A delphi study [J]. Technological Forecasting and Social Change, 2021, 166(1): 120601.

[367] SHENGQI C, HONG Z. Does digital finance promote manufacturing servitization: Micro evidence from China [J]. International Review of Economics and Finance, 2021, 76.

[368] SIXIN X, YAYUAN Y, JIANGY J, et al. A New Governance Architecture for Government Information Resources Based on Big Data Ecological Environment in China [Z]. 2017 IEEE International Symposium on Multimedia (ISM). IEEE. 2017.10.1109/ISM.2017.103.

[369] Straton A. A complex systems approach to the value of ecological resources[J]. Ecological Economics, 2006, 56(3): 402-411.

[370] SUDIP BHATTACHARYA, AMARJEET SINGH, MDMAHBUB HOSSAIN. "Strengthening public health surveillance through blockchain technology", AIMS Public Health, 2019, 6(3):326-333.

[371] SWAN M. Blockchain: Blueprint for a New Economy [M]. Blockchain : blueprint for a new economy, 2015.

[372] UM A, LUK A, IY B, et al. Blockchain for IoT-based smart cities: Recent advances, requirements, and future challenges - ScienceDirect [J]. Journal of Network and Computer Applications, 2021, 181.

[373] VALILAI O F, HOUSHMAND M. A collaborative and integrated platform to support distributed manufacturing system using a service-oriented approach based on cloud computing paradigm [J]. Robotics and Computer Integrated Manufacturing, 2013, 29(1).

[374] WAN Y, GAO Y, HU Y. Blockchain application and collaborative innovation in the manufacturing industry: Based on the perspective of social trust [J]. Technological Forecasting and Social Change, 2022, 177: 121540.

[375] XIAHUI L, QIANWANG D, GUILIANG G, et al. Service-oriented collaboration

framework based on cloud platform and critical factors identification [J]. Journal of Manufacturing Systems, 2021, 61.

[376] XIAOFANG C, JIANZHOU Y. Analysis on Farmers' Entrepreneurship Decision-making Based on digital technologies [Z]. 2021 2nd International Conference on E-Commerce and Internet Technology (ECIT). IEEE. 2021.10.1109/ECIT52743.2021.00082.

[377] XIA Q , SIFAHfah E B, ASAMOAH K O , et al. MeDShare: Trust-Less Medical Data Sharing Among Cloud Service Providers via Blockchain[J]. IEEE Access, 2017:1-1.

[378] YANGHUAN Li , JINHUI Wei , et al.A Decentralized Music Copyright Operation Management System Based On Blockchain Technology[J]. Procedia Computer Science, 2021, 187(DEC):458-463.

[379] YU ZHANG, JIANGTAO WEN. The IoT electric business model: Using blockchain technology for the internet of things [J]. Peer-to-Peer Networking and Applications, 2017.

[380] YUSHAN CHEN. The Drivers of Green Brand Equity: Green Brand Image, Green Satisfaction, and Green Trust[J]. Journal of Business Ethics, 2010, 93(2):307-319.

[381] ZHANG N, LIAO N, YANG N. Application of blockchain in the field of intelligent manufacturing: Theoretical basis, realistic plights, and development suggestions [J]. 工程管理前沿 : 英文版 , 2020, 7(4): 14.

[382] ZHAOFENG M A , HUANG W , GAO H . Secure DRM Scheme Based on Blockchain with High Credibility[J]. Chinese Journal of Electronics, 2018, 27(05):1025-1036.